Klinz

Die Gedanken sind frei

Wolf Rüdiger Klinz

Die Gedanken sind frei

Mein Leben in Wirtschaft und Politik

HANSER

Hinweis des Autors: Ich habe in meiner Biografie gegenderte Sprache dort gewählt, wo sie sich im allgemeinen Sprachgebrauch durchgesetzt hat, z. B. Bürgerinnen und Bürger. Alle sonst im generischen Maskulinum verwendeten Bezeichnungen umfassen selbstverständlich Personen männlichen, weiblichen oder diversen Geschlechts.

Alle in diesem Buch enthaltenen Informationen wurden nach bestem Wissen zusammengestellt und mit Sorgfalt geprüft und getestet. Dennoch sind Fehler nicht ganz auszuschließen. Aus diesem Grund sind die im vorliegenden Buch enthaltenen Informationen mit keiner Verpflichtung oder Garantie irgendeiner Art verbunden. Autor und Verlag übernehmen infolgedessen keine Verantwortung und werden keine daraus folgende oder sonstige Haftung übernehmen, die auf irgendeine Weise aus der Benutzung dieser Informationen – oder von Teilen davon – entsteht.

Ebenso wenig übernehmen Autor und Verlag die Gewähr dafür, dass die beschriebenen Verfahren usw. frei von Schutzrechten Dritter sind. Die Wiedergabe von Gebrauchsnamen, Handelsnamen, Warenbezeichnungen usw. in diesem Werk berechtigen auch ohne besondere Kennzeichnung nicht zu der Annahme, dass solche Namen im Sinne des Warenzeichen- und Markenschutz-Gesetzgebung als frei zu betrachten wären und daher von jedermann benützt werden dürften.

Bibliografische Information der Deutschen Nationalbibliothek:

Die Deutsche Nationalbibliothek verzeichnet diese Publikation in der Deutschen Nationalbibliografie; detaillierte bibliografische Daten sind im Internet über <http://dnb.d-nb.de> abrufbar.

© 2021 Hanser Corporate
im Carl Hanser Verlag GmbH & Co. KG, München
Lektorat: Barbara Rusch
Herstellung: Carolin Benedix
Satz: Eberl & Kœsel Studio GmbH, Altusried-Krugzell
Coverrealisation: Alexandra Rusitschka
Titelmotiv: © Eurofi, Paris
Druck und Bindung: Hubert & Co. GmbH und Co. KG BuchPartner, Göttingen
Printed in Germany

Print-ISBN: 978-3-446-47137-5
E-Book-ISBN: 978-3-446-47143-6
ePub-ISBN: 978-3-446-47180-1

Für Rotraut, den Mittelpunkt unserer Familie,

unsere drei Kinder
Dagmar Ulrike Attolini
Kerstin Alexandra von Falkenhayn
Wolf Fabian Christopher Klinz

und die sieben Kindeskinder
Valentin, Anna, Oliver, Carlotta, Gustaf, Ylva, Casimir

Inhalt

Mit Optimismus und Tatendrang – ein Vorwort

Ich hatte das Glück, 53 Jahre berufstätig sein zu können, rund 40 Jahre in der internationalen Wirtschaft und die restliche Zeit als Abgeordneter der Freien Demokraten im Europäischen Parlament in Brüssel und Straßburg. Während meines ganzen Berufslebens arbeitete ich sehr eng mit vielen jungen Menschen zusammen. Einige baten mich teils wiederholt, meinen Lebens- und Berufsweg schriftlich aufzuzeichnen und so ihrer Generation eine willkommene Orientierungshilfe zu geben.

Jüngsten Umfragen zufolge will mehr als die Hälfte der deutschen Studierenden nach erfolgreichem Abschluss in den öffentlichen Dienst eintreten. Ob tatsächlich aus Berufung oder eher aus Angst und Verunsicherung, ist allerdings unklar. Dieses Buch wendet sich bewusst an die Jugend, um ihr Mut zu machen, das Leben im Vertrauen auf die eigenen Stärken voll Optimismus in die eigenen Hände zu nehmen. Mein Lebensweg ist nicht von historischer Bedeutung, aber er zeigt, was möglich ist, wenn man angstfrei, mutig und mit Selbstvertrauen zu Werke geht, wenn man die Mitmenschen, ausländische allzumal, respektvoll behandelt, wenn man Wettbewerb und Risiko nicht scheut, wenn man anderen ihren

Erfolg nicht neidet, sondern ihn als Ansporn für eigene Leistungen sieht, wenn man nach Niederlagen wieder aufsteht und weitermacht und wenn man den Staat nicht als obersten Dienstherrn betrachtet, sondern als Treuhänder und Dienstleister freier Bürgerinnen und Bürger.

„Eigentum verpflichtet." Meine Erfahrungen in der Wirtschaft, vor allem als Vorstand internationaler Konzerne, haben mir gezeigt, wie wichtig diese im Grundgesetz verankerte Forderung sowohl für eine erfolgreiche Unternehmensführung als auch für den Zusammenhalt der Gesellschaft ist. Nicht allein das Wohl der Kapitalgeber, sondern aller Stakeholder ist entscheidend.

„Europa ist unsere Zukunft, wir haben keine andere." Dieser Ausspruch Hans-Dietrich Genschers hat mich bei meiner Arbeit im Europäischen Parlament geleitet. Ich möchte die Jugend ermuntern, sich ebenfalls für die Zukunft Europas einzusetzen. Sie wird feststellen, wie viel Freude und Befriedigung ein solches Engagement mit sich bringt.

„Die Gedanken sind frei." Dieser vor mehr als 200 Jahren formulierte Anspruch ist zum Glück in unserem Land erfüllt. In vielen Regionen der Welt ist das leider immer noch nicht der Fall. Dabei müssen wir nicht nur auf China, Russland, Belarus und andere Länder außerhalb der Europäischen Union schauen. Auch in manchen ihrer Mitgliedstaaten geben Entwicklungen Anlass zur Sorge. Ich habe mich immer glücklich geschätzt, meine Gedanken und Ideen frei entwickeln und äußern zu dürfen.

Berlin, im Mai 2021   *Wolf Rüdiger Klinz*

1

Kindheit und Jugend

Am 5. März 1960 erhielt ich nach erfolgreich absolvierter mündlicher Prüfung im Fach Gemeinschaftskunde das Reifezeugnis des Ratsgymnasiums Hannover. Ich ging gerne zur Schule und war ein guter Schüler, hatte aber nie den Anspruch, der Beste in einem Fach oder gar der Klasse zu sein. Allerdings war ich so fleißig wie nötig, um nie in Schwierigkeiten zu kommen oder in einen Lernrückstand zu geraten, den aufzuholen eine enorme Kraftanstrengung gekostet hätte.

Der Lehrer gab mir eine Aufgabe von hoher Aktualität und großer Brisanz:

„Im Januar wurde bekannt, dass die Bundesregierung beabsichtigt, ein vollständiges Notstandsrecht zu schaffen. Der Gesetzentwurf würde im Falle seiner Annahme im Bundestag und Bundesrat der Regierung vor allem das Recht geben, bei einem inneren oder äußeren Notstand Polizeikräfte und Bundeswehr einzusetzen und Verordnungen mit Gesetzeskraft zu erlassen, die auch bestimmte Grundrechte einschränken könnten.

1. Da die Opposition ... in einem solchen Notstandsrecht ein Wiederaufleben des Art. 48 der Weimarer Verfassung sieht, berichten Sie kurz über den Inhalt und die Folgen dieses Artikels.
2. Prüfen Sie nach, ob die Opposition recht hat mit der Behauptung, dass das Grundgesetz genügend Handhabe biete, die Bundesrepublik vor einem inneren oder äußeren Notstand zu schützen ... und die Grundrechte unter bestimmten Umständen auch jetzt schon ohne Verfassungsänderung einzuschränken.
3. Wie würden Sie als Vertreter der Bundesregierung deren Entwurf begründen?"

Etwas anders verhielt es sich mit den Sprachen. Ich merkte schnell, dass ich sprachbegabt war, und so nutzte ich alle Möglichkeiten, die sich mir boten. Das bedeutete konkret, dass ich neben den Pflichtsprachen Latein, Griechisch und Englisch auch die Wahlfächer Französisch und Hebräisch belegte und außerhalb des Ratsgymnasiums bei einem Lehrer der Humboldtschule Spanisch lernte.

Das altsprachliche Ratsgymnasium führte seine lange Geschichte auf die mittelalterliche Lateinschule *schola in Honovere* zurück, die bereits 1262 erstmals urkundlich erwähnt wurde. Da traditionell überdurchschnittlich viele ihrer Absolventen nach dem Abitur Theologie studierten, bot die Schule den Erwerb des Hebraicums an, das lange Zeit neben Latein und Griechisch Voraussetzung für ein Theologiestudium war.

Die Entscheidung, ein altsprachliches Gymnasium zu besuchen, traf nicht ich, sondern mein Vater, Albert Klinz, der als promovierter Altphilologe und Germanist am Ratsgymnasium als Oberstudienrat unterrichtete. Er liebte die alten Sprachen. Als an Schulen, an denen er lehrte, Griechisch als Lehrfach aufgegeben wurde, zogen wir zweimal um, damit er weiterhin Latein und Griechisch unterrichten konnte. Mein Vater, der seine pädagogische Laufbahn als Studiendirektor der Referendarausbildung in Niedersachsen beendete, schrieb viele Aufsätze und gab Bücher über Didaktik heraus. Ich habe mich oft gefragt, warum er nicht die akademische Laufbahn an einer Universität eingeschlagen hat, zumal er nicht nur ein guter Pädagoge, sondern auch ein glänzender Redner war. Wenn Universitätsprofessoren ans Ratsgymnasium kamen, um einen Vortrag zu halten, behandelte er das Thema in seinem Einleitungsvortrag oft schon so prägnant, dass die Hauptredner wie Ko-Referenten erschienen.

Vater stammte aus Halle an der Saale, wo er studierte und sein Berufsleben als Altphilologe an den Franckeschen Stiftungen begann. Sein Vater wiederum war Verwaltungsdirektor einer Berufsgenossenschaft gewesen und bereits mit 54 Jahren gestorben. Seine Mutter wohnte zeitlebens in Halle, sodass es nach der Teilung Deutschlands keinen direkten persönlichen Kontakt gab. So gut wie alle Vorfahren meines Vaters, mütterlicher- und väterlicherseits, stammten aus Halle oder nahe gelegenen Regionen.

Wien – Glückliches Leben bei den Großeltern

Meine Mutter Adele ist eine geborene Wienerin. Ihre Eltern, Franz Josef und Maria Anna Buna, und andere nahe Verwandte stammten ebenfalls aus Wien, deren Vorfahren wiederum aus Böhmen und Mähren, einem der Kronländer der K.-u.-k.-Monarchie Meine Mutter hatte 1938 maturiert, wie man in Österreich sagt, und auf ihrer Abiturreise meinen Vater kennengelernt. Eigentlich wollte sie Chemie studieren. Letztlich war die Versuchung, der Enge des Elternhauses zu entkommen, zu groß. Im Frühjahr 1939 heirateten meine Eltern standesamtlich in Wien, Mutter im Brautkleid, Vater in schwarzer Uniform der Waffen-SS.

Die Idylle dauerte nicht lange. Die großzügige, neu eingerichtete Wohnung in Halle an der Saale wurde nach etwas mehr als zwei Jahren im Sommer 1941 aufgegeben. Vater befand sich bei Kriegsausbruch bei einer Wehrübung und wurde sofort eingezogen. Allein mit meiner im Februar 1940 geborenen Schwester Gerlinde fühlte sich Mutter in Halle nicht wohl und zog zu ihren Eltern nach Wien. Dort kam ich am 13. September 1941 im Haus meiner Großeltern auf die Welt.

Mein Großvater hatte seinen Beruf als Handwerksmeister schon lange vorher aufgegeben und war Oberschulwart einer Schule in der Silbergasse in Wien-Döbling geworden, einem der schönsten Bezirke der Stadt. Die Großeltern lebten in einer großen Wohnung, in der wir problemlos unterkamen. Außerdem gab es einen mehr als 3 000 Quadratmeter großen Garten mit vielen Marillenbäumen, von deren Früchten wir nicht genug kriegen konnten. Oma verwöhnte uns mit schmackhaftem Essen. Dazu gehörten neben Wiener Schnitzel, Gulasch und gefüllten Paprika auch Mehlspeisen aus der Küche aller K.-u.-k.-Länder. Auch meine Mutter wurde eine ausgezeichnete Köchin und „Zuckerbäckerin", später gab sie als Hauswirtschaftslehrerin ihre Erfahrungen weiter.

Ich war der jüngste Enkel der Großeltern, und meine Großmutter betete mich von Anbeginn an. Bis zu ihrem Lebensende liebte sie mich bedingungslos und verstand es immer wieder, mir in schwierigen Situationen Mut zu machen. Mit meiner Mutter, die mich wie meine Großmutter wegen meiner blonden Haare „Goldener" nannte, stand sie zeitlebens im Wettstreit um meine Zuneigung. Mir war das immer unangenehm, weil ich beiden herzlich zugetan war, obwohl sie sich in ihrem Wesen stark unterschieden. Großmutter war eine einfache Frau, hatte das Herz am rechten Fleck und war stark gefühlsbetont. Mutter war sehr intelligent und liebevoll, aber auch kritisch und sehr ehrgeizig, was die Entwick-

lung ihrer beiden Kinder betraf. Tugenden wie Fleiß, Disziplin, Ordnungssinn, Sauberkeit und Pünktlichkeit waren ihr
zeitlebens wichtig. Gleichwohl liebte sie meine Schwester
und mich von ganzem Herzen.

Mutter, Gerlinde und ich 1946 bei den Großeltern in Wien

Es sollte bis zum Frühjahr 1948 dauern, bis wir wieder als
Familie vereint waren. Ich verbrachte also meine ersten
sechseinhalb Lebensjahre, die in den Zweiten Weltkrieg und
die unmittelbare Nachkriegszeit fielen, mit Mutter und
Schwester bei meinen Großeltern in Wien. Lediglich im zweiten Halbjahr 1944 und Anfang 1945, als auch Wien von alliierten Bombern angegriffen wurde, wurden wir nach Ober-

österreich ausquartiert. Dort kamen wir bei einem Bauern in der Gemeinde Weng unter, dessen zwei Töchter uns liebevoll betreuten. Vor allem wir Kinder hatten es dort sehr gut. Auf dem Bauernhof arbeitete ein französischer Kriegsgefangener namens Marcel. Ich verstand ihn natürlich nicht und fragte immer wieder, warum er „keine Zunge" habe. Jahrzehnte später besuchte ich ihn auf seinem Hof in den Vogesen und war sehr berührt, dass er Fotos von uns Kindern aufbewahrt hatte.

An kriegerische Ereignisse kann ich mich kaum erinnern, und wenn doch, dann weiß ich nicht, ob es wirklich meine Erinnerungen sind oder ob mir diese Geschehnisse so oft erzählt wurden, dass ich sie als eigene Erfahrungen betrachte. In Oberösterreich wurden meine Großmutter, meine Schwester Gerlinde und ich einmal von Tieffliegern beschossen. Ob es nur der Versuch war, uns zu ängstigen, oder tatsächlich, uns zu treffen, sei dahingestellt, Oma stieß uns zu Boden und warf sich über uns. Wir blieben alle unverletzt. Ein anderes Ereignis trug sich in Wien zu: Nach einer Bombenwarnung suchten wir in der Billrothstraße Schutz in einem Bunker, der aus zwei Teilen bestand. Als wir ankamen, war die eine Hälfte bereits mit vielen jungen Mädchen vom Bund Deutscher Mädel (BDM) besetzt. Wir fanden in der anderen Hälfte Platz und kamen deshalb bei dem folgenden Bombenangriff mit dem Schrecken und dem Leben davon. Im anderen Teil des Bunkers durchschlugen Bomben mit ohrenbetäubendem Getöse die Decke und die jungen Mädchen, die sich dort aufgehalten hatten, kamen alle ums Leben.

Vater war gleich nach Beginn des Krieges gegen die Sowjetunion an der Ostfront eingesetzt worden. Dort erkrankte er an Fleckfieber, einer tückischen Krankheit, die in der damaligen Zeit sehr häufig tödlich verlief. Vater aber überlebte und kam zur Reha nach Bad Pyrmont. Anschließend wurde er an der Westfront eingesetzt und geriet relativ bald nach der Landung der Alliierten in der Normandie in Brest in Gefangenschaft. Über Großbritannien wurde er nach Arkansas in die USA gebracht. Dort hatte er das große Glück, nicht Baumwolle pflücken zu müssen, sondern andere junge Kriegsgefangene unterrichten zu dürfen. Einigen nahm er sogar zusammen mit anderen gefangenen Philologen die Reifeprüfung ab.

Über den Krieg hat Vater später kaum gesprochen. Er hat mir nie über seine konkrete Aufgabenstellung als angehender Offizier erzählt. Auch habe ich nie erfahren, ob er der Waffen-SS aus Überzeugung beigetreten oder – wie viele andere – dazu aufgefordert worden war. Vater war deutsch-national eingestellt. In der NSDAP sah er eine Bewegung, deren Ziel es war, das „Versailler Diktat" – die Bedingungen des 1919 geschlossenen Friedensvertrags von Versailles – zu überwinden und dem Deutschen Reich wieder den Platz zu verschaffen, der ihm seiner und der Meinung vieler seiner Generation nach zustand. Dabei sah er auch Territorialerweiterungen als gerechtfertigt an. So unterstützte er sowohl die Eingliederung des Sudetenlandes als auch den Anschluss Österreichs. Die Errichtung des Protektorats Böhmen und Mähren ging seiner Meinung nach jedoch zu weit.

Allerdings hatte er nie damit gerechnet, dass Deutschland bereit war, über Gebietsstreitigkeiten einen Krieg zu riskieren. Dass es mit dem Angriff auf die Sowjetunion sogar einen Zweifrontenkrieg vom Zaun brach, hielt er von Anfang an für Wahnsinn und ein aussichtsloses Unterfangen.

Vater begeisterten charismatische Führer, seien sie aus dem Altertum oder dem Hier und Heute. Von Adolf Hitler war er zumindest in seiner Jugend fasziniert, weshalb er Ende der 1920er-Jahre ein Semester in München, der „Hauptstadt der Bewegung", studierte. Dagegen verachtete er Josef Stalin und alle anderen kommunistischen Führer. Im Nationalsozialismus sah mein Vater ein Bollwerk gegen den Versuch, in ganz Europa nach einer Revolution die kommunistische Herrschaft zu etablieren.

Nach dem Krieg beeindruckte ihn der französische Staatspräsident Charles de Gaulle. Ihm traute er zu, ein stabiles, vereinigtes, demokratisches Europa aufbauen zu können.

Der totale Zusammenbruch Deutschlands und nach dem Krieg das Bekanntwerden der Gräueltaten des Regimes sowie der Wehrmacht müssen für ihn traumatische Erfahrungen gewesen sein, von denen er sich sein ganzes Leben nicht wirklich erholte. Umso intensiver versenkte er sich in die Welt des Altertums und der deutschen Literatur.

Castrop-Rauxel – Tristes Nachkriegsdeutschland

Ende 1947 kam Vater aus den USA nach Deutschland zurück. Nach der Entnazifizierung konnte er im Frühjahr 1948 im Gymnasium in Castrop-Rauxel wieder unterrichten. Für Mutter, meine Schwester und mich bedeutete das, Wien und die Großeltern endgültig zu verlassen. Ich wollte das überhaupt nicht, zumal inzwischen auch die Schwester meiner Mutter mit ihrer Familie nach Wien in unsere Nähe gezogen war. Mit ihren Kindern Karin und Hans-Jochen hatten meine Schwester und ich als Vierer-Rasselbande immer viel Spaß gehabt und gar nicht mitbekommen, dass die Welt um uns herum zusammenbrach. Das Schulhaus in Wien-Döbling war gegen Ende des Krieges bombardiert und schwer beschädigt worden. Im Stiegenhaus in den ersten und zweiten Stock fehlte von den meisten Stufen die Hälfte und manche waren sogar ganz weggesprengt. Die Treppen waren gefährlich und uns war streng verboten, sie zu benutzen. Wir kletterten trotzdem dort herum, weil wir es abenteuerlich und aufregend fanden. In den Klassenräumen im ersten und zweiten

Stock fanden wir noch manch nützliche Gegenstände wie Tintenfässer, Bleistifte, Bleistiftspitzer, Radiergummis und Ähnliches mehr. Darüber hinaus gab es Schulbücher mit Bildern von Hitler und Geschichten über den Führer.

Ich wusste nicht, was mich erwarten würde, und der „Vati" war für mich ein total unbekanntes Wesen. Zigmal versteckte ich mich in der Hoffnung, der Abreise auf diese Weise zu entgehen, aber es half alles nichts. Die Abfahrt kam, und wir fuhren viele Tage in Güterwagen, bis wir unser Ziel erreichten.

Mein Vater war mir so fremd, dass ich ihn mit „Onkel Vati" begrüßte. Auch Castrop-Rauxel war mir fremd und alles Westfälische ebenso. Ich sprach Wiener Mundart, trug Wiener Trachtenmode – Janker und Lederhosen – und vermisste den Garten bei den Großeltern. Die Wohnung in Castrop-Rauxel lag in der Nähe des Bahnhofs. Sie war viel kleiner als die Wiener Wohnung und schlecht möbliert, aber das störte uns Kinder nicht. Eine Zeit lang wohnte zudem noch ein Studienfreund von Vater bei uns, der ebenfalls als Studienrat im Ruhrgebiet arbeiten sollte.

Ich war im Herbst 1947 in Wien eingeschult worden, hatte also die erste Klasse der Grundschule zur Hälfte absolviert. In Castrop-Rauxel wurde zu Ostern eingeschult. Somit konnte ich im Frühjahr 1948 noch einmal in der ersten Klasse anfangen oder gleich in die zweite aufsteigen. Dafür entschieden sich die Eltern, und zum Glück verkraftete ich diesen Wechsel leistungsmäßig gut.

Die wiedervereinte Familie 1948 in Castrop-Rauxel

Der Unterricht fand im Schichtwechsel statt, da in der Schule nicht genug Platz für alle Schulkinder zur Verfügung stand. Mein Schulweg dauerte nur wenige Minuten, dennoch unterschätzte ich mitunter den Zeitaufwand, sodass ich zum Schluss laufen musste. Wenn dann auch noch die Bahnschranke kurz vor dem Ziel geschlossen war, kam ich in Schwierigkeiten. Ob ich mich deshalb an der Bahnschranke mehr als einmal übergeben musste oder weil ich mich anfangs generell in Castrop-Rauxel nicht wohlfühlte, weiß ich nicht. Woran ich mich aber deutlich erinnere, ist der Geruch der Kakaosuppe, die uns in der Schule serviert wurde. Ich fand ihn widerlich.

Einmal fragte ich meine Mutter nach der Rückkehr von der Schule, ob wir arm seien, denn ich fühlte mich so. Sie bekam feuchte Augen und versuchte, mir klarzumachen, dass wir im Gegenteil sehr reich seien. Wir wären eine gesunde Familie, Vater sei heil aus dem Krieg zurückgekommen und habe jetzt einen sicheren Beruf.

Ich glaube nicht, dass mich diese Antwort damals überzeugte. Meine Mutter hatte zur damaligen Zeit starkes Heimweh nach Wien, was kein Wunder war. Castrop-Rauxel und die umliegenden Städte des Ruhrgebiets waren noch immer vom Bombenhagel des Krieges gezeichnet. Viele Häuser lagen in Trümmern und wo der Schutt weggeräumt war, erstreckten sich Brachen. Eine Ausnahme war der Stadtpark, an dessen Ende sich ein großes Schwimmbad mit Sprungtürmen befand. Hier lernte ich schwimmen und wagte auch Sprünge vom Zehn-Meter-Brett.

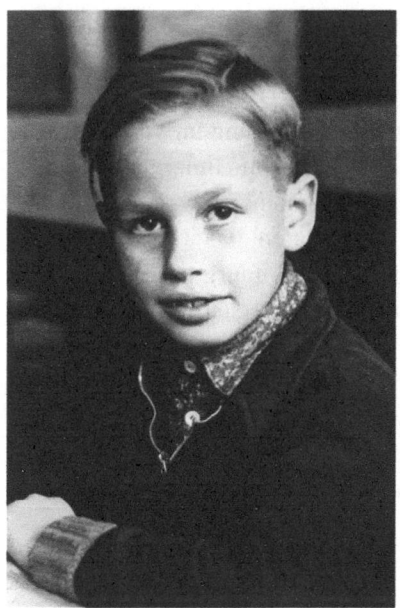

Als Viertklässler 1950
in Castrop-Rauxel

Der Kontakt zu unseren Großeltern beschränkte sich auf Briefwechsel und einen Besuch in den Sommerferien. Es gab damals für uns weder Telefon noch Computer, schnelle Eisenbahnverbindung oder Auto. Der Wien-Besuch im Sommer war der Höhepunkt des Jahres. Als Sohn einer österreichischen Mutter hatte ich 1948 mit ihr die österreichische Staatsbürgerschaft erhalten, die mir später im Leben noch manchmal nützlich sein sollte. Ich war jetzt also Doppelbürger.

Deutschland und Österreich waren damals noch von den Siegermächten besetzt und um nach Wien zu gelangen, mussten wir durch die russische Besatzungszone fahren. Mehr als einmal erlebte ich, wie Mitreisende, je näher wir zur russischen Zone kamen, unruhig wurden und zu schwitzen begannen – vermutlich, weil sie verbotene Waren mit sich führten. Manchmal ging alles glatt, manchmal wurden sie jedoch verhaftet.

Wien zeigte sich bei unseren Besuchen in relativ gutem Zustand. In Döbling war die Welt ohnehin in Ordnung. In den anderen Bezirken gab es vereinzelt Trümmer, aber die Schäden waren beinahe verschwindend gering im Vergleich zum Ruhrgebiet. Der 1. Bezirk, die sogenannte Innere Stadt, wurde von den vier Siegermächten gemeinsam verwaltet. Jeden Monat übernahm einer der Staaten das Oberkommando. Diese Wachablösung fand vor der Hofburg in einer militärischen Zeremonie statt. Auffallend war stets, wie die US-Soldaten in lässigem, fast tänzelndem Schritt vorbeizogen, während die sowjetischen im Stechschritt paradierten. Symbol für die gemeinsame Verwaltung des Wiener Zentrums war der offene Jeep, in dem ein US-amerikanischer, sowjetischer, britischer und französischer Offizier gemeinsam Militärstreife fuhren.

Ibbenbüren – Mit dem Fahrrad in die Freiheit

In der Schule in Castrop-Rauxel konnte Vater nur Latein und Deutsch unterrichten, da Griechisch als Fach nicht angeboten wurde. Als sich die Möglichkeit eröffnete, am Gymnasium in Ibbenbüren im nördlichen Münsterland neben Latein auch Griechisch zu lehren, wurde der Umzug beschlossen.

Ibbenbüren zeigte sich im Vergleich zu Castrop-Rauxel als heile Welt: Hier gab es fast keine Bombenschäden, dafür aber ein intaktes bäuerliches Umland, und ich schloss viele Freundschaften mit Jungen aus der Stadt und der näheren Umgebung – Söhnen von Bauern, Schulrektoren, Gastwirten, Buchhändlern. Niemals werde ich das wunderbare Gefühl vergessen, als ich auf dem Bauernhof eines Freundes zum ersten Mal ein selbstgebackenes Weißbrot mit hausgemachter Himbeermarmelade aß.

Ibbenbüren und Umgebung waren sehr überschaubar, sodass wir Kinder alles mit dem Fahrrad erledigen konnten. Das gab uns ein Gefühl der grenzenlosen Selbstständigkeit und Mobilität. Durch Zufall lernte ich den Filmvorführer des einzigen Kinos in der Stadt kennen und einen Mitarbeiter der lokalen Großbäckerei, der nur noch einen Arm hatte und jeden Tag Brot und Backwaren in der näheren Umgebung ausfuhr. So durfte ich mir vom Vorführraum aus kostenlos Filme anschauen und gelegentlich bei der Brotlieferung mitfahren, was immer dazu führte, dass ich Gebäck geschenkt bekam. Besonders erinnere ich mich an „Berliner" und „Amerikaner". Mein spärliches Taschengeld besserte ich im Tennisclub als Balljunge auf. Und wenn der Zirkus kam, legte ich bei den Aufbauarbeiten mit Hand an und verdiente mir so eine Freikarte.

Nachhaltig prägend war allerdings etwas anderes: die „Lehrzeit" bei einem Buchbinder. Meine sehr praktisch veranlagte

Mutter war immer der Meinung, dass die geistige Arbeit in der Schule durch eine handwerkliche Tätigkeit ergänzt werden müsse. Sie fand einen Buchbinder, der bereit war, mich unter seine Fittiche zu nehmen und mir das Buchbinden beizubringen. Ich stellte mich wohl nicht gar zu dumm an, jedenfalls ging meine Lernkurve steil nach oben. Ich lernte zu heften, zu nähen, zu lumbecken und die Deckel mit Papier, Leinen oder Leder zu beziehen. Zum Schluss war der Meister sogar bereit, mich Arbeiten für seine Kundschaft ausführen zu lassen. Als Entlohnung gab es gelegentlich ein Eis und eine kurze Ausfahrt mit seinem Moped.

Hannover – Vom Schüler zum Schulsprecher

Anfang 1955 erfuhr mein Vater, dass seine Schule, das Ibbenbürener Neusprachliche Gymnasium mit altsprachlichem Zweig, Griechisch als Unterrichtsfach abschaffen wollte. Bei seinen Bemühungen, eine auch in Zukunft „echte" altsprachliche Schule zu finden, landete Vater am Ratsgymnasium in Hannover, an dem er unmittelbar nach den großen Ferien als Pädagoge anfangen und auch Griechisch unterrichten konnte. Ich selbst musste ebenfalls schnell zum Ratsgymnasium wechseln, wo mein Klassenjahrgang bereits seit Anfang des neuen Schuljahres an Ostern mit Griechisch begonnen hatte. Einen Rückstand hatte ich auch in Mathematik. So musste ich etwa ein halbes Jahr Griechisch mit meinem Vater und Mathematik mit einem pensionierten Grundschullehrer nachholen. Die erworbenen Kenntnisse reichten aus, um am Ratsgymnasium schnell in die neue Klasse hineinzuwachsen.

Hannover zeigte sich bei unserer Ankunft im Sommer 1955 von seiner besten Seite: blauer Himmel, viel Grün und der Maschsee mitten in der Stadt. Wir hatten noch keine bezugsfertige Wohnung gefunden, und so kampierten Vater und ich in einer provisorischen Ein-Zimmer-Bleibe. Hannover war im Krieg zu großen Teilen zerbombt worden. Außer den wieder instand gesetzten alten Bauten wie Marktkirche, Rathaus, Oper und Stadtschloss hatte man die allermeisten Gebäude in den zehn Jahren seit Kriegsende schnell und ohne allzu aufwendige Architektur errichtet. Doch auch 1955 erstreckten sich noch vielerorts Brachen, auf denen zwar der Trümmerschutt beseitigt, aber noch keine neuen Häuser gebaut worden waren. An der Hildesheimer Straße, die vom Stadtzentrum nach Döhren zu unserer Mietwohnung führte, fehlte an manchen Stellen jedes zweite Haus, fast immer jedes dritte.

Döhren war kein gehobener Bezirk, und mancher meiner Schulkameraden rümpfte wahrscheinlich etwas die Nase, als er mich das erste Mal besuchte. Der Grund für die Wahl der günstigen Wohnung war sehr einfach: Mutter wollte unbedingt so schnell wie möglich in eigenen vier Wänden wohnen. Bei dem sehr überschaubaren Gehalt eines Oberstudienrats und ohne Kapitalbasis hieß das sparen, wo es nur ging: kein Auto, kein Telefon, keine aufwendigen Urlaube, keine modische Kleidung, keine Mitgliedschaft im Sportclub und so fort. Lediglich zu essen gab es immer reichlich und gut.

Mutter erreichte ihr Ziel: Anfang 1960 zogen wir in ein Drei-Familien-Haus ein, das auf dem mittleren Grundstück eines Dreispänners nach ihren Plänen gebaut worden war. Es lag ganz nah am Maschsee in einem sehr schönen Viertel. Für meine Schwester und mich kam der Einzug ins eigene Haus allerdings zu spät. Gerlinde hatte 1959 Abitur gemacht und ich folgte ein Jahr später nach, wenige Wochen nach dem Einzug.

Im März 1956, kurz nach unserem Umzug nach Hannover, wurde ich in Döhren in der Sankt-Petri-Kirche konfirmiert.

Da ich nur die allerletzten Monate des insgesamt auf zwei Jahre angelegten Konfirmationsunterrichts besuchte, kannte ich die anderen Konfirmandinnen und Konfirmanden kaum. Auch hatte ich in der kurzen Zeit keinen engeren Kontakt zur Gemeinde und zum Pfarrer aufgebaut. Ich fühlte mich als „junger Erwachsener" nicht recht wohl in meiner Haut.

Der liebevolle Brief, den mir mein Vater am Konfirmationstag überreichte, – adressiert: „Mein lieber Junge" – verschlimmerte mein Unwohlsein eher noch, war ich als Vierzehnjähriger doch von vielen seiner Ratschläge und Forderungen schlicht überfordert. Sätze wie „Der Mensch hat nicht nur Rechte, sondern vor allem Pflichten gegenüber sich selbst und gegenüber seinen Mitmenschen" oder „Der Sinn des Lebens liegt nicht im Erfolg, sondern im unermüdlichen Bemühen um das Gute" waren für mich nachvollziehbar und als Richtschnur eigenen Handelns annehmbar. Aber eine Reihe von Aussagen lehnte ich instinktiv ab, zum Beispiel „Das höchste Gut des Mannes ist sein Volk", „Das höchste Gut des Volkes ist sein Recht", „Sei bereit, dich stets für das Recht und die Freiheit deines deutschen Volkes einzusetzen". Alles Völkische war mir schon als Jugendlicher suspekt, und je mehr ich im Laufe der Jahre mit Angehörigen anderer Nationen zusammentraf, desto mehr lehnte ich Deutschtümelei ab.

Ich war Schüler der 9L; das „L" zeigte an, dass die Klasse schon im ersten Schuljahr am Ratsgymnasium, in der Sexta oder fünften Klasse, mit dem Lateinunterricht begonnen hatte. Die Klasse zählte nur 15 Schüler, und wir waren alle Individualisten. Nach unserer Schulzeit organisierten wir nicht ein einziges Mal ein Klassentreffen. Lediglich 2010 kamen aus Anlass des 50-jährigen Abiturjubiläums acht Ehemalige zusammen. Das war gar nicht so schlecht, wenn man bedenkt, dass mittlerweile schon vier gestorben waren. Und auch 50 Jahre nach dem Abitur hatten sie meinen Spitznamen nicht vergessen: In meiner Schulzeit am Ratsgymnasium hieß ich „Levi", vielleicht, weil ich am Hebräisch-Unterricht teilnahm.

Bei der Jubiläumsfeier ergriff ich das Wort, um einmal auf die unterschiedliche Ausgangssituation der Abiturienten beim Start ins Leben im Jahr 1960 und 2010 einzugehen. Das Gefühl der Erleichterung, der Freude und des Glücks nach der bestandenen Prüfung war wohl identisch, aber die Ungewissheit, das Bangen und Hoffen waren 2010 wohl deutlich stärker. Die globale Finanzkrise lag erst zwei Jahre zurück. Zwar waren Deutschland und Europa wieder vereinigt, aber „Das Ende der Geschichte", wie von Francis Fukuyama 1998 in seinem gleichnamigen Buch vorhergesagt, war nicht eingetreten. Konfrontative Spannungen zwischen den USA und Europa einerseits und Russland andererseits bahnten sich an. Die Abiturienten 2010 mussten sich auf schwierige Zeiten in der Finanzwelt einstellen und wegen des Numerus clausus für sehr viele Fächer auf begrenzte Wahlmöglichkeiten im Studium. Wir dagegen starteten 1960 mitten im Wirtschaftswunder ins Leben. Es herrschte Vollbeschäftigung, wir kannten keinen Numerus clausus und standen am Anfang eines stürmischen Integrationsprozesses in Europa – und nicht an einem Punkt, wo erste Auflösungserscheinungen zu entdecken waren.

Die Lehrer des Gymnasiums waren streng, aber fair und korrekt. Zu streng fühlte ich mich allerdings von meinem Vater behandelt, der unsere Klasse ein Jahr lang in Latein unterrichtete. Er wollte sichtlich vermeiden, wegen angeblich zu wohlwollender Behandlung seines Sohnes ins Gerede zu kommen.

Einer meiner Lehrer ermunterte mich, bei der anstehenden Wahl eines Schulsprechers zu kandidieren. Ich hatte zunächst Bedenken, weil ich fürchtete, die Stellung meines Vaters als Mitglied des Lehrerkollegiums könnte mir zum Nachteil ausgelegt werden. Die positive Reaktion der Mitschüler auf meine Ansprache überraschte mich. Gleichzeitig spürte ich das erste Mal in meinem Leben, wie wirkmächtig das gesprochene Wort sein kann, wenn Zeitpunkt und Tonalität stimmen. Ich wurde zum zweiten Schulsprecher gewählt und nahm die Wahl an.

In meiner Freizeit verbrachte ich relativ viel Zeit auf dem Sportplatz, wo ich verschiedene Leichtathletikdisziplinen trainierte. Auch das Rudern auf dem Maschsee war eine willkommene Abwechslung. Mit meinem Mitschüler Michael Baumer verstand ich mich sehr gut. Zu zweit bereisten wir in den Ferien die Nachbarländer, zunächst mit dem Fahrrad, dann per Anhalter. Auf diese Weise lernten wir Westeuropa von Norwegen bis Portugal kennen und sahen 1958 auf der Weltausstellung in Brüssel das Atomium. Mein inniger Wunsch, später in die große weite Welt hinauszugehen, wurde durch diese Reisen immer wieder verstärkt. Auch lernte ich, mit einem extrem knappen Budget auszukommen. Wir übernachteten ausschließlich in Jugendherbergen und wenn wir keine fanden oder es keinen Platz mehr gab, auch im Freien.

Zu Zeiten der Hannoverschen Industriemesse, der weltweit größten ihrer Art, verwandelte sich Hannover in eine internationale Geschäftsstadt. Morgens rollte der Autoverkehr nonstop durch Döhren in Richtung Messegelände, am Abend vom Messegelände stadteinwärts zurück, beide Male auf zu Einbahnen umfunktionierten Straßen. Mutter vermietete zur Messezeit stets ein Zimmer unserer Wohnung an einen Messegast. Das war relativ einträglich. Ich fand es spannend, mich mit den meist ausländischen Gästen zu unterhalten, wann immer es deren Zeitplan zuließ. Auch habe ich selbst als *doorman* oder als Übersetzer auf der Messe mein Taschengeld aufgebessert.

Wir besaßen weder Auto noch Fernseher noch Telefon. Insofern gab es keine Familienausflüge am Wochenende und auch keine Familienabende vor beliebten Fernsehsendungen. Häufig spielten wir alle zusammen die gängigen Gesellschaftsspiele wie Mikado, Halma, Würfel- und einfache Kartenspiele, aber vor allem vergruben wir uns in unsere Bücher. Ich verschlang praktisch alle Karl-May-Bände, wobei mir die Erzählungen, die auf dem Balkan und in der arabischen Welt spielten, besser gefielen als die Indianergeschichten. Faszinierend fand ich die Bücher von Jules Verne und Hans Dominik, weil sie meine Fantasie anregten und ungeahnte Möglichkeiten technologischer Entwicklungen aufzeigten.

Meine Schwester Gerlinde und ich hatten ein gutes geschwisterliches Verhältnis. Ich kann mich an keine großen Streite erinnern. Natürlich fühlte sich mal der eine, mal der andere von den Eltern benachteiligt oder ungerecht behandelt. Im Wesen waren Gerlinde und ich jedoch ziemlich verschieden. Sie war ernsthafter, zielstrebiger und häuslicher. Ich war mehr außer Haus, wenn möglich mit dem Fahrrad, unterwegs und suchte die Gesellschaft anderer Jungs. Wir konnten gut miteinander reden, aber tauschten keine Geheimnisse aus, falls wir überhaupt welche hatten. Eigentlich deutete sich damals schon an, welches Leben wir als Erwachsene führen würden: Gerlinde als Pfarrfrau und Mutter dreier Kinder bodenständig, stark in die Gemeindearbeit eingebunden, stets an der Seite ihres Mannes, immer bemüht, der Umwelt ein gutes Beispiel zu sein. Ich als Hansdampf in allen Gassen, unternehmungslustig, interessiert an fremden Ländern und ihren Menschen.

Gerlinde und ich wuchsen sehr behütet auf, man könnte auch sagen abgeschottet. So hatte ich praktisch keinen Kontakt zu gleichaltrigen Mädchen aus den umliegenden Schulen, obwohl es auf dem Maschsee gelegentlich zu einem kurzen Gespräch mit der Besatzung eines Mädchenbootes kam. Auch in der Tanzstunde war ich noch sehr schüchtern. Ich wagte zwar, eines der hübschesten Mädchen zum Abschlussball aufzufordern – und zu meiner Überraschung nahm es die Einladung auch an –, aber ich hatte nicht den Mut, mich zu weiteren Treffen zu verabreden.

Dass mich meine Eltern schon in jungen Jahren in die Nachbarländer reisen ließen, noch dazu per Autostopp, rechne ich ihnen noch heute hoch an. Diese Reisen haben meinen Horizont erheblich erweitert. Sie ließen mich andere Kulturen, Sitten und Gebräuche kennenlernen und verstärkten meinen Wunsch, später in der „großen weiten Welt" zu arbeiten und zu leben.

2

Studium

Als ich das Ratsgymnasium mit dem Abitur in der Tasche verließ, wusste ich nicht, welchen Berufsweg ich einschlagen sollte. Ich wusste nur, was ich nicht wollte, und zwar um keinen Preis: Ich wollte nicht Beamter werden, schon gar kein Beamter eines Bundeslandes.

Aufgrund meiner breiten Sprachkenntnisse und weil ich als Schulsprecher gelernt hatte zu debattieren und öffentlich aufzutreten, fühlte ich mich für ein internationales Umfeld gut gerüstet. Mein Ziel war ein Beruf, der es mir ermöglichen würde, in verschiedenen Ländern meiner Wahl ohne jeden Nachteil zu arbeiten. Damit schieden Philologie, Theologie und viele andere Studiengänge von vornherein aus; auch Jura, weil ich damals eine falsche Vorstellung vom Jurastudium hatte und dachte, damit ausschließlich als Richter, Staatsanwalt, Rechtsanwalt, Notar oder Regierungsrat arbeiten zu können. Die Welt der Wirtschaft verband ich mit Betriebs- und Volkswirtschaftslehre, Ingenieur- und Naturwissenschaften. Da Mathematik und Naturwissenschaften in der Schule nicht zu meinen Favoriten gehört hatten, fiel meine Wahl auf die Betriebswirtschaftslehre. Für mein Studium suchte ich mir die Hochschule für Welthandel, die heutige Wirtschaftsuniversität, in Wien aus. Damals lebten noch meine Großeltern in der Stadt, die mir bestens vertraut war.

Paris – Savoir-vivre in der Ville Lumière

Der allgemeine Studienbeginn war damals in Wien im Herbst. Da ich im Frühjahr Abitur gemacht hatte, blieben mir rund sechs freie Monate, die ich möglichst gut nutzen wollte – zum Beispiel mit einem Aufenthalt in London oder Paris, um meine Sprachkenntnisse zu verbessern und damit auch in Wien einen leichten Start zu haben. Meine Eltern wollten mir dieses Vorhaben nicht rundherum verbieten, wozu sie das Recht gehabt hätten, da ich damals mit 18 Jahren noch nicht großjährig war. Doch sie versuchten mir den Auslandsaufenthalt mit Hinweis auf mein kleines Budget auszureden.

Mit kreativem Einsatz und viel Glück fand ich jedoch binnen weniger Tage einen Job als Hausdiener bei einem Patentanwalt in Paris, und noch im März machte ich mich in die französische Hauptstadt auf. Monsieur Panel hatte schon vor mir einen deutschen Hausdiener beschäftigt. Der holte mich an der Gare de l'Est ab und wies mich in den wenigen Tagen vor seiner Abreise in die wichtigsten Aufgaben ein. Diese bestanden aus Pflichten eines Butlers und eines Dienstmädchens. Nach ein paar Tagen reiste Monsieur Panels Mutter aus Caen an, um mir in etwa zehn Tagen Grundkenntnisse in Kochen und gezieltem Einkaufen zu vermitteln. Sie führte mich in den einschlägigen Geschäften ein, beim Metzger, im Obst- und Gemüseladen, beim Käsespezialisten, in der Bäckerei und Patisserie sowie im Haushaltswarenladen, wo man das Nötigste für kleinere Reparaturen erwerben konnte.

Monsieur Panel war Mitte 30, arbeitete bei der staatlichen Stromgesellschaft EDF, war liiert, aber nicht verheiratet und schien es damit auch nicht eilig zu haben. Er war mit einem Marketing-Manager des US-Konsumgüterkonzerns Procter &

Gamble befreundet, und die beiden gingen regelmäßig mit ihren Freundinnen zusammen aus.

Relativ bald nach meiner Ankunft wollte er herausfinden, wie nachhaltig mich seine Mutter unterrichtet hatte: Er lud seinen Freund und die beiden jungen Damen zu sich zum Abendessen ein. Ich besorgte Salate, Rollbraten, Birnen, verschiedene Käse und Joghurt. Schon Stunden vor dem Essen hatte ich Champagner gekühlt und den Rotwein dekantiert. Zu den Salaten bereitete ich eine Sauce vinaigrette vor, für den Rollbraten eine Sauce blanche. Als alle vier im Salon Platz genommen hatten, legte ich die rote Livree an, die Monsieur Panel für solche Fälle vorgesehen hatte. Im Salon gab es eine Klingel, die mit der Küche verbunden war und abwechselnd von einer der beiden Damen betätigt wurde. Ich wusste dann, dass ich zu erscheinen hatte. Wenn ich den Salon betrat, konnten sich die Damen oft ein Kichern nicht verkneifen.

Für mich war es eine lustige und lehrreiche Zeit, und ich lernte vieles, was mir später zustattenkam. Nicht zuletzt weiß ich seitdem, dass man beim Ausschenken von Champagner mit dem Daumen in die Wölbung am Flaschenboden fasst und nicht die ganze Flasche mit der Hand umgreift.

Ich schrieb mich als Student an der Faculté de Droit et Sciences Économiques ein, besuchte die von mir ausgewählten Vorlesungen allerdings nur so oft, bis mir meine Teilnahme von den Professoren testiert wurde. Somit konnte ich mir später das Semester anrechnen lassen. Tatsächlich war ich ja vor allem nach Paris gekommen, um meine Sprachkenntnisse spürbar zu verbessern. Dafür erschien mir die École supérieure de préparation et de perfectionnement des professeurs de français à l'étranger bestens geeignet. Die Schule hatte als Teil der Sorbonne hervorragende Professorinnen und Professoren verpflichtet und achtete auf eine optimale

Klassengröße. Der Unterricht fand ausschließlich auf Französisch statt und führte sehr schnell zur Lektüre französischer Schriftsteller. Mit Gustave Flauberts „Madame Bovary" tat ich mich allerdings schwer, was aber wohl mehr an meiner mangelnden Reife als an meinen Sprachkenntnissen lag.

Erstes Semester an der Sorbonne in Paris, Frühjahr 1960

Um den Kontakt zu Deutschen nicht ganz zu verlieren, besuchte ich den Gottesdienst der deutschen evangelisch-lutherischen Kirche in Paris. Ich war als Kind fromm erzogen worden. Bei Tisch wurde vor jeder Mahlzeit gedankt. Vor dem Einschlafen ließ ich den abgelaufenen Tag Revue passieren, dankte für alles, was mir Gutes widerfahren war, und bat um

Vergebung für meine Verfehlungen. Vor diesem Hintergrund kam mir der regelmäßige Besuch des Gottesdienstes am Sonntagvormittag sehr gelegen. Bereichernd war auch der Kontakt zu vielen deutschen Besuchern, die es aus den unterschiedlichsten Gründen nach Paris verschlagen hatte.

Hier lernte ich Ingeborg Heins kennen, mit der ich in den nächsten Monaten viel Zeit verbringen sollte. Ich verliebte mich unsterblich in die junge Frau aus Hamburg, war aber viel zu naiv und unerfahren, um eine Affäre zu beginnen. Das Taschengeld, das ich von Monsieur Panel bekam, war zufriedenstellend, aber auch nicht so üppig, dass ich Ingeborg zu großen Diners einladen konnte. Großartige Abhilfe bot jedoch ein Angebot, das ich eines Tages am Schwarzen Brett der Universität entdeckte. Ein Cabaret hatte neu eröffnet, und weil es Wert darauf legte, immer bis auf den letzten Platz ausgebucht zu erscheinen, bot es interessierten Studierenden die Möglichkeit, sich kostenlos bei einem Glas Champagner das Programm anzuschauen. Wir nutzten diese Gelegenheit als Claqueure sehr gerne und relativ häufig.

Als Student hatte ich Zugang zur Mensa des Lycée Saint-Louis, in der ich mittags für den Spottpreis von einem Franc ein vorzügliches dreigängiges Mittagessen bekam. Fast noch mehr als das Essen schätzte ich die Gespräche mit meinen Tischnachbarn, die fast ausnahmslos Franzosen waren. 1960 war das Jahr, in dem der Verbleib Algeriens unter Frankreichs Kolonialherrschaft zunehmend fraglich wurde. Das französische Militär behielt in dem seit 1954 tobenden Algerienkrieg zwar die Oberhand, aber die Aktionen der algerischen Nationalen Befreiungsfront FLN (Front de Libération Nationale) verunsicherten zunehmend die französische Gesellschaft. Ich folgte den Diskussionen zu diesem Thema mit großem Interesse und war sehr froh, dass Deutschland keine vergleichbaren politischen und militärischen Probleme hatte.

Die Kontakte im Lycée Saint-Louis führten auch zu privaten Einladungen. Bei diesen Gelegenheiten erlebte ich, wie die deutsche Besatzung von Paris im Zweiten Weltkrieg auch nach mehr als 15 Jahren mitunter noch eine schmerzliche Erinnerung darstellte. Sehr häufig wurde anerkennend, aber auch ängstlich, mit ein wenig Neid, über das deutsche Wirtschaftswunder gesprochen. Als Hauptgrund für die Entwicklung wurde immer wieder das hohe technische Knowhow Deutschlands genannt, das sich inzwischen auch bei Gebrauchsgütern wie Plattenspielern und Tonbandgeräten zeigte. Tatsächlich hatte mich Monsieur Panel gebeten, das neueste Tonbandgerät von Grundig – oder war es Uher? – mitzubringen. Das Thema „Kollaboration" wurde strikt vermieden.

Ich war damals sehr gerne in Paris und fand die Stadt hinreißend schön. Durch die Tuilerien über die Place de la Concorde die Champs Elysées hinauf zum Triumphbogen zu laufen, war jedes Mal erhebend. Durch das Quartier Latin zu spazieren oder mit einem Käsebaguette in der Hand an den Bouquinisten entlang zu schlendern, war anregend und vergnüglich. Überall spürte man Esprit und Intellektualität. Ich fühlte mich in Paris „sauwohl" und beschloss, mein Studium hier fortzusetzen. Doch dann erreichte mich die Nachricht, dass meine Schwester im Herbst heiraten werde. Die Familie rechnete fest damit, dass ich zu diesem Ereignis kommen würde – und einmal zurück in Hannover, traf ich schließlich unter ihrem „sanftem Druck" die Entscheidung, nicht mehr nach Paris zurückzukehren, sondern mein Studium in Wien fortzusetzen.

Wien – Einführung in die Welt der Wirtschaft

Der Start in Wien war einfach. Ich hatte eine – wenn auch sehr bescheidene – Bleibe bei meinen Großeltern, die schon vor Großvaters Pensionierung aus der ausgebombten Schulwohnung nach Nußdorf gezogen waren. Die Hochschule war in ihrer Größe sehr überschaubar und lag am Währinger Park, sodass ich mich schnell und leicht orientieren und in den Pausen frische Luft in sehr schöner Umgebung schnappen konnte.

An der Hochschule für Welthandel wurde Betriebswirtschaftslehre sehr praxisnah mit einem gut strukturierten Lehrplan unterrichtet, zu dem auch Fächer wie Wirtschaftsgeschichte, -geografie, -mathematik, Technologie, Jura und zwei Pflichtsprachen gehörten. Für mich als Absolventen eines altsprachlichen Gymnasiums waren alle Fächer mit Ausnahme der Sprachen absolutes Neuland. Für die Einführungskurse in Buchhaltung, Statistik, Kostenrechnung und Wirtschaftsmathematik musste ich mich ungleich mehr vorbereiten als die Absolventen einer österreichischen Handelsakademie oder eines deutschen Wirtschaftsgymnasiums. Die Sinnhaftigkeit mancher dieser Propädeutika erschloss sich mir darüber hinaus nur selten, aber danach wurde ich nicht gefragt.

Die Nachnamen der an der Hochschule für Welthandel unterrichtenden Professoren und Dozenten repräsentierten in gewisser Weise die ethnische Vielfalt der Vielvölkermonarchie Österreich-Ungarns.[1] Die Vorlesungen von vier Professoren sind mir besonders in Erinnerung geblieben: von Willi Bouffier, Richard Kerschagl, Walter Heinrich und Taras Borodajkewycz.

Willi Bouffier lehrte allgemeine und Industrie-Betriebswirtschaftslehre. Er stammte ursprünglich aus Idstein im Taunus bei Frankfurt am Main, war aber schon seit sehr langer Zeit in Wien heimisch geworden. Sein menschlicher Charme war –

---

[1] Zum Beispiel: Borodajkewycz, Bouffier, Bratschitsch, Cempirek, Fux-Eschenegg, Grünsteidl, Hannak, Haschka, Heinrich, Illetschko, Kalussis, Kerschagl, Krasensky, Kyrer, Loitlsberger, Rabuse, Scheidl, Skowronnek, Strzygowski, Swoboda, Tagwerker, Vodrazka, Wirl, Wolf, Zdrachal.

wie es einer seiner Dissertanten einmal ausdrückte – wienerisch veredelt worden. Als Hochschullehrer war er weit über Österreichs Grenzen hinaus bekannt. Er verstand es, wirtschaftliche Zusammenhänge präzise und anschaulich zu erläutern. Seine kurze (leider vergriffene) „Einführung in die Betriebswirtschaftslehre" ist noch heute eine lohnende Lektüre. Er war als Wirtschaftsprüfer mit eigener Kanzlei und Berater der Zuckerindustrie auch ein versierter Praktiker. Nach dem Besuch seiner Vorlesungen war für mich klar, was ich im Berufsleben werden wollte: Vorstand eines international tätigen Industrieunternehmens.

Richard Kerschagl lehrte die klassische Nationalökonomie, ging sehr ausführlich auf die Dogmengeschichte sowie auf Fragen der Fiskal-, Budget- und Konjunkturpolitik ein. Er kam auch immer wieder auf die Spezifika der „Österreichischen Schule" zu sprechen, für die Professoren wie Eugen Böhm von Bawerk, August von Hayek und Joseph Schumpeter stehen. Kerschagl verwendete keinerlei mathematische Modelle.

Walter Heinrich befasste sich in seinen volkswirtschaftlichen Vorlesungen mit dem Zusammenhang von Wirtschaft und Gesellschaft. Er vertrat eine universalistische oder ganzheitliche Volkswirtschaftslehre und war ein Gegner der Mathematisierung der Makroökonomie. Er gehörte zu den Mitbegründern der „Gesellschaft für Ganzheitsforschung". Oft hatte man in seinen Vorlesungen den Eindruck, einer philosophischen Abhandlung zu folgen.

Taras Borodajkewycz verstand es, geschichtliche Zusammenhänge spannend darzustellen. Allerdings hielt er sich bei der Beschreibung historischer Persönlichkeiten nicht mit persönlichen Kommentaren zurück. So wies er wiederholt darauf hin, dass Karl Marx Jude war, gleichzeitig aber die Juden massiv kritisierte, und Rosa Luxemburg bezeichnete er als jüdische Massenaufputscherin. Der spätere österreichische sozialistische Finanzminister Ferdinand Lacina, damals noch Student, protokollierte Borodajkewycz' Äußerungen und spielte sie den Medien zu. Diese Äußerungen wurden als antisemitisch und für einen Hochschulprofessor nicht akzeptabel gewertet. Irgendwann lief das Fass über und es kam zu gerichtlichen Auseinandersetzungen, die mit der vorzeitigen Pensionierung von Borodajkewycz endeten.

1963 kam der Wirtschaftswissenschaftler Oskar Morgenstern von Princeton für ein Jahr nach Wien, wo er das Institut für Höhere Studien IHS gründete. Er hielt an der Hochschule für Welthandel einen Vorlesungszyklus über die Spieltheorie, die er zusammen mit dem Mathematiker John von Neumann entwickelt hatte. Ich konnte diesen Ausführungen nur bedingt folgen, dazu reichten meine statistisch-mathematischen Kenntnisse nicht aus.

Das Studium wurde mit dem erfolgreichen Abschluss dreier Staatsprüfungen absolviert, die erste frühestens nach drei, die zweite und dritte frühestens nach dem sechsten Semester. Die Reihenfolge der zweiten und dritten Staatsprüfung konnte man vertauschen. Hier kam mir mein Semester an der Sorbonne zustatten. Ich ließ es mir anrechnen und konnte bereits im Frühjahr 1963, nach fünf Semestern in Wien, die dritte Staatsprüfung in Betriebs- und Volkswirtschaftslehre ablegen. Ende Juni 1963 legte ich dann die zweite Staatsprüfung in Wirtschaftsgeografie, Technologie und Sprachen ab und erhielt mit knapp 22 Jahren das Diplom als Diplom-Kaufmann.

Madrid – Eine letzte Bastion des Faschismus in Europa

Zuvor war ich jedoch für drei Monate nach Madrid gegangen, um meine Sprachkenntnisse zu festigen. Statt der zwei Pflichtfremdsprachen hatte ich neben Englisch und Französisch auch noch Spanisch gewählt. In Madrid besuchte ich Vorlesungen an der damals selbstständigen Handelshochschule Escuela Superior de Comercio de Madrid, die in den 1970er-Jahren in die wirtschaftswissenschaftliche Fakultät der Universität Madrid integriert wurde.

Spanien wurde 1963 noch von General Francisco Franco regiert, und in Madrid waren relativ viele Uniformierte zu sehen. Am Wochenende und an Feiertagen fanden Aufmärsche oder Versammlungen statt, bei denen die Teilnehmenden mit dem Gruß der faschistischen Falange salutierten. Im Gegensatz zu Besuchen in Ost-Berlin fühlte ich mich aber frei und unbeobachtet.

3

Israel – Heimat
der Verfolgten

Im zweiten Semester unterbrach ich mein Studium für drei Wochen und folgte einer Einladung, als Mitglied einer kleinen niedersächsischen Schülerdelegation nach Israel zu reisen. Die Reise wurde von meinem ehemaligen Hebräisch-Lehrer, dem pensionierten evangelischen Pfarrer Konrad Kokemüller, initiiert und geleitet. Mit dem Schiff fuhren wir von Venedig nach Haifa und von dort weiter nach Nahariya, das im Norden Israels nur etwa zehn Kilometer von der Grenze zum Libanon entfernt liegt.

Israel existierte damals – 1961 – noch in den Grenzen der Staatsgründung vom 14. Mai 1948. Diese waren nach den erfolglosen Angriffen der arabischen Anrainerstaaten mit dem von der UNO initiierten Waffenstillstandsabkommen von Rhodos 1949 festgeschrieben worden. Das damalige Staatsgebiet ist mit dem heutigen nicht vergleichbar: Die Golanhöhen waren noch Teil Syriens und Jerusalem nicht nur geteilt, sondern zu drei Vierteln von jordanischem Territorium umgeben. Die heutigen Palästinensischen Gebiete waren integraler Bestandteil Jordaniens.

Von unserem Stützpunkt Nahariya aus fuhren wir praktisch in alle Teile des Landes. Die Stadt war 1936 von deutschen

Juden – in Israel „Jeckes" genannt – gegründet worden, und wie bei vielen neuen Siedlungen waren auch hier erst die Straßen und dann die Häuser gebaut worden. 1961 war die Umgangssprache in Nahariya noch großteils Deutsch. Als bei Festlegung der Grenzen darüber gestritten wurde, ob die Stadt bei Israel bleiben oder dem Libanon zugeschlagen werden sollte, kursierte der Spruch, dass es letztlich egal sei, da Nahariya in jedem Fall deutsch bleibe. In vielen Geschäften waren die Auslagen damals zweisprachig, mitunter sogar nur auf Deutsch beschriftet.

Wir sahen in den drei Wochen nahezu alle Teile des Landes: Städte wie Haifa, Akko, Tel Aviv, Jerusalem, Be'er Scheva, die Wüste Negev, das Tote und das Rote Meer sowie die biblischen Stätten Kapernaum, Tiberias und Nazareth. Ich war fasziniert von der Wüste, der korallenreichen Küste um Eilat am Roten Meer und den dahintergelegenen Bergen, die sich bei sinkender Sonne blutrot färbten.

Beeindruckt war ich auch vom Aufbauwillen, dem Gemeinschaftssinn und der Bereitschaft zu einem entbehrungsreichen Leben der Bewohner eines Kibbuz, den wir besuchten. Allerdings konnte ich mir nicht vorstellen, dass Kibbuzim ein Modell für das Leben in Zukunft bleiben würden. Ich war stark beeindruckt vom Interesse fast aller jüdischen Gesprächspartner an der Entwicklung Europas und speziell Deutschlands. Die Offenheit und vor allem Gastfreundschaft hatte ich nicht erwartet.

Fasziniert hat mich natürlich auch Jerusalem, die Stadt Davids und Hauptstadt des Landes. Sie ist der geistige Mittelpunkt Israels mit Universität, Oberrabbinat, kulturellen Einrichtungen und Sitz von Regierung und Knesset, dem israelischen Parlament. Im Gegensatz zu anderen Städten in Israel lebten in Jerusalem sehr viele streng orthodoxe Juden. Das galt vor allem für Mea Shearim, das die Israelis selber das „Judenviertel" nannten. Hier trafen wir auf eine uns bis dahin völlig unbekannte Welt: alte und junge Männer im Kaftan mit Vollbart und Schläfenlocken, die oft bis zur Brust reichten. Der Schabad wurde in Mea Shearim besonders streng eingehalten. Da Arbeiten untersagt war, fuhren kein Bus und kein Auto. Rauchen musste unterbleiben. Dass wir Fotoapparate trugen, wurde mit missbilligenden Blicken quittiert.

Orthodoxer Jude in Mea Shearim, Jerusalem 1961

Das Verhältnis zwischen jüdischen und arabischen Bewohnern Israels war schon damals nicht ohne Spannungen. Für Araber galten in manchen Orten scharfe Ausgehbestimmungen. Bestimmte Gebiete durften sie nur mit ausdrücklicher Genehmigung betreten. Neben Verständnis und Toleranz gab es auch Hass zwischen den Volksgruppen. Ich erinnere mich nur ungern an einen jüdischen Rechtsanwalt, der mir erzählte, wie stolz seine Familie auf seinen Sohn sei, der während seiner Militärzeit bei einem Zwischenfall einen Araber erschossen und dessen Kopftuch als Siegeszeichen mit nach Hause gebracht hatte.

Trotz solcher Begebenheiten war aus damaliger Sicht nicht zu erwarten, dass es zwischen Israel und seinen arabischen Nachbarn in den Folgejahren noch zu so vielen militärischen Auseinandersetzungen kommen würde. Es ist ein Armutszeugnis der USA und Europas, dass es bis heute nicht gelungen ist, im Nahen Osten für einen dauerhaften Frieden zu sorgen. Je länger eine Lösung auf sich warten lässt, umso mehr scheinen sich die Positionen von Israelis und Palästinensern zu verhärten. Es hat den Anschein, als ob Israel kein Interesse mehr an einer Zweistaatenlösung hat, und die Hamas, der radikale Arm der Palästinenser, lehnt eine Anerkennung Israels als jüdischer Staat nach wie vor kategorisch ab.

Palästinenserführer Jassir Arafat und Israels Ministerpräsident Jitzchak Rabin weckten nach ihrer Unterschrift unter das erste Oslo-Abkommen im Weißen Haus in Washington im September 1993 – US-Präsident Bill Clinton agierte als Moderator – die Hoffnung, innerhalb von fünf Jahren im Nahen Osten einen dauerhaften Frieden zu erreichen. Diese Hoffnung trog. Rabin wurde von einem israelischen Extremisten ermordet und auch bei den Palästinensern regte sich Widerstand. Die Region fiel wieder in eine Zeit der Terroranschläge zurück. Ein Frieden mit den Palästinensern ist im israelischen politischen Diskurs weiter an den Rand gedrängt worden. Ob es je zu einer Lösung kommen wird und wie die aussehen könnte, ist heute unklarer denn je.

Rational betrachtet böte sich ein Bundesstaat an, der aus Israel und der Westbank bestünde, zwei Ethnien, zwei Sprachen, zwei Religionen umfasste und kantonal mit starken dezentralen Elementen aufgebaut wäre. Solange Israelis und teilweise auch Palästinenser darauf bestehen, in einem religiös geprägten Staat leben zu wollen, ist jedoch ein bundesstaatlicher Ansatz von vornherein nicht möglich. Ich bin froh, dass in Europa Staat und Kirche weitgehend getrennt sind, die freie Religionsausübung aber grundgesetzlich geschützt ist.

Israel habe ich erst 50 Jahre später zusammen mit meiner Frau Rotraut und unseren Freunden Ingrid und Klaus von der Heyde besucht. Über den israelischen Botschafter in Brüssel hatte ich Kontakt zu einem israelischen Studenten aufgenommen, der uns während unseres Besuches als Touristenführer und Chauffeur begleiten würde. Er war Zionist und mit einer jungen Französin liiert, kannte Europa relativ gut und war stark an dessen Entwicklung interessiert.

Das Land, das wir 2010 bereisten, war mit dem Israel des Jahres 1961 nicht zu vergleichen. Den Israelis war es tatsächlich gelungen, karge Böden in blühende Landschaften zu verwandeln. Wir sahen Obstplantagen, die sich endlos hinzogen, und in den Städten pulsierte das Leben.

Tel Aviv ist eine moderne Geschäftsmetropole mit einer lebendigen Venture-Capital-Szene und unzähligen Start-ups. Nicht zufällig zählt Israel zu einem der erfolgreichsten Länder bei technischen Innovationen. Gleichzeitig bietet die Stadt ob ihrer Lage am Mittelmeer eine lange Uferpromenade mit breitem Sandstrand. Die Bewohner haben ihr Freizeitparadies praktisch vor der Haustür. An einem Ende (oder Anfang) der Uferpromenade liegt ein architektonisch ultramodernes Viertel mit zahllosen Cafés, Bars und Restaurants, in denen sich gegen Abend die Schickeria der Stadt einfindet.

Luxus, Mode und stilsicheres Auftreten der Besucher und vor allem Besucherinnen brauchen einen Vergleich mit Paris, London oder New York nicht zu scheuen.

Jerusalem ist trotz der vielen Studierenden insgesamt ernster und weniger flippig als Tel Aviv. Hier spielt auch das orthodoxe Element eine viel größere Rolle, was besonders an der Klagemauer deutlich wird.

Jerusalem ist für die gläubigen Juden, Christen und Muslime eine heilige Stadt und Sitz hoher Vertreter dieser Religionen. Wir hatten nicht die Zeit, um uns näher mit dem Mit- oder Nebeneinander der verschiedenen Religionsanhänger zu befassen. Wir waren froh, uns unter kundiger Führung die heiligen Stätten und Yad Vashem, den zentralen Ort für die Erinnerung an den Holocaust, anschauen zu können.

Als EU-Abgeordneter und Vorsitzender des Krisenausschusses war ich sehr daran interessiert, mit einem hohen Vertreter des Finanzministeriums oder der Zentralbank zusammentreffen zu können. Es gelang mir, ein Treffen mit Stanley Fisher zu vereinbaren, dem Gouverneur der Bank of Israel. Wir führten ein sehr anregendes Gespräch über die internationalen Finanzmärkte und die Lage des Euro nach Ausbruch der Staatsschuldenkrise in der Eurozone. Wie viele seiner Kollegen in den USA war Fisher nicht überzeugt, dass die Eurozone heil aus dieser Krise hervorgehen würde. Er sah den Euro primär als monetäres Projekt und nicht als politisches Vorhaben, das den Integrationsprozess in Europa unumkehrbar machen sollte.

Die politische Lage zwischen Israelis und Palästinensern ist nach wie vor verzwickt. Arabische Israelis fühlen sich als Staatsangehörige zweiter Klasse mit weniger Rechten als ihre jüdischen Mitbürgerinnen und -bürger, und die Palästinenser haben das Gefühl, dass ihr Territorium ständig weiter ausgehöhlt wird. Keiner weiß, ob und wann es je eine faire, für alle gerechte Lösung geben wird.

Eine nachhaltige Überwindung der Probleme kann nur gelingen, wenn beide Seiten, Israelis und Palästinenser, den Willen und die Kraft zur Versöhnung aufbringen. Nir Baram, ein israelischer Schriftsteller und Journalist, appelliert an das progressive Lager in Israel, Pläne zur Verringerung der Spannungen vorzuschlagen: gleiche Rechte in Jerusalem, Aufgabe kleiner Siedlungen, die nur der Provokation dienen, Arbeitsmöglichkeiten für Bewohner des Gazastreifens in Israel und Entfernen möglichst vieler Checkpoints. Das Ziel in den nächsten Jahren müsse sein, ein israelisch-palästinensisches Lager von Menschen zu bilden, die sich gegen die Besatzung wehren und ehrlich daran glauben, dass die einzige wirkliche Hoffnung die Versöhnung ist.

4

Postgraduate-Studien

Ich hatte das Glück, als junger Doktorand von Professor Helmut Tagwerker an der Wiener Hochschule für Welthandel akzeptiert zu werden. Er war erst vor Kurzem zum Professor der Volkswirtschaftslehre ernannt worden und noch nicht von zu vielen Studierenden in Anspruch genommen, die bei ihm eine Diplomarbeit oder Dissertation schreiben wollten. Ich hatte den Ehrgeiz, in überschaubarer Zeit eine Arbeit zu einem Thema vorzulegen, das mich interessierte und das ich auf der Basis vorhandener Literatur ohne Feldversuche eingehend behandeln konnte. Ich schrieb über „Chancen und Risiken des Kapitalexports in Entwicklungsländer".

Doktor der Handelswissenschaften in Wien

Mir war klar, dass ich mit meiner Arbeit keine grundlegenden neuen wissenschaftlichen Erkenntnisse gewinnen konnte. Ich reichte den ersten Entwurf der Dissertation im Juni 1964 ein, die endgültige Fassung im Herbst desselben Jahres. Sie wurde von den Professoren Tagwerker und Kerschagl ausgezeichnet bewertet und offiziell angenommen. Nachdem ich im November 1964 das 1. Rigorosum in Betriebs- und Volkswirtschaftslehre und im Februar 1965 das 2. Rigorosum in

Wirtschaftsgeographie und Recht abgelegt hatte, wurde mir im April 1965 der akademische Grad eines Doktors der Handelswissenschaften, Dr. rer. comm., verliehen.

Professor Willi Bouffier überreicht mir die Promotionsurkunde an der Hochschule für Welthandel in Wien, April 1965

Die Vorbereitung auf das Rigorosum in Wirtschaftsgeografie nutzte ich zu einem mehrwöchigen Besuch der Freien Universität in West-Berlin, wo ich eine umfangreiche Seminararbeit über die Wandlung von Groß-Berlin zur geteilten Stadt erstellte. Darin ging ich auf politische, städtebauliche, wirtschaftliche und soziale Elemente des Wandels einschließlich des Mauerbaus ein. Während des Studiums in West-Berlin fuhr ich häufig in den Ostteil der Stadt, um günstig Bücher einzukaufen oder ins Theater oder in die Oper zu gehen.

Einmal besuchte ich die Hochschule für Ökonomie Berlin, eine der Kaderschmieden der DDR, in Berlin-Karlshorst. Ich wollte in einer oder zwei Vorlesungen einen persönlichen Eindruck erhalten, wie den Studierenden die Vorzüge der staatlichen Planwirtschaft gegenüber dem Kapitalismus vermittelt wurden. Obwohl ich mich so unauffällig wie möglich verhielt, wurde ich doch schnell als „westlicher Eindringling" erkannt. Man klopfte mir auf die Schulter und zitierte mich ins Zimmer des Rektors. Die Vorwürfe reichten von Hausfriedensbruch bis zu Spionage, und mir wurde eine Haftstrafe angedroht. Zum Glück war ich mit meinem österreichischen Pass von West-Berlin eingereist und verwies darauf, dass ich Bürger eines neutralen Staates sei, in dem der Zugang zu Hochschulen jedermann offenstehe. Nach dreistündigem Warten durfte ich schließlich nach West-Berlin zurückkehren.

Ich schaue auf meine Studienzeit in Wien in Dankbarkeit und mit großer Freude zurück. Der Unterricht an der Hochschule für Welthandel war breit gefächert, praxisnah und gut strukturiert. Er ermöglichte mir, in relativ kurzer Zeit mein Ziel zu erreichen, als promovierter Diplom-Kaufmann den Einstieg ins Berufsleben vorzubereiten. Gleichzeitig konnte ich den kulturellen Reichtum Wiens kennenlernen und die Wiener Lebensart genießen.

An der Hochschule lernte ich zwei Kommilitoninnen kennen, mit denen ich jeweils zwei Jahre eine sehr enge Beziehung hatte, die jedoch aufgrund unserer unterschiedlichen Interessen und Vorstellungen vom Leben nicht halten konnten. Rosemarie Sebek merkte sehr schnell, dass das Studium der Wirtschaftswissenschaften ganz und gar nicht ihren Interessen und ihrem Naturell entsprach. Sie war an Kunst und Literatur interessiert. Folgerichtig verließ sie die Hochschule und heiratete den in der Wiener Kunstszene sehr prominenten Maler und Jazz-Musiker Barrabas. Das schwierige Leben mit ihm und den drei gemeinsamen Töchtern schildert sie in dem autobiografischen Roman „Er nannte mich Wardi". Die Ehe hielt nur sieben Jahre.

Sabine Hagmaier war Tochter eines Vorstandsmitglieds eines großen deutschen Versicherungskonzerns. Sie war an Wirtschaft interessiert und hatte überhaupt keine Schwierigkeiten mit dem Studium. Obwohl sie aus sehr reichem Hause stammte, lebte sie mit ihrer Freundin Susi in einer bescheidenen Zwei-Zimmer-Wohnung. Sabine war stets gut gelaunt, fröhlich und immer äußerst hilfsbereit. Sie war sich nicht zu schade, auch Drecksarbeit zu erledigen, war technisch sehr begabt und konnte sogar Autos reparieren. Möglicherweise hätte Sabine mein Abenteuerleben gerne mit mir geteilt. Ich aber wollte mich zum damaligen Zeitpunkt noch nicht binden, sondern allein in die Welt hinausstürmen. Nach dem Studium hat sie in München geheiratet und drei Kinder großgezogen.

Mit Jürgen Haag und seiner Frau Rosemarie, bei deren Hochzeit ich zusammen mit unserem gemeinsamen Studienfreund Helmut Gaisbauer Trauzeuge war, hielt ich über Jahrzehnte engen, während unserer gemeinsamen Zeit bei der Treuhand sogar sehr intensiven Kontakt. Jürgen starb, obwohl Nichtraucher, schon mit 56 Jahren an Lungenkrebs.

Jürgen Baumann und seine Frau Monika zogen von Wien nach Frankreich, wo Jürgen nach dem Besuch der Business School INSEAD seine gesamte berufliche Karriere verbrachte. Zuletzt war er Generaldirektor von Linde Frankreich. Nebenberuflich war und ist er ein begeisterter Freund von Architektur und Kunst. Nach Jürgens Pensionierung zog das Ehepaar nach Berlin. Jetzt können wir uns häufiger sehen.

Mit einer Gruppe von ehemaligen Mitstudenten treffen sich Rotraut und ich immer noch etwa alle 18 Monate an unterschiedlichen Orten in Europa.[1] Wir versuchen jedes Mal, die

---

[1] Jürgen und Monika Baumann, Ulrich und Edla von Buol, Brigitte Hitzinger-Hecke, Christiane Klever, Max und Hertha Schachinger, Wilfried und Gertrud („Tutti") Stoll; Treffpunkte waren Berlin, Brüssel, Budapest, Côte d'Azur, Düsseldorf, Frankfurt am Main, Innsbruck, Istanbul, Madrid, München, Straßburg und Wien.

persönlichen Treffen um Diskussionen mit wirtschaftlichen und politischen Entscheidungsträgern zu erweitern. Der Zusammenhalt ist über die Jahre fester geworden.

Bankpraktikum in den USA

Nach Abgabe der Doktorarbeit und vor meiner Vorbereitung auf die Rigorosen arbeitete ich in den Sommerferien als Praktikant einer Community Bank in Rochester, N.Y. Die Gelegenheit erbot sich über die Tauschbörse der internationalen Studierendenorganisation AIESEC, im Gegenzug hatte ich für einen Studenten aus den USA einen Praktikumsplatz bei einer deutschen Bank eingeworben.

Es war mein erster Besuch in Amerika. Ich hatte eine ultramoderne glitzernde Neue Welt erwartet und war ziemlich desillusioniert, als ich am Busbahnhof in New York City in einen Greyhound-Bus nach Rochester stieg. Downtown Rochester, das Geschäftszentrum der Stadt, erschien mir genauso trostlos. Umso mehr war ich von dem Wohnviertel meiner Gasteltern begeistert. Jacob Janeway arbeitete als leitender Angestellter in Rochester in der Konzernzentrale von Eastman Kodak. Wohnhaus und Country-Club, in dem die Janeways Mitglied waren, strahlten Komfort und Luxus aus.

Im Herbst des Vorjahres war Präsident John F. Kennedy ermordet worden. Das hatte zu erheblichen Unruhen in den USA geführt. Die Situation zeigte, wie gespalten das Land war. Vor allem die afroamerikanische Bevölkerung rebellierte. Sie fühlte sich nicht gleichberechtigt, hatte im Vergleich zu den Weißen deutlich schwereren Zugang zu Bildungseinrichtungen und entsprechend schlechter waren ihre beruflichen Aufstiegschancen. Der amerikanische Traum blieb in den meisten Fällen genau das: ein Traum. Wenn ich morgens zur Bushaltestelle ging, um mit dem Bus zu meiner Arbeit in der Bank zu fahren, sah ich jeden Tag Hunderte Afroamerikaner, vor allem Frauen, in die Viertel der Wohlhabenden strömen, um als Putzmädchen, Dienstboten, Babysitter oder Gärtnerin ihren Lebensunterhalt zu verdienen. Die Unruhen waren zunächst in Städten mit überdurchschnittlich hoher schwarzer Bevölkerung ausgebrochen, breiteten sich jedoch relativ schnell über das ganze Land aus. So dauerte es nicht lange, bis sie auch Rochester erreichten.

Das Beunruhigende an der Situation war, dass es nicht bei friedlichen Protesten blieb, sondern sehr schnell zu tätlichen Auseinandersetzungen kam, die in Zerstörungswut, Plünderungen und Brandschatzungen gipfelten. Die Stadtverwaltung sah keine andere Möglichkeit, als ein allgemeines Ausgehverbot ab 19 oder 20 Uhr zu erlassen. Es war das erste Ausgehverbot, das ich in meinem Leben erfahren habe. Die damalige spürbare Spaltung der US-amerikanischen Gesellschaft war schlimm. Noch schlimmer aber ist, dass sich die Situation seither in mehr als 50 Jahren nicht oder nur sehr wenig zum Besseren gewandelt hat. Die USA, damals für uns Jugendliche in Europa das Leitbild, wie Menschen in Freiheit und Würde gleichberechtigt zusammenleben können, sind heute drauf und dran, ihr Vorreiterimage zu verspielen.

Jacob Janeway war Rotarier und lud mich ein, in seinem Club über Deutschlands Entwicklung seit dem Kriegsende zu referieren: über den Wiederaufbau, die Demokratisierung, das Wirtschaftswunder, die Teilung und West-Ost-Spannungen. Bei diesen und nachfolgenden Besuchen ergab sich die Gelegenheit, Karrieremöglichkeiten in den USA und die Voraussetzungen dafür zu erörtern. So wurde mir ein Besuch der Harvard Business School als äußerst erfolgversprechend empfohlen. Nach meiner Rückkehr nach Wien prüfte ich die Möglichkeit, an der Harvard Business School einen Master of Business Administration (MBA) zu machen, verwarf diesen Plan aber sehr schnell. Das Studium dauerte meines Erachtens zu lange – zwei Jahre – und war deutlich zu teuer. Der US-Dollar kostete damals vier D-Mark, sodass sich die Kosten für ein zweijähriges MBA-Programm auf einen gigantischen Betrag beliefen.

Im Zuge dieser Recherchen stieß ich auf die private Business School INSEAD (Institut européen d'administration des affaires) in Fontainebleau bei Paris, die der franko-amerikanische Risikokapitalgeber Georges Frédéric Doriot 1957 gegründet hatte. Doriot, der zuvor als Professor an der Harvard Business School gelehrt hatte, sah die Notwendigkeit, eine derartige Schule auch in Europa zu etablieren. 1960 schlossen die ersten Absolventen mit einem MBA in der Tasche ihr Studium am INSEAD ab.

Studium an Europas erster Business School in Frankreich

Für mich stand fest, dass ich meinen Eltern nicht mehr auf der Tasche liegen wollte, nachdem sie mich bis zur Promotion unterstützt hatten. So finanzierte ich den Besuch des INSEAD mit einem Stipendium und einem Zinsdarlehen der Chase Manhattan Bank. Das Geld reichte, um ohne Not über die Runden zu kommen, aber ich war kein häufiger Gast in den Restaurants und Bars von Fontainebleau, geschweige denn von Paris. Viele Studierende am INSEAD waren jedoch finanziell ganz anders gestellt und nicht wenige fuhren mit Sportwagen von MG, Triumph oder BMW vor.

Als explizit europäische Hochschule waren am INSEAD Englisch, Französisch und Deutsch Pflichtsprachen und ihre Kenntnis Voraussetzung für die Aufnahme. Tatsächlich wurden mindestens 50 Prozent des Unterrichts auf Englisch, rund 35 Prozent auf Französisch und 15 Prozent auf Deutsch abgehalten. Für mich stellte dies keine Hürde dar, wohl aber für Studierende mit einer anderen Muttersprache als den drei genannten Sprachen. Die 125 Studierenden meines Jahrgangs stammten meiner Erinnerung nach aus mindestens 15 verschiedenen Nationen. Franzosen und Briten bildeten die größten Gruppen, Israelis und Deutsche lagen im Mittelfeld, der Rest kam aus anderen europäischen Ländern, den USA, Südamerika, Asien oder Osteuropa. Sie alle besaßen eine exzellente universitäre Ausbildung und teilweise schon ein paar Jahre praktische Berufserfahrung. Viele Briten mit Abschluss in Oxford oder Cambridge verfügten über eine vorbildliche Allgemeinbildung und verfassten ausgezeichnete Papers zu Themen, die uns aufgegeben wurden.

Unterrichtet wurde nach der Case Study Method oder Fallstudienmethode. Dabei wurden Erkenntnisse in einzelnen Fachgebieten wie Finanzen, Marketing, Produktion, Personal usw. nicht theoretisch vermittelt, sondern anhand realistischer Fälle praktisch erarbeitet. Die Beschreibung dieser Fälle war oft 30 bis 40 Seiten lang und ihre Durchdringung zeitaufwendig. Die Professoren erwarteten, dass man gut vorbereitet war und auch die Details eines Falles kannte, wenn dieser in der Klasse behandelt wurde. Das Wissen in Fächern wie Buchhaltung, Rechnungswesen, Statistik und Ähnlichem wurde klassisch vermittelt und zwei- bis dreimal im Monat samstags in Klausuren geprüft.

Diese Klausuren schrieben wir im Schloss von Fontainebleau, das im Winter oft ungeheizt war, sodass wir mit Handschuhen antreten mussten. Überhaupt war die Infrastruktur des INSEAD zu meiner Zeit – ich gehörte zum siebten Jahrgang seit Aufnahme des Lehrbetriebs – noch relativ einfach. Wir wohnten zum Teil in Zweibettzimmern und der Unterricht fand in den Räumen und angebauten Baracken eines ehemaligen kleinen Klosters in Avon statt.

Das Programm war sehr dicht, sodass wir abends oft bis Mitternacht beschäftigt waren. Wir sollten auf ein Pensum vorbereitet werden, wie es bei Unternehmen in der Beratung oder im Investmentbanking gang und gäbe ist. Außerdem wurde ein hohes Maß an Leistung und Einsatz erwartet. Nach dem ersten Trimester mussten 25 Studierende, die die hohen Anforderungen nicht erfüllen konnten, die Schule verlassen. Krönender Abschluss für alle erfolgreichen Absolventinnen und Absolventen des INSEAD war die Diplomverleihung durch den schwedischen König im Schloss von Stockholm.

Mein Zuhause am INSEAD: die Résidence St. Honoré in Fontainebleau, Frühjahr 1966

Das Jahr am INSEAD war überaus anstrengend, dennoch erinnere ich mich sehr gerne an diese Zeit. Fontainebleau ist ein reizendes Städtchen, in dessen unmittelbarer Umgebung herrliche Wälder und der Künstlerort Barbizon liegen. Die Zusammenarbeit mit Menschen aus vielen verschiedenen Ländern empfand ich als ungemein anregend und befriedigend und sie bestärkte einmal mehr meinem Wunsch nach einer internationalen Karriere. Manche der Freundschaften, die ich dort mit Kommilitonen aus den verschiedensten Ländern schloss, schliefen im Lauf der Jahrzehnte aufgrund familiärer oder räumlicher Veränderungen ein. Meine Freunde und Mitstudenten Eberhard Zinn, später Vorstandsmitglied der Bayerischen Landesbank, und Hann-Jörg Renkewitz, der zum Projektleiter bei der Weltbank aufstieg, verlor ich leider durch ihren frühen Tod. Mit Klaus Müller, der Anfang der 1990er-Jahre bei der Treuhandanstalt als Direktor für die Holz- und Papierindustrie zuständig war, und seiner Frau Irmi gibt es noch sporadischen Kontakt.

Am INSEAD lernte ich zum ersten Mal das Konzept vom Unternehmen als lebendem Organismus kennen. Plötzlich waren mir die Zusammenhänge in der betrieblichen Arbeit deutlich sichtbar, und ich fühlte mich nach meinem Studium an der Hochschule weitaus besser für das Berufsleben gerüstet. Insbesondere die Vorlesungen und Diskussionen über das europäische Rahmenwerk im Fach „Cadre Européen" mit dem französischen Wirtschaftswissenschaftler Guy de Carmoy haben mich fasziniert und mein Interesse an Europa nachhaltig geprägt.

5

Endlich Geld verdienen – Einstieg ins Berufsleben

Das INSEAD war stark daran interessiert, dass seine Absolventen in guten Positionen in der Wirtschaft einstiegen, und organisierte deshalb im dritten Trimester eine Art Jobbörse auf dem Campus. Die Studierenden konnten sich auf einer ständig aktualisierten öffentlichen Liste mit Unternehmen bei den Firmen eintragen, bei denen sie sich in einem Interview vorstellen wollten. Waren die Gespräche auf dem Campus erfolgreich, fanden weitere Interviews bei den Unternehmen vor Ort statt – bei europäischen Firmen am Hauptsitz, bei nicht-europäischen, meist US-amerikanischen Unternehmen an deren Hauptverwaltung in Europa, die sich 1966 in der Regel in Genf, Brüssel oder London befand. Ich erhielt eine Reihe interessanter Angebote in Deutschland und Basel, entschied mich aber für Cummins Engines Co. Ltd. in London. Die Nähe des Unternehmens zum Automobilgeschäft fand ich interessant, und London war das kosmopolitische Zentrum Europas, das alle jungen Leute faszinierte.

Mein Glücksfund in London

Cummins produzierte im nordenglischen Darlington und in Schottland in einem Joint Venture mit Chrysler Dieselmotoren vor allem für LKWs und stationäre Zwecke. Mit den Fried. Krupp Motoren- und Kraftwagenfabriken bestand ein Lizenzabkommen, das es Krupp ermöglichte, bei eigenen LKWs in Lizenz hergestellte Cummins-Motoren einzubauen.

Die Vertriebs- und Marketingaktivitäten in Europa und im Nahen/Mittleren Osten wurden jedoch von London aus koordiniert, wo ich als Project Analyst eingestellt worden war. Da es aber kaum größere Projekte gab, wurde ich für alle möglichen Aufgaben eingesetzt. Ich erstellte Marktanalysen sowie detaillierte Protokolle von langwierigen Sitzungen, die wahrscheinlich kein Sitzungsteilnehmer je wieder las, und verrichtete administrative Aufgaben für den Managing Director Henry „Hank" B. Schacht. Wenn gelegentlich ausländische Delegationen zu Besuch kamen, durfte ich den Ablauf dieser Geschäftstreffen im Detail planen, die Tagesordnung abfassen, Vorschläge für eventuelle Entscheidungen entwerfen und dafür sorgen, dass es keine administrativen Pannen gab. Oft reisten die Besucher am Wochenende an, wenn der Fahrer von Cummins freihatte. In solchen Fällen war es meine Aufgabe, die Gäste am Flughafen abzuholen und mit dem großen Jaguar ins Hotel zu bringen.

Ich war nicht zufrieden mit diesen Aufgaben, fühlte mich unterfordert und hatte nicht das Gefühl, viel zu lernen. Dabei hatte ich Cummins genau aus dem Grund gewählt, weil mir in den Interviews das Gefühl vermittelt worden war, dass ich mit einer steil ansteigenden Lernkurve rechnen könne. Etwas besser wurde es, als der Budgeterstellungsprozess für das kommende Jahr startete. Das Budget hieß *„Profit Plan"*, schon diese Bezeichnung machte deutlich, wie der Prozess ablief. Nach Quantifizierung des Gewinnziels mussten alle Budgetpositionen so definiert werden, dass der Gewinn erreichbar erschien. Eventuelle Risiken wurden genannt und potenzielle Korrekturmaßnahmen angesprochen.

So unzufrieden ich im Beruf war, so happy war ich im Privatleben. Ich wohnte in einem hübsch möblierten Appartement am Montpellier Square in Knightsbridge, einem der vornehmsten Viertel Zentral-Londons. Mein Büro, der Hyde Park, Harrods und die vielen kleinen Geschäfte, Restaurants und Pubs in der Beauchamp Place und Umgebung waren fußläufig in wenigen Minuten erreichbar. London stand damals für Carnaby Street, Minirock und die sexuelle Revolution. Insofern war es für mich ein Leichtes, mir „die Hörner abzustoßen". Im Zuge der Budgetarbeiten hielt ich mich öfter mehrere Tage in Darlington auf, wo ich mich mit der Chefsekretärin Gladys Storer anfreundete. Mit ihr und einer Gruppe Gleichaltriger verbrachte ich lustige Abende beim Bowling und im Pub.

Ähnlich wie im ersten Semester in Paris wollte ich auch in London den Kontakt zu Deutschen nicht ganz verlieren. Da traf es sich gut, dass die deutsche Kirche am anderen Ende des Montpellier Square lag. Die Kirche war ein sehr lebendiges Begegnungszentrum für Jung und Alt, Studenten und Geschäftsleute, gemischt deutsch-englische Ehepaare, Touristen und an Deutschland interessierte Einheimische.

Neben der deutschen Kirche gab es noch das deutsche Kulturzentrum. Eines Tages wurde ich durch ein Plakat auf eine Veranstaltung aufmerksam, die mich interessierte, obwohl ich eigentlich gar nicht angesprochen war: ein Treffen von deutschen und englischen Lehrerinnen und Lehrern bei Kaffee, Tee, Musik und Tanz. Neugierig ging ich hin – eine der besten Entscheidungen in meinem ganzen Leben. Unter den Anwesenden fiel mir sofort eine junge, sehr attraktive Dame namens Rotraut Schmitt auf, die ich nach einer Weile zum Tanz aufforderte. Dies war der Beginn einer Beziehung, die bis heute gehalten hat: Mittlerweile sind wir seit mehr als 50 Jahren verheiratet.

Rotraut war aus München für ein Jahr nach London gekommen. Sie wohnte mit Christiane, einer jungen Französin, bei Ms. Allard, einer in Deutschland geborenen Jüdin, die kurz vor dem Zweiten Weltkrieg mit einem der letzten Kindertransporte nach England geschickt worden war. Obwohl Ms. Allards Familie in einem Konzentrationslager ermordet worden war, war sie sehr an der Entwicklung Deutschlands interessiert und hatte keinerlei Vorbehalte, Rotraut als junge Deutsche bei sich in Hampstead aufzunehmen. Ganz im Gegensatz zu ihrem englischen Ehemann, der es ihr bis zu diesem Zeitpunkt verboten hatte, wieder einen Fuß auf deutschen Boden zu setzen. Rotraut unterrichtete in Golders Green, einem schönen Viertel nördlich von Hampstead, in dem vorwiegend Juden wohnten. Ihr Verhältnis zu den Schülern und ihren Eltern war problemlos. Es gab keine Vorurteile.

Heikel wurde die Situation nur einmal, als im November 1966 bei der Landtagswahl in Hessen die NPD mit 7,9 Prozent in den Landtag einzog. Ich hatte damals den Eindruck, dass Rotrauts Schüler damit besser umgehen konnten als meine Bürokollegen. Als ich am Montagmorgen ins Büro kam, wurde ich von manchen mit Hackenknallen begrüßt. Einer hob sogar den rechten Arm zum Hitlergruß. Ich weiß nicht mehr, ob jemand „Heil!" rief, aber ich würde es nicht ausschließen, so aufgeheizt war die Stimmung. Dazu trugen nicht zuletzt die britischen Zeitungen bei, denen Skandalgeschichten über die „Krauts" immer sehr recht waren.

Rotraut und ich lernten uns in rund sechs intensiven Monaten gut kennen, in denen wir genossen, was London zu bieten hatte: Pubs, Restaurants, Ausstellungen, Konzerte, Ausflüge aufs Land mit Pferdereiten und dergleichen mehr. Natürlich erzählten wir uns auch von unseren Eltern und Geschwistern. Rotraut war schon damals modebewusst und begeisterte sich für die damalige unkonventionelle neue Mode. Sie war stets gut gekleidet, was bei ihrem kleinen Gehalt mitunter hieß, beim Essen zu sparen und die Scheibe Brot nur mit Olivenöl zu beträufeln.

Glücksfund Rotraut, seit mehr als 50 Jahren meine Frau, im Frühjahr 1967 in London

Obwohl wir sehr ineinander verliebt waren, sprachen wir nicht über Heirat. Allerdings stellten wir übereinstimmend fest, dass wir gut zueinander passen würden. Ich wollte in die große weite Welt hinaus und Rotraut war auch sehr unternehmungslustig. Jedenfalls konnte sie sich nicht auf lange Zeit als Grundschullehrerin in einem entlegenen Winkel Bayerns sehen. Im Sommer 1967 brachen wir unsere Zelte in London ab: Rotraut, um sich in Pfünz bei Eichstätt im Altmühltal auf die zweite Lehramtsprüfung vorzubereiten; ich, um bei Volkswagen in Wolfsburg anzufangen. Ich hatte mit VW ausgehandelt, dass ich nach einer gewissen Zeit in Wolfsburg für den Konzern in die USA gehen dürfte.

Bevor ich mit Volkswagen handelseinig wurde, hatte ich Gelegenheit, mit Vertretern von McKinsey & Company in London über eine mögliche Beschäftigung zu sprechen. Seit meiner Zeit am INSEAD war ich sehr daran interessiert, in einer großen renommierten Consulting-Firma wie McKinsey zu arbeiten, war ich doch überzeugt, in der Top-Management-Beratung mehr als in irgendeinem anderen Unternehmen lernen zu können. Und nicht zuletzt faszinierte mich die Aussicht, mit Spitzenmanagern eines Unternehmens herausfordernde Probleme anzupacken.

Der Ansprechpartner bei McKinsey in London, Brigadier Harry H. Langstaff, versuchte die Einmaligkeit der Firma überzeugend darzustellen: Über allem stehe das Klienten-Interesse, gefordert sei eine professionelle Einstellung der Mitarbeiter ohne Interessenkonflikte. Außer ihm traf ich auch einen psychologischen Berater namens Dr. Cabot, bei dem ich eine Reihe von Intelligenztests absolvierte – und ein Stress-Interview, das meiner Meinung nach zu weit ging: Dabei brachte er mehrmals das „Dritte Reich" ins Spiel und wollte von mir wissen, wie ich ihn davon überzeugen könne, dass weder mein Vater noch andere Familienmitglieder Kriegsverbrecher seien. Das Fazit aller Gespräche war, dass ich zwar das intellektuelle Rüstzeug, aber noch zu wenig Berufspraxis für eine erfolgreiche Laufbahn bei McKinsey besaß. Da kam das Angebot von Volkswagen gerade recht, in Wolfsburg und den USA praktische Erfahrung zu sammeln.

Käfer für die Welt – Wolfsburg

Der Wechsel von London nach Wolfsburg war einschneidend. Ich verließ eine glitzernde Weltmetropole und landete in einer überschaubaren Stadt, die praktisch nur aus dem Volkswagenwerk und vielen Wohnhäusern für die VW-Belegschaft bestand – nicht zu vergleichen mit dem heutigen Wolfsburg, das mit Museen, Theater, der Autostadt, Hotels wie dem Ritz-

Carlton sowie einem Hauptbahnhof mit schnellen ICE-Verbindungen nach Hannover und Berlin aufwartet.

Das Unternehmen hieß damals noch Volkswagenwerk AG, auf das „Werk" im Namen wurde erst 1995 verzichtet. Das Werk erstreckte sich über eine Länge von mehr als einem Kilometer am Mittellandkanal entlang und bestand aus einer Vielzahl von roten Klinkerbauten. Schon damals gab es ein Bürohochhaus, in dem der Vorstand sowie die Mitarbeiter der oberen und mittleren Führung arbeiteten. Ich hatte zwar schon einen außertariflichen Vertrag, musste aber trotzdem mit drei Kollegen das Büro teilen. Mein Chef, Jürgen Hinrichs, war gleichzeitig eine Art Stabschef des Vertriebsvorstandes Carl Horst Hahn, mit dem er schon mehrere Jahre in den USA zusammengearbeitet hatte, als Hahn Volkswagen of America leitete.

Meine Arbeit bestand im Wesentlichen aus Marktforschung, Wettbewerbsanalysen, Absatzplanungen als Basis für Budget und Produktion, Sensitivitätsrechnungen für Preis und Absatz und Ad-hoc-Spezialuntersuchungen. Ich fühlte mich nicht mehr unterfordert, genoss es, ab und zu direkt beim Vorstand vortragen zu dürfen, und war angetan von dem kollegialen Umgang im Team.

Im Mai 1968 rebellierten die Studenten in Paris gegen die Regierung General Charles de Gaulles. Die Rebellion nahm dramatische Züge an, Barrikaden wurden errichtet und Feuer entzündet. Die Regierung wackelte. Wann immer möglich verfolgte ich die Entwicklung fasziniert am Radio. Oft blieb ich auf dem Parkplatz vor der VW-Zentrale noch ein paar Minuten im Auto sitzen, um die neuesten Nachrichten zu hören, vor allem über Daniel Cohn-Bendit, den prominenten 23-jährigen Sprecher der Studenten. Ich ahnte damals nicht, dass wir Jahrzehnte später Abgeordnetenkollegen im Europäischen Parlament sein würden.

Ein Spezialprojekt machte mir besonders Spaß. Ich durfte nach Vitoria im spanischen Baskenland reisen, um ein Strategiekonzept für die Kleinlaster-Tochter IMOSA zu entwickeln. Der Chef von IMOSA war von meiner Arbeit so angetan, dass er mir gleich anbot, bei ihm zu arbeiten. Meinen Wechsel von Wolfsburg nach Vitoria würde er den hohen Herren in Wolfsburg schon überzeugend verkaufen. Ich hatte aber kein Interesse an Vitoria, sondern wartete schon mit Ungeduld auf meinen Wechsel in die USA. Eigentlich war mir der Start bei Volkswagen of America für das Frühjahr 1968 in Aussicht gestellt worden, aber plötzlich konnte man auf mich nicht so schnell verzichten. So zog sich die Versetzung hin, obwohl ich mit Verweis auf die Zusagen mehrmals beim Vorstand vorstellig wurde. Endlich war es dann mit einjähriger Verspätung im Februar 1969 so weit.

Aus der Rückschau betrachtet, hatte diese Verspätung ihr Gutes. Ich besuchte Rotraut, sooft ich konnte. Zwei oder drei Mal im Monat machte ich mich mit meinem Käfer auf die lange Reise von Wolfsburg ins Altmühltal, eine lückenlose Autobahnverbindung gab es damals ja noch nicht. Mitunter trafen wir uns auch auf halbem Weg in Franken, zum Beispiel in Bamberg. So lernten wir uns immer besser kennen und beschlossen, gemeinsam nach Amerika zu gehen. In einer Zeit vor Laptop, Smartphone und Billigflügen war uns beiden klar, dass wir entweder gemeinsam in die USA ziehen müssten oder wir uns wahrscheinlich trennen würden.

Wir wollten zusammen gehen, aber nicht unverheiratet. Doch unserer Trauung standen zwei Hindernisse im Weg: Zum einen befand sich Rotraut noch in der Referendarausbildung und konnte unmöglich bis Anfang des Folgejahres 1969 die zweite Lehramtsprüfung ablegen. Zum anderen mussten wir Rotrauts Eltern davon überzeugen, dass unser Schritt logisch und nicht verantwortungslos war. Rotraut war zu diesem Zeitpunkt Beamtin auf Widerruf und konnte sich nicht beurlauben lassen. Sie musste tatsächlich den Schuldienst quittieren, eine mutige Entscheidung. Nicht umsonst fragte sie der Schulrat, als er ihr die Entlassungsurkunde überreichte: „Ist er es denn wert?" Ich war nicht dabei und kenne deshalb Rotrauts Antwort nicht. Ich vermute, dass sie „Ich hoffe es" sagte.

Wir hatten geplant, unseren Sommerurlaub gemeinsam an der kroatischen Adriaküste als vorgezogene Hochzeitsreise zu verbringen. So hielt ich noch vor dem Sommer bei meinen Schwiegereltern um Rotrauts Hand an. Sie hatten gerade die Hochzeit von Rotrauts Schwester Irmgard ausgerichtet und waren nicht wenig überrascht, um nicht zu sagen schockiert, dass jetzt auch die Hochzeit der zweiten Tochter unmittelbar bevorstand. Sie gaben uns ihren Segen unter der Voraussetzung, dass wir die Planung der Hochzeit und die Ausrichtung der Feier ganz alleine übernähmen.

Das war allerdings leichter gesagt als getan. Vor allem die Frage, ob wir katholisch oder evangelisch heiraten wollten, löste endlose Diskussionen zwischen Rotraut und mir aus. Rotrauts Familie stammte väterlicherseits aus Würzburg und war erzkatholisch. Ich hatte einen evangelischen Pfarrer in der Familie, den Mann meiner Schwester. Ich war zu einer katholischen Hochzeit bereit, allerdings ohne die schriftliche Verpflichtung, sämtliche Kinder katholisch zu erziehen. Ich glaubte, bei katholischen Pfarrern in Salzburg auf mehr Verständnis zu stoßen, musste aber nach mehreren Gesprächen die Aussichtslosigkeit meines Vorhabens feststellen. Entsetzt war ich, als mir ein evangelischer Pfarrer in München mitteilte, dass die evangelisch-lutherische Kirche in Bayern ebenfalls auf einer schriftlichen Erziehungserklärung bestand. Diese Erfahrung hat unser beider Vertrauen in die Institution Kirche schon damals stark erschüttert

Da wir auf eine kirchliche Trauung nicht verzichten wollten, ließen wir uns schließlich von meinem Schwager Achim Maßner in der evangelisch-lutherischen Apostelkirche in München-Solln trauen, obwohl die katholische Kirche Rotraut für diesen Fall die Exkommunikation angekündigt hatte. Zuvor hatten wir vereinbart, unsere Töchter katholisch wie die Mutter, unsere Söhne evangelisch wie den Vater taufen zu lassen. An diese Abmachung haben wir uns später gehalten. Unsere Töchter Dagmar und Kerstin wurden katholisch getauft, Fabian evangelisch.

Die Hochzeit stand unter einem guten Stern. Obwohl wir ein dichtes Programm hatten, konnten wir es ohne allzu große Hektik abwickeln: vormittags die standesamtliche Trauung, anschließend Besuch im österreichischen Konsulat, um für Rotraut die österreichische Staatsbürgerschaft zu beantragen. Da ich Doppelbürger bin, hatte Rotraut einen Anspruch darauf. Mittags ein Sektempfang bei den Schwiegereltern, nachmittags die kirchliche Trauung und anschließend Feier im Schlosshotel Grünwald – das alles bei bayrisch-blauem Himmel, strahlender Sonne und angenehm sommerlichen Temperaturen.

Im Lauf unseres Lebens entfremdeten wir uns immer mehr von der Kirche – Rotraut von der katholischen und ich von der evangelischen, bis wir vor wenigen Jahren auch förmlich den Bruch vollzogen und austraten. Rotraut war exkommuniziert, musste aber noch jahrelang Kirchensteuer zahlen, obwohl sie nicht zum Abendmahl zugelassen war. Dazu kam das beispiellose Versagen der katholischen Kirche bei der Aufarbeitung des sexuellen Fehlverhaltens katholischer Priester und Erzieher gegenüber ihnen anvertrauten Kindern und Jugendlichen. Dass die Kirche uralte Tradition über zeitgemäße demokratische Regeln und Verhaltensweisen – gerade auch in puncto Frauen – stellt, hat ebenfalls zur Entfremdung beigetragen. Ich war sehr gerne als Heranwachsender im Kirchenchor und habe die Gemeinschaft genossen. Als es aber darauf ankam, Rotraut und mir bei unserer Hochzeit einen Weg aus der Sackgasse zu weisen, versagten beide Kirchen. Dazu kam, dass die evangelische Kirche mir immer mehr das Gefühl vermittelte, sie sei gegen Wirtschaft, Erfolg und Geld. Nur, wer soll die Steuern aufbringen, die nötig sind, um wünschenswerte Sozialleistungen zu finanzieren, wenn nicht diejenigen, die Wohlstand erarbeiten?

Beim Sprechen des Glaubensbekenntnisses stellte ich immer häufiger fest, dass ich so gut wie keine der Aussagen glaube, angefangen von „empfangen durch den Heiligen Geist" über „geboren von der Jungfrau Maria" bis „aufgefahren in den Himmel" und „er sitzt zur Rechten Gottes". Noch kritischer wurde unsere Einstellung zur Kirche, als wir erfuhren, was Rotrauts Tante und Großmutter anlässlich unserer Hochzeit bei ihrem jeweiligen Pfarrer in Würzburg erlebt hatten. Der Beichtvater der Großmutter riet ihr zur Teilnahme an der Hochzeit, weil eine evangelische Trauung ja ungültig sei und ihre Enkelin somit die Chance habe, später noch einmal im Einklang mit der katholischen Lehre zu heiraten. Der Beichtvater der Tante riet ebenfalls zur Teilnahme. Er selber trat sechs Monate später aus der Kirche aus und heiratete.

Rotraut ist nicht konfessionell gläubig, sondern religiös im Sinne der inneren Verbindung des Menschen mit dem göttlichen Sein, wie es uns Jesus Christus und andere Meister auf Erden vorgelebt haben. Ich selber glaube nicht an einen persönlichen Gott, allerdings an eine kosmische Schöpferkraft, die das Wunder des Lebens und des Kosmos erklärt. Jesus ist für mich ein Mensch wie viele andere, allerdings mit seherischen Fähigkeiten und Liebe und Empathie ohnegleichen. Ich weiß nicht, ob ich mich als Atheisten oder Agnostiker bezeichnen soll. Ich weiß nur, dass ich, was die Fragen des nach-irdischen Lebens betrifft, so gut wie nichts weiß.

Ich verkenne nicht die kulturelle Leistung der christlichen Kirchen in unserem Land und in Europa. Ich erkenne auch an, was sie heute auf den Gebieten der Kinderbetreuung (Kitas und Kindergärten), Schulen, Krankenhäuser und Pflege (Diakonie) leisten. Deswegen unterstütze ich auch ausgewählte Projekte in Deutschland und über den Lutherischen Weltbund auch in der Diaspora in Russland und Ländern der früheren Sowjetunion.

Eigentlich hatten wir damit gerechnet, relativ schnell nach unserer Hochzeit am 6. September 1968 in die USA ziehen zu können. Deshalb hatte ich in Wolfsburg nur eine möblierte Zwei-Zimmer-Wohnung angemietet. Es sollte zwar noch ein paar Monate dauern, aber es war klar, dass unsere Zeit in Wolfsburg bald ablief.

Volkswagen of America – Maine

Nach einem kurzen Aufenthalt in Nassau auf den Bahamas und in Florida kamen wir Mitte Februar spätabends in New York City an. Wir hatten per Telex mehrfach darum gebeten, am Flughafen abgeholt zu werden, leider vergeblich. Keiner wartete auf uns. So mussten wir uns bei klirrender Kälte und knöcheltiefem Schnee mit mehreren Bussen nach Tenafly in New Jersey durchschlagen, wo wir im Hotel untergebracht waren.

Die Einführung in Organisation und Prozesse von Volkswagen of America Inc. dauerte etwa acht Tage. In der Freizeit nutzten wir diese kurze Zeit für Besuche von Museen und Sehenswürdigkeiten in New York City. Bei einem dieser Ausflüge passierte uns, was wahrscheinlich schon viele Touristen erlebt haben. Wir konnten meinen Dienstwagen – einen Käfer – nicht mehr finden, den wir in einer Parklücke am Straßenrand abgestellt hatten. Überglücklich, einen Parkplatz gefunden zu haben, hatten wir den Hydranten über-

sehen. Die Folgen waren teuer: Abschleppkosten und Buß-
geld beliefen sich auf mehrere Hundert Dollar. Ich hatte in
den USA noch kein Gehalt bezogen und das mitgebrachte
Geld war so gut wie aufgebraucht, sodass nun sparen und
nochmals sparen angesagt war.

Die nächste Station war Volkswagen Northeastern Inc. in
Wilmington an der Route 128 bei Boston. VW Northeastern
war für das Geschäft in den Neuengland-Staaten zuständig
und offiziell mein Arbeitgeber während meines USA-Aufent-
haltes. Ich hatte durchgesetzt, keine Stabsaufgabe übernehmen zu müssen. Als District Sales Manager war ich verantwortlich für die umfängliche Händlerberatung in New
Hampshire und Maine, dem nördlichsten Neuenglandstaat.
Die Händlerbetreuung erforderte persönlichen Kontakt. Als
optimalen Stützpunkt für meine Reisen wählten Rotraut und
ich einen Wohnsitz in unmittelbarer Nähe zu Portland, der
größten Stadt in Maine.

Die VW-Händler waren unabhängige mittelständische Geschäftsleute, die in den allermeisten Fällen exklusiv für
Volkswagen arbeiteten. Nur vereinzelt besaßen sie auch an
separatem Ort die Vertretung einer oder mehrerer anderer
Automarken. VW hatte in den 1960er-Jahren eine stürmische
Entwicklung in den USA genommen, rund 600 000 Fahrzeuge wurden pro Jahr aus Deutschland importiert. Der Käfer war nach wie vor das „Brot-und-Butter-Auto". Daneben
gab es nur einen etwas größeren Wagen, der im Wesentlichen als Variant verkauft wurde, und den VW-Bus, der als
Station Wagon vermarktet wurde. Alle Fahrzeuge hatten
einen luftgekühlten Heckmotor.

Allerdings deuteten sich 1969 schon Änderungen im Markt
an. Toyota drängte mit aggressiven Angeboten auf den US-
Markt. Einprägsame Werbespots wie *„Get your hands on a
Toyota"* begleiteten die Kampagne. Hauptaufgabe des VW-

Vertriebs war vor diesem Hintergrund, den Marktanteil zu verteidigen, *open points*, das heißt nicht von Händlern abgedeckte Regionen, zu schließen, die Markenloyalität der Kunden auf hohem Niveau zu stabilisieren, ein florierendes Gebrauchtwagengeschäft aufzubauen, um Neuwagenverkäufe durch günstige Inzahlungnahme von Gebrauchtwagen abzusichern und einen technischen Top-Service zu bieten. Dazu kamen eine effiziente innerbetriebliche Organisation, optimierte Abläufe und gut ausgebildetes Personal.

Als District Sales Manager hatte ich die Aufgabe, die Händler bei der Bewältigung dieser Maßnahmen zu unterstützen. Das setzte voraus, dass sie mich als kompetenten Partner akzeptierten und nicht als dahergelaufenen jungen Schnösel aus Deutschland betrachteten. Glücklicherweise gelang es mir sehr schnell, zu allen Händlern im Norden Neuenglands ein persönliches Verhältnis aufzubauen. Fast immer wurde ich zum Lunch, mitunter auch zum Dinner im privaten Rahmen eingeladen. Die Gespräche gingen bei solchen Gelegenheiten weit über das Geschäftliche hinaus und nicht selten auch ins Private, drehten sich zum Beispiel um die Ausbildung der Kinder, Reisen nach Europa, Investitionen, Kriegserlebnisse und dergleichen mehr.

Bei der Arbeit mit den Händlern war mir mein betriebswirtschaftliches Studium von großem Nutzen, konnte ich doch mit ihnen ihre Bilanzen, Kostenrechnung, Finanzierung und Preispolitik sachgerecht diskutieren. Anhand einer dicken EDV-Liste mit Angaben über alle in der Region präsenten Fahrzeuge, die ich mir jeweils am Anfang der Woche von VW Northeastern abholte, war ich in der Lage, von Kunden gewünschte, aber beim Händler nicht vorrätige Autos binnen 24 Stunden verfügbar zu machen. Besonders wichtig war es, mögliche Standorte zu identifizieren, an denen es noch keinen VW-Händler gab, die aber aussichtsreich erschienen.

Das war auch deshalb wichtig, weil wir vermeiden wollten, dass Toyota an diesen Stellen eigene Handelsbetriebe aufbaute.

Bei der Suche nach geeigneten Händlern lernte ich den amerikanischen Pragmatismus kennen. Einmal kam ich mit einem jungen Mann ins Gespräch, der an der Harvard University Geschichte studiert und mit dem Master abgeschlossen hatte. Er war nach wie vor von seinem Fach begeistert, realisierte aber, dass er vom relativ geringen Gehalt eines jungen Lehrers nur schlecht die Familie unterstützen konnte, die er gerade zu gründen im Begriff war. So bewarb er sich darum, eine neue *dealership* aufbauen zu dürfen. Sie wurde ein großer Erfolg!

Ich war ehrgeizig und hatte das Ziel, mit meinen Händlern alle vereinbarten Plangrößen zu erreichen und im Vergleich zu den anderen Händlern in den restlichen Neuengland-Staaten gut abzuschneiden. Deshalb veranstaltete ich gelegentlich zwischen den Händlern Wettbewerbe, bei denen es um die Ehre des Siegers und nicht um Geld ging. Bei einem Steak-and-Beans-Dinner bekamen die besseren Händler Steak, die anderen Bohneneintopf, ein anderes Mal Hummer bzw. Fischsuppe.

Rotraut und ich hatten eine hübsche Doppelhaushälfte in Yarmouth zur Miete gefunden. Eigentlich hatten wir geplant, möglichst viele Ausflüge und Reisen zu unternehmen, um Land und Leute gut kennenzulernen. Aber daraus wurde nicht viel. Wir waren noch nicht lange in Neuengland, als Rotraut feststellte, dass sie schwanger war. Sie hatte die Antibabypille abgesetzt, weil sie sie nicht vertrug. Leidenschaft siegte über Vorsicht, und so war unser erstes Kind auf dem Weg. Rotraut fand einen Gynäkologen im Maine Medical Centre, der an der Harvard Medical School ausgebildet worden war. Außerdem schloss sie sich einer Gruppe der

Lamaze-Bewegung an, die eine natürliche sanfte Geburt propagierte und dafür eine spezielle Atemtechnik entwickelt hatte. Die Ehemänner waren eingeladen mitzumachen, um ihre Frauen während der Geburt aktiv unterstützen zu können.

Unser Haus in Yarmouth bei Portland, Maine, im Herbst 1969

Wir lebten zwar *in the middle of nowhere,* fühlten uns aber nicht einsam und verlassen. In der anderen Doppelhaushälfte wohnte ein junges Ehepaar, dessen Mann bei der Coast Guard arbeitete und oft abwesend war. Rotraut freundete sich mit der Frau gut an. Wenn ich unterwegs zu meinen Händlern war, verbrachte sie oft Stunden am Strand ganz in unserer Nähe. Sie genoss die großartige Küstenlandschaft und das ausgezeichnete Klima. Am Wochenende fuhren wir häufig durch die riesigen Wälder zu einem der Seen.

Im Sommer tat sich zudem auch kulturell einiges. In Brunswick, einem kleinen Ort in der Nachbarschaft, traten in einem Playhouse in einer Art Scheune Schauspieltruppen aus New York und Boston auf, deren Ensemblebühnen Ferien hatten. Mit diesen Gastspielen verdienten sich die Schauspieler ein wenig zusätzliches Geld, und uns boten sie willkommene Abwechslung. Den Abend konnten wir in einem kleinen Restaurant in einem Haus beschließen, in dem Harriet Beecher Stowe ihren Roman „Onkel Toms Hütte" geschrieben hatte. Für Abwechslung sorgten auch Veranstaltungen, die die Händler organisierten. Bei einer dieser Gelegenheiten lernten Rotraut und ich mit Hummerbesteck umzugehen. Hummer hatten wir in Deutschland nur dem Namen nach gekannt, in Maine gewöhnten wir uns allerdings bald an die köstlichen Hummer-Sandwiches, die vielerorts – so wie heute Fast Food – angeboten wurden. Doch wie man einen ganzen Hummer richtig öffnet und die Scheren knackt, mussten wir erst lernen.

Als wir in Maine lebten, befanden sich die USA im Vietnamkrieg. Der Versuch des demokratischen US-Präsidenten Lyndon B. Johnson, 1968 in Paris einen Frieden auszuhandeln, war von dem republikanischen Präsidentschaftskandidaten Richard Nixon unterlaufen worden. Nixon rechnete sich wohl bei der anstehenden Präsidentschaftswahl bessere Chancen aus, wenn es der Regierung unter den Demokraten nicht gelang, den Krieg zu beenden. Tatsächlich wurde Nixon im November 1968 zum US-Präsidenten gewählt und der Krieg fortgesetzt. Wir spürten davon praktisch nichts. Der Krieg war auch nicht Gesprächsthema, weder bei meinen Händlerkontakten noch bei privaten Zusammenkünften. Die Berichte im Fernsehen erschienen uns wie aus einer anderen Welt zu kommen.

Eine kleine Amerikanerin für unsere Familie

Unser Kind sollte Ende November zur Welt kommen, doch es war schon mehr als zwei Wochen überfällig, als die Geburt endlich begann. Da es trotz starker Wehenmittel nicht kommen wollte, musste der Arzt handeln und entschied sich, das Baby mit der Zange zu holen. Rotraut war tapfer und ließ alles ohne Narkose über sich ergehen. Ich war dabei, fühlte mich aber nicht sehr wohl. Vor allem als ich das Gesicht des Arztes sah und seine zusammengepressten Kiefer beim Versuch, das Kind zu holen, wurde mir flau im Magen. Für einen Moment dachte ich, dass ein Baby den Zangengriff nicht überleben könne. Am 12.12., 16.16 Uhr MEZ wurde Dagmar Ulrike geboren. Sie hatte alles gut überstanden und schaute mit großen dunklen Augen in die Welt. Für Rotraut und mich war es ein erhebender Moment, Dagi im Arm zu halten.

Danach nahm mein Interesse an der Arbeit im Lauf der Monate kontinuierlich ab. Sie war zur Routine geworden und ich fühlte mich intellektuell nicht mehr gefordert. Zudem empfand ich die vielen Reisen und langen Überlandfahrten mit dem Käfer als Belastung, und ich hatte ein schlechtes Gewissen, Rotraut mit unserer Tochter so viele Tage allein in Yarmouth zu lassen.

Der Kontakt zu McKinsey war seit meinen Interviews in London nicht abgebrochen, und ich war nach wie vor sehr daran interessiert, zumindest für mehrere Jahre dort zu arbeiten. Ich weiß nicht mehr, ob mich das Unternehmen im Frühjahr 1970 ansprach oder ob ich den Kontakt erneuerte. Auf jeden Fall bekam ich Gelegenheit, John McDonald, den englischen Chef von McKinsey in Deutschland, zu einem längeren Gespräch im Waldorf Astoria Hotel in New York City zu treffen.

Kurz darauf erhielt ich, ohne weitere Interviews absolvieren zu müssen, die Offerte, im Londoner Büro der Firma anzufangen.

McKinsey Deutschland verhandelte zu der Zeit gerade ein Beratungsprojekt mit VW und wollte vermeiden, dass mein Start in der Firma missinterpretiert werden könnte. So kontaktierte mich Brigadier Langstaff, um Details meines Starts in London zu besprechen. Ich hatte Rotraut schon vor unserer Hochzeit gewarnt, dass sie an meiner Seite ein sehr unruhiges Leben erwarten würde. Doch abenteuerlustig, wie sie war, ließ sie sich nicht schrecken – und schon die ersten Jahre unserer Ehe zeigten, dass sich unser Leben tatsächlich unruhig, spannend und abwechslungsreich entwickelte.

6

McKinsey erobert Europa

Meine Eltern konnten nicht verstehen, dass ich Volkswagen verließ, um für McKinsey & Company zu arbeiten. VW, so führten sie an, bot einen sicheren Arbeitsplatz und war ein großes internationales Unternehmen, an dem zudem das Land Niedersachsen beteiligt war, was die Bonität und Sicherheit zusätzlich erhöhte. Ich war schon damals ein überzeugter Marktwirtschaftler und sah staatliche Beteiligungen kritisch mit Ausnahme von Sektoren, die von sicherheits- und verteidigungspolitischer Relevanz waren. Meine Eltern hatten schon mein Interesse am Besuch einer Business School nicht nachvollziehen können. Warum wollte ich nach Diplom und Promotion noch einmal eine „Schule" besuchen? Das amerikanische Bildungssystem mit der Möglichkeit zu Postgraduate-Studien beispielsweise an einer Law School, Medical School oder eben Business School war ihnen nicht bekannt. Ähnlich erging es ihnen mit einer Unternehmensberatung. Wenn Unternehmensführungen Rat brauchte, holten sie sich den bei Rechtsanwälten und Wirtschaftsprüfern. Eine eigene Gilde von Unternehmensberatern war da nach ihrer Ansicht nicht nötig.

Sie standen mit ihrer Einschätzung nicht allein. Auch in weiten Kreisen der Wirtschaft war McKinsey damals entweder nicht bekannt oder wurde kritisch beäugt. Die Firma ist nach James Oscar McKinsey benannt, der sie 1926 gründete. 1933 trat Marvin Bower in das Unternehmen ein und wurde Mitarbeiter der noch kleinen Dependance in New York City. Marvin Bower hatte Recht studiert, die Harvard Business School besucht und für die Rechtsanwaltskanzlei Jones Day in Cleveland gearbeitet. Er fand die eine Hälfte der Arbeit des Wirtschaftsanwalts faszinierend, nämlich den kreativen und den Verhandlungsteil, die andere Hälfte aber, den Papierkram und die juristischen Formulierungen, langweilig und nervtötend. So gab er eine verheißungsvolle juristische Karriere zugunsten einer ungewissen Zukunft in einem neuen Feld auf, das ihm aber nach seinem Zusammentreffen mit James O. McKinsey von höchstem Interesse erschien. Marvin Bower sollte die Firma McKinsey & Company nachhaltig prägen und den Grundstein zu der stürmischen Entwicklung legen, die sie in den letzten Jahrzehnten durchlaufen hat.

McKinsey zeigte sich großzügig und übernahm sowohl die Kosten für den Umzug unseres Haushalts als auch für unsere Anreise. Statt dem angebotenen Erste-Klasse-Flug wählten wir jedoch eine Schiffsreise und fuhren mit der „Michelangelo" zu dritt von New York City nach Genua. Es war unsere erste lange Schiffsreise – wenn ich von der relativ kurzen und lange nicht so komfortablen Überfahrt von Venedig nach Haifa absehe –, und wir genossen sie. Ende April kann es über dem Atlantik oft stürmisch und regnerisch sein, doch wir hatten großes Glück mit dem Wetter. Die ganze Zeit wurden wir von einem Azorenhoch begleitet und erfreuten uns an tiefblauem Himmel und ruhiger See. Unsere Tochter war nun ein halbes Jahr alt und stets darauf bedacht, nicht von ihrer Mama getrennt zu sein. Als wir beim Captain's Dinner die Ehre hatten, am Tisch des Kapitäns Platz nehmen zu dürfen, glaubten wir, Dagi schlafe ruhig in der Kabine. Doch aus irgendeinem Grund wachte sie auf und machte sich sogleich lautstark bemerkbar, sodass sie ein Steward aus dem Bettchen holte und unter lautem Klatschen der Restaurantgäste zu uns an den Tisch brachte.

Kurze Tage in Helsinki

Von Genua ging es nach einem kurzen Stopp bei den Schwiegereltern und in Hannover bei den Eltern nach London, wo ich am 1. Juni 1970 als Junior Associate bei McKinsey UK begann. Junior Associate, Associate, Senior Associate, Junior Engagement Manager, Engagement Manager, Senior Engagement Manager – diese sechs Stufen musste man alle durchlaufen, um nach durchschnittlich sechs Jahren zum Kandidaten für die Partnerwahl aufzusteigen. Schon nach Ende des zweiten Jahres erfolgte eine erste Auslese. Wessen Leistung bis dahin nicht überzeugend war, musste die Firma verlassen. *Up or out,* diese Leistungsforderung ist noch heute ein ehernes Gesetz, dem sich alle Mitarbeitenden unterwerfen müssen.

Die spezielle McKinsey-Firmenkultur war deutlich zu spüren. Das Unternehmen beschäftigt Top-Absolventen von Top-Universitäten wie Oxford und Cambridge, amerikanischen Business Schools und INSEAD, die alle einen harten Interviewprozess durchlaufen haben. Die Probleme, an denen sie arbeiten, stehen im Fokus des Top-Managements. Die Teams sind häufig international zusammengesetzt und umfassen entsprechend dem Motto „Einheit in Vielfalt" neben Spezialisten auch Generalisten. Alle Mitarbeitenden sind hoch motiviert und im Interesse des Klienten bereit, sehr hart und lange zu arbeiten, geplanten Urlaub zu kürzen oder ganz abzusagen. Ihr äußerer Auftritt war damals ziemlich uniform: gedeckter Anzug, weißes Hemd, nicht zu auffällige Krawatte, klassisches Schuhwerk englischer Machart. Die Umgangsformen waren locker und entspannt. Jeder wurde mit Vornamen angesprochen, auch der Office Manager Hugh Parker.

Mein erstes Projekt hatte schon lange vor meinem Start begonnen, und ich konnte nur staunend verfolgen, wie gekonnt der zuständige Partner und der Engagement Manager aus Dutzenden von Einzelanalysen diejenigen herausklaubten, die sie brauchten, um ihre Storyline überzeugend und – wo sinnvoll – zahlenbasiert zu entwickeln. Jeder im Londoner Büro wusste, dass ich über kurz oder lang nach Düsseldorf versetzt würde. Es wäre also nicht sinnvoll gewesen, mich allzu lang bei einer Studie für einen englischen Klienten einzusetzen. Stattdessen wurde ich einem Team zugeordnet, das in Helsinki für Enso-Gutzeit arbeiten sollte, Finnlands größten Papierkonzern.

Im September 1970 zog ich mit Rotraut und Dagmar ins Hotelli- ja ravintolaopisto in Helsinki, das Hotel der Hotelfachschule. Meinen 29. Geburtstag feierten wir in einem netten Restaurant auf einer der Stadt vorgelagerten Insel. Wir waren guter Dinge, Weihnachten in Deutschland zu feiern und bis dahin unsere permanente Bleibe in Düsseldorf bezogen zu haben. Das Projekt war für etwas mehr als drei Monate geplant und verlief nach Engagement-Plan. Es wurde von einem britischen Senior Engagement Manager geleitet, der ein Interesse daran hatte, Enso-Gutzeit zum dauerhaften Klienten zu entwickeln. Er stand kurz vor der Partnerwahl, und egal, was das Firmenleitbild sagte, in der Praxis war es für das Fortkommen in der Firma ganz essenziell, Klienten zu entwickeln und Umsätze zu generieren. Das galt auch für Enso-Gutzeit. Zudem war er mit einer Schwedin verheiratet und wollte ins skandinavische Büro in Kopenhagen wechseln. Das würde umso leichter, je mehr Klienten er mitbrachte. Vor diesem Hintergrund war es nicht verwunderlich, dass es nach der ersten Enso-Gutzeit-Studie noch mehrere Folgestudien geben sollte, und als Teammitglied der ersten Stunde war ich auch für die Folgeteams gesetzt.

Rotraut und Dagi hielten das Leben im Hotel nach ein paar Wochen nicht mehr aus. Dagi war sehr lebendig, und als sie zu krabbeln begann, war kein Fußboden mehr vor ihr sicher. Ich war zeitlich sehr eingespannt und Rotraut hatte Mühe, den ganzen Tag mit der Tochter alleine zu verbringen, zumal sie keine Ansprechperson hatte und in Finnland mit seiner schwierigen Sprache kaum mit Mitmenschen kommunizieren konnte. Dazu kam, dass die Wintertage in Finnland wirklich kurz sind. Um 9.30 Uhr wird es hell, um 15 Uhr beginnt schon die Dunkelheit.

Rotraut und unsere Tochter Dagi in Helsinki, Herbst 1970

Als sich abzeichnete, dass ich den ganzen Winter in Helsinki bleiben würde, beschlossen wir, dass Rotraut und Dagi zu Rotrauts Eltern nach München zogen. Die Eltern waren überglücklich, beide für mehrere Monate beherbergen zu können und ihre erste Enkeltochter heranwachsen zu sehen. Rotraut musste allerdings mit dem Verdacht mancher Nachbarn leben, dass unsere Ehe schon nach gut zwei Jahren gescheitert sei. Da zwischen München und Helsinki keine direkte Flugverbindung existierte, musste ich bei Wochenendbesuchen oft schon am Sonntagnachmittag München wieder verlassen oder konnte überhaupt nur zwei bis drei Mal pro Monat kommen.

In beruflicher Hinsicht war die Arbeit für mich gewinnbringend. Ich musste und durfte sehr selbstständig vorgehen und besonders die von mir entwickelte Exportstrategie fand beim Vorstand großes Interesse und breite Unterstützung.

Work hard, play hard in Düsseldorf

Im Sommer 1971 war es dann so weit. Wir hatten eine Wohnung in Kaarst bezogen, einem kleinen Ort westlich von Düsseldorf, und ich war nun offiziell Mitglied des Düsseldorfer Büros. Die internationale Expansion von McKinsey & Company hatte Ende der 1950er-Jahre begonnen. 1959 gründete die Firma das Büro in London, 1961 ein weiteres in Genf und 1964 das in Düsseldorf. Genf war als Standort gewählt worden, weil dort viele US-Unternehmen ihre europäischen Hauptquartiere unterhielten, und Düsseldorf wegen der Nähe zum Ruhrgebiet, der wieder erstarkenden industriellen Basis Westdeutschlands, vielleicht aber auch, weil John McDonald Brite war und das deutsche Büro im ehemaligen britischen Sektor einrichten wollte.

In der Düsseldorfer Niederlassung herrschte die gleiche Kultur wie in den anderen McKinsey-Büros: Die Mitarbeitenden waren jung, kamen von Top-Schulen, sprachen perfekt Englisch, waren männlich ohne Bart – O-Ton John McDonald: *„The German clients would not accept this"* –, klassisch gekleidet und gaben sich allwissend. In Großbritannien war es mittlerweile zu einer Art Statussymbol geworden, sich als Unternehmenschef oder Management Board von McKinsey beraten zu lassen. Die Beratung bezog sich in den meisten Fällen auf Fragen der Organisation, wobei das Ergebnis in der Regel schon vorab feststand. Die Berater von McKinsey schlugen grundsätzlich vor, die herkömmliche funktionale Organisation abzuschaffen und stattdessen eine divisionale, nach Sparten gegliederte Organisation mit flacheren Hierarchien einzuführen, die eine klare Verantwortung und Zuständigkeit für kritische Unternehmensgrößen wie Umsatz, Kapitalbindung, Ergebnis usw. ermöglichten. Die Firma brauchte etliche Jahre, um in Großbritannien diese einseitige Beratung zu überwinden und in der Zusammenarbeit mit den Unternehmen weitere Consulting-Schwerpunkte durchzusetzen.

In Deutschland war das Bild ähnlich. Auch hier war McKinsey der „Divisionalisierer". Hinzu kam eine weitere Schwierigkeit: Die amerikanischen Partner glaubten, eigene Managementtheorien und praktische Erfahrungen eins zu eins in Deutschland einführen zu können. Aber unabhängig von kulturellen bestanden auch rechtliche Unterschiede. Das System des Chairman und CEO, der eine amerikanische Aktiengesellschaft führt, gibt es nach deutschem Recht nicht. In Deutschland haben wir bei einer Aktiengesellschaft den Vorstand, der die Geschäfte führt, und den Aufsichtsrat, der den Vorstand kontrolliert und berät. Der Vorstand ist ein gesamtverantwortliches Team und der Vorsitzende kann nicht einfach durchregieren. Dass es in der Praxis Egomanen gibt, die sich dieser Vorschrift entziehen, ist eine andere Sache.

Als ich 1971 zum Düsseldorfer Büro dazustieß, waren dort nicht mehr als 35 bis 40 Mitarbeiter beschäftigt. Es herrschte ein starker Teamgeist, und trotz der *Up-or-out*-Politik und des daraus resultierenden Wettbewerbs waren wir uns einig, dass wir bei dem geplanten Wachstum der Firma in Deutschland alle unsere Chancen haben würden. Ich hatte das große Glück, an vielen spannenden Studien für internationale in- und ausländische Unternehmen arbeiten zu können, zunächst als Associate, dann als Engagement Manager und schließlich bei mehreren gleichzeitig als Senior Engagement Manager.

Es war uns damals nicht gestattet, über unsere Klienten zu sprechen, auch nicht im privaten Umfeld. Sowohl der Name als auch ganz besonders die Art der Studie mussten strikt geheim bleiben, zum einen, weil es viele Klienten so wünschten, und zum anderen, weil McKinsey auf diese Weise gleichzeitig für konkurrierende Unternehmen arbeiten konnte.

Waren wir anfänglich im Düsseldorfer Büro mit Organisationsstudien und der Entwicklung von Führungs- und Organisationshandbüchern beschäftigt, erweiterte sich der Schwerpunkt zunehmend in Richtung Effizienzsteigerung durch Kostenoptimierung und strategische Neuausrichtung. Für beide Bereiche hatte die Firma theoretische Konzepte entwickelt. Bei der Effizienzsteigerung kam die Gemeinkostenwertanalyse (GWA) zum Einsatz, die in den USA als Overhead Value Analysis (OVA) entwickelt worden war. Sie ging von der Hypothese aus, dass in allen Gemeinkosten eine Reserve von 40 Prozent schlummere, die nach detaillierter Analyse gehoben werden könne. Die Nachfrage aktueller und potenzieller Klienten nach GWA-Studien stieg sprunghaft an. Dieses Produkt war vor allem von Michael Roever in Düsseldorf und Hans Widmer in Zürich gepusht worden und bald einer der größten, wenn nicht sogar der größte Umsatz- und

Ertragsbringer. Jedenfalls verhalf es Michael Roever, schon nach vier oder fünf Jahren Director, das heißt Senior Partner, zu werden.

Eine enorme Entwicklung nahm auch die Strategiepraxis unter der Führung von Herbert Henzler, der 1974 die Leitung des Münchner Büros übernommen hatte und systematisch die Siemens AG zu einem Hauptklienten entwickelte. Für mich war Herbert Henzler eine Art Mentor, der mir die Chance bot, in Strategieprojekten für Siemens als Projektleiter zu arbeiten. Als es mir gelang, eine Studie im Anlagenbereich zu akquirieren, unterstützte er meine Wahl zum Principal, damals gleichbedeutend mit Junior Partner. Ein Principal konnte in der Regel nach sechs Jahren zum Director, eine Art Senior Partner, befördert werden und war im Unterschied zu anderen Beratungsfirmen bereits Firmenaktionär, der sich am Eigenkapital der in New York als McKinsey & Company, Inc. registrierten Firma beteiligen musste. Wenn die Eigenmittel nicht ausreichten, wurden Finanzierungshilfen angeboten.

Bei den Strategieprojekten für Siemens legten wir viel Wert auf den Blick von außen: Wir wollten im Detail erfahren, was Kunden, Wettbewerber, Finanziers, technische Experten usw. von dem speziellen Geschäftsbereich hielten, um den es ging. Diese Einschätzungen konnten wir nur in persönlichen Gesprächen erfahren. So beinhaltete praktisch jedes Projekt eine zwei- bis dreiwöchige Interviewreise in verschiedene Teile der Welt, in die USA, nach Japan, Südkorea, Brasilien, Mexiko und andere mehr.

Mitunter bestand Siemens darauf, dass uns ein Mitarbeiter des Konzerns begleitete. Wir arbeiteten in gemischten Teams, die aus McKinsey-Beratern und Siemens-Beschäftigten bestanden. Insofern kannten wir einander und es bestand ein Vertrauensverhältnis. Die Schwierigkeit lag darin, dass Siemens in unseren Gesprächen nicht als Klient identifiziert werden wollte, der Mitarbeiter also keine Visitenkarte übergeben konnte. Häufig war durch Auftreten, Alter und äußere Erscheinung ohnehin klar, dass dieses Teammitglied kein Mitarbeiter von McKinsey war. Wenn dann der Begleiter von Siemens noch mit starkem deutschen Akzent englisch sprach, konnten unsere Interviewpartner relativ schnell auf die Identität unseres Klienten schließen, ohne dass wir sie preisgeben mussten. Das galt vor allem für englischsprachige Länder, weniger für Asien.

Diese Interviews wurden minutiös vorbereitet und logistisch geplant. Wir versuchten, drei bis vier Interviews pro Tag zu erledigen. Es gab damals kein Navigationssystem in den Mietautos, kein Handy mit Google Maps und keinen Laptop. Die Büros der Interviewpartner zu finden, war nicht immer einfach. In den Pausen zwischen den Gesprächen schrieben oder diktierten wir die Interviewnotizen und versuchten, ein Fazit zu formulieren. Unser Arbeitstempo war enorm und die Vertreter unserer Klienten im Team baten uns mehr als einmal um eine Arbeitspause. Das ging natürlich nicht, weil dadurch die ganze Planung durcheinandergeraten wäre.

Trotz der Modellentwicklung im Strategiebereich blieben die traditionellen Instrumente in der *tool box*, dem Instrumentenkasten von McKinsey, weiterhin gültig. Am Anfang einer Studie wurden nach einer *issue analysis* die kritischen Fragen formuliert, die beantwortet werden mussten, und Hypothesen gebildet, deren Bestätigung oder Verneinung für Klarheit sorgen sollte. Kurz vor einem Zwischenbericht oder der Schlusspräsentation erstellte ich die Storyline auf mehreren DIN-A4-Seiten im Querformat. Ich versuchte, klare Aussagen bezüglich der Strategie zu formulieren und in Schaubildform die Evidenz beizubringen. So gut es ging, hielt ich mich dabei an das Format, das uns Barbara Minto im Communication Training beigebracht hatte. Es galt immer, einen pyramidalen Aufbau zu konstruieren und die MECE-Regel zu beherzigen. MECE – *mutually exclusive and collectively exhaustive* – bedeutet, dass sich die Aussagen nicht wiederholen, sondern sich gegenseitig ausschließen und zusammen einen Sachverhalt komplett abdecken sollen.

Zu dieser Zeit war auch ein *offspring*, ein Nachkomme und Wettbewerber von McKinsey, mit Strategiekonzepten auf den Markt getreten: BCG, die Boston Consulting Group. Unser Versuch, sie bei Siemens nicht zum Zug kommen zu lassen, scheiterte. Beide Firmen arbeiteten in einem produktiven Wettstreit für den Konzern. Im Düsseldorfer Büro galt das Prinzip, dass die Berater 100 Prozent ihrer Zeit beim Klienten sein mussten, das heißt von Montag bis Freitag, zudem fanden samstags häufig Training Meetings statt. Die Zeit für die Familien war also extrem beschnitten, außer man hatte ab und zu das Glück, für einen in der Nähe von Düsseldorf ansässigen Klienten zu arbeiten. Das war bei mir nur zweimal der Fall, als ich für Studien bei der Demag (Deutsche Maschinenbau-Aktiengesellschaft) in Duisburg und bei KHD (Klöckner-Humboldt-Deutz AG) in Köln tätig war.

Rotraut empfand diese Situation mit Recht als ausgesprochen familienfeindlich und sehr unbefriedigend. Sie war zu Hause angebunden, weil es für Dagi keine Kita gab. Immerhin hatte sie die Aussicht, eines Tages wieder in den Schuldienst eintreten zu können. Das Land Nordrhein-Westfalen war bereit, die 1. Lehramtsprüfung aus Bayern anzuerkennen und sie nach einem praktischen Jahr die 2. Lehramtsprüfung machen zu lassen. Ab Sommer 1972 war sie zumindest mobil, weil ich nach Ablauf meiner zweijährigen „Probezeit" ein Dienstauto erhalten hatte und sie unseren VW Variant alleine nutzen konnte.

Eine kleine Rheinländerin stößt zu uns

Im Juli 1973 wurde unsere zweite Tochter Kerstin Alexandra geboren. Wir hatten eine Klinik in Düsseldorf-Heerdt ausgesucht, deren gynäkologischer Chefarzt uns empfohlen worden war. Wir waren enttäuscht, als er mir ohne Begründung eröffnete, dass ich bei der Entbindung nicht dabei sein könnte. Möglicherweise befürchtete er Komplikationen wie bei Dagmars Geburt, von denen wir ihm erzählt hatten. Und wir waren voller Angst, als Kerstin, einmal zu Hause, permanent unter enormen Krämpfen litt. Der Kinderarzt stellte eine Staphylokokken-Infektion fest und half Rotraut, Kerstin über die ersten, sehr kritischen Tage zu bringen und sie wieder ganz gesund werden zu lassen. Als wir den Chefarzt informierten, dass in seiner Klinik Staphylokokken verbreitet waren, drohte er uns wegen Verleumdung eine Klage an und unternahm nichts. Sechs Monate später wurde die Klinik wegen Staphylokokken-Vorkommen auf der gynäkologischen Station von Amts wegen geschlossen.

Obwohl Kaarst ein Ort war, den die Engländer als *faceless and tasteless* bezeichnen würden, hatten wir uns zwischenzeitlich ganz gut eingelebt. Rotraut hatte auf dem Spielplatz sympathische Mütter anderer Kinder kennengelernt, zu denen wir, mit ihren Männern, heute noch Kontakt haben: Heidi und Jan Beckers, Geschäftsführer einer Leasingfirma, Edith und Ulrich Fritsch, Geschäftsführer des Vorläuferinstituts des Deutschen Aktien-Instituts DAI. Auch hatten McKinsey-Kollegen wie Annelott und Jürgen Zech, späterer Vorstandsvorsitzender von Gerling, und Verena und Friedrich von der Groeben, späterer Chef von Permira Private Equity, Kaarst als Wohnort gewählt.

Im Sommer 1976 wurde ich mit Peter Schlenzka vom Düsseldorfer Büro und Hans Widmer vom Büro Zürich zum Partner gewählt. Es gab eine kleine Feier und John McDonald lud uns mit Ehefrauen zum Dinner ein. Bei dieser Gelegenheit zeichnete er für Rotraut meine voraussichtliche Gehalts- und Bonusentwicklung auf einem kleinen Papierzettel auf, nach dem Motto „Bei dieser Entwicklung gibt es keine Alternative außerhalb der Firma".

Dass das nicht unbedingt stimmte, zeigte Harald Schröder: Er hatte 1972 nach seiner Wahl zum Partner ein Angebot von der Varta AG angenommen, in den Vorstand des Unternehmens einzutreten. Ähnlich war es schon Rolf Liertz ergangen, der in den Vorstand der Saarbergwerke AG berufen worden war, und Klaus Fleck, der zu meiner Zeit noch vor der Wahl zum Partner Vorstandsmitglied bei der Südzucker AG wurde. Trotzdem waren diese Angebote eher selten. Häufiger wurde man gefragt, ob man Senior Vice President Strategy oder Ähnliches werden wollte. Wegen dieser Stabsstellen wollte ich McKinsey nicht verlassen.

Als junger Partner durfte ich mit Rotraut an den jährlich stattfindenden Partnerkonferenzen teilnehmen. Ich erinnere mich an Zusammenkünfte in Monaco, Florida, Wien und Kanada. Das One-Firm-Konzept wurde tatsächlich gelebt, wir Partner fühlten uns wirklich als Teil einer Firma. Wir dachten, räsonierten und kommunizierten zwar nicht gleich, so doch sehr ähnlich. Viele Anglizismen drangen in die Sprache der Nicht-Englisch-Muttersprachler ein. McKinsey war eine Firma junger Professionals und selbst die Älteren fühlten sich so. Bei den internationalen Konferenzen galt *work hard, play hard*.

Als frisch gewählter Principal musste ich die Verantwortung für einen Inhouse-Bereich übernehmen. Ich wählte Recruiting, das Anwerben neuer Talente. Der Kontakt zu Absolventen von Universitäten oder Business Schools interessierte mich, und ich hoffte, auf diese Weise viel über die Entwicklungen der Schulen und anderer Unternehmen, vor allem Beratungsfirmen, zu erfahren, die ebenfalls auf der Suche nach neuen Talenten waren. Es war spannend auszutesten, ob ein Kandidat das Potenzial hatte, bei McKinsey länger als nur ein oder zwei Jahre zu bleiben. Ich versuchte, den Interessenten insbesondere in drei Bereichen auf den Zahn zu fühlen: analytische Fähigkeiten, Teamfähigkeit und Führungspotenzial.

In den meisten Fällen gab ich den Kandidaten noch einen kleinen Business Case, zu dem sie Lösungsansätze entwickeln sollten. Wenn ich grundsätzlich positiv eingestellt war, mich aber trotzdem nicht zu einem eindeutigen Votum durchringen konnte, schickte ich den Kandidaten in die Schweiz zu Dr. Fred W. Schmid in Küsnacht, dessen abschließende Beurteilung extrem hilfreich war. Ich sollte später in eigener Angelegenheit seine Unterstützung suchen, wieder zu meiner vollsten Zufriedenheit.

McKinsey Düsseldorf stellte damals nur junge Männer als Berater ein. Zunächst hielt ich mich an diese Regel. Bei meinen Besuchen von Universitäten und Business Schools stellte ich allerdings fest, dass der Anteil der Studentinnen stetig zunahm und es keinen Grund gab, nicht auch junge Frauen in Betracht zu ziehen. John McDonald war zunächst nicht nur skeptisch, sondern strikt ablehnend, wieder nach dem Motto: *„The German clients won't accept that.“* Er änderte aber seine Einstellung, als er merkte, dass wir Mitarbeiter mehr und mehr für die Aufnahme von Beraterinnen votierten. Damit wurde eine Entwicklung eingeleitet, die sich auch in anderen Büros vollzog. Heute ist es eine Selbstverständlichkeit, auch Beraterinnen zum Klienten zu schicken, und mittlerweile arbeiten bei McKinsey Frauen vom Junior Associate bis zum Senior Partner auf allen Stufen.

John McDonald hat McKinsey Deutschland aufgebaut und zu einem führenden Mitglied der McKinsey-Familie gemacht.

Sein permanentes Streben nach Qualität und sein Beharren auf klaren ethischen Grundsätzen, wie Neutralität der Berater, hat alle Mitarbeiter stark geprägt. Herbert „Herb" Henzler als Johns Nachfolger hat nicht nur die qualitative Ausrichtung weiter gestärkt, sondern eine beinahe explosionsartige Entwicklung in Bezug auf das Spektrum der angebotenen Beratungsleistungen und beim weltweiten Aufbau neuer Büros in Brasilien, Osteuropa und Istanbul eingeleitet. Darüber hinaus gründete er – ausgehend von den von ihm initiierten jährlichen Skireisen aller Mitarbeiter mit Partnern und Kindern nach Tirol – in Kitzbühel die McKinsey Alpine University als Standort internationaler Training Meetings.

Durch McKinsey entwickelte sich eine Reihe von Freundschaften, die bis heute halten. Das gilt für Gerda und Bodo Holz und für Christina und Franz Scherer, die unsere Liebe zu Südfrankreich teilen, aber auch für Jutta und Hannes Jäger, der als Vertreter des Klienten in einem meiner Teams arbeitete und später Chef der AachenMünchener Versicherung AG wurde, sowie indirekt für Ebba und Horst Großpeter, der ebenfalls ein INSEAD-Absolvent war und als Geschäftsführender Gesellschafter der Quarzwerke eines der größten Sandgruben-Unternehmen Europas leitete.

Vor allem gilt es aber für Jürgen und Annelott Zech, mit denen wir in Kaarst oft zusammenkamen, wenn es unsere Zeit erlaubte. Gemeinsam erwarben wir eine gut ausgebaute Berghütte in Tirol oberhalb von Söll im Gebiet des Wilden Kaisers. Dabei war mein österreichischer Pass entscheidend, weil er den Kauf überhaupt erst ermöglichte. Österreich war damals noch nicht Mitglied der Europäischen Union und der Erwerb von Liegenschaften in Tirol Ausländern verwehrt. Skifahren, rodeln, auf Tüten rutschen, frische Leberkäsesemmeln beim Metzger essen, im Gasthaus zur Post Marillen-

knödel verschlingen – an diese Hütte haben vor allem unsere
Kinder tolle Urlaubserinnerungen. Wir liebten die Hütte so
sehr, dass wir auch in Kauf nahmen, im tiefsten Winter bei
Eiseskälte am Hang Schneeketten an die Autoreifen anlegen
zu müssen. Wenn ich später meinen französischen Kollegen
bei McKinsey Paris von der Hütte vorschwärmte, war ihr
Kommentar nur: „Das ist genau das, was wir bei euch Deutschen nicht mögen. Ihr müsst schuften und das macht euch
noch Spaß!"

Unsere Berghütte in Tirol, oberhalb von Söll im Gebiet des Wilden
Kaisers

Die Firma sah es gerne, wenn einzelne Büros bereit waren,
Mitarbeiter – in der Regel Engagement Manager oder Prin-
cipals – für einen gewissen Zeitraum anderen Büros zu überlassen. Diese Transfers sollten den aufnehmenden Büros helfen, benötigte Fähigkeiten schnell zur Verfügung zu haben.
Außerdem wurde das Konzept der *One Firm* unterstrichen.
Meine Bereitschaft zu einem Transfer wurde von Marvin

Bower mit einem handschriftlich verfassten Schreiben hono-
riert.

Hüttenleben mit Freunden: Annelott und Jürgen Zech (links), Rotraut
und ich, Anfang der 80er Jahre

John McDonald wusste, dass ich grundsätzlich bereit war, in
ein anderes Büro in einem englischsprachigen, aber auch
französisch- oder spanischsprachigen Land zu wechseln. Im
Sommer 1979 sprach mich John an, ob ich mir einen Transfer nach Mexiko vorstellen könnte. Ich kannte Mexiko von
verschiedenen Reisen und zeigte mich offen für eine Be-
standsaufnahme mit Rotraut vor Ort. Unsere Entscheidung
fiel negativ aus: Mexiko-Stadt war in unseren Augen nicht
geeignet, um sich mit kleinen Kindern niederzulassen. Daraufhin brachte John Paris ins Gespräch. Ich kannte Paris
sehr gut und konnte mir vorstellen, dort mit Familie ein paar
Jahre zu leben.

For Wolf Kling –

Whose service to clients in many offices has contributed importantly to maintaining the vitality of our one-firm policy, which is so essential to preserving the Firm's international strength and distinctiveness and in providing superior service to our transnational clients –

With best regards,

Marvin

4 May 79

For Wolf Klinz –

whose service to clients in many offices has contributed importantly to maintaining the vitality of our one-firm policy, which is so essential to preserving the firm's international strength and distinctiveness and in providing superior service to our transnational clients.

With best regards,

Marvin

Für Wolf Klinz –

der mit seiner Betreuung von Mandanten in zahlreichen Büros wesentlich dazu beigetragen hat, die Dynamik unserer One-Firm-Policy zu bewahren, die essenziell ist für die Aufrechterhaltung der internationalen Stärke und Einzigartigkeit der Firma und für die Fähigkeit, für unsere transnationalen Mandanten einen hervorragenden Service zu leisten.

Mit freundlichen Grüßen

Marvin

Alle Klientenwege führen nach Paris

Noch im Spätsommer 1979 begann ich in Paris zu arbeiten, betreute aber parallel noch ein oder zwei Klienten in Deutschland. Sobald Rotraut fünf Jahre unterrichtet hatte und somit auf Lebenszeit verbeamtet war, zogen wir um und verließen unser nagelneues Eigenheim. Anlässlich meiner Wahl zum Partner hatten wir beschlossen, in Kaarst ein Haus zu bauen, nicht, weil Kaarst so schön ist, sondern weil die Mädchen durch den Besuch von Kindergarten und Schule sehr gut integriert waren, Freundinnen hatten und sich wohlfühlten. Nach rund zwei Jahren hieß es nun, Abschied nehmen. Die Mädchen protestierten zunächst heftig.

In Frankreich fanden wir westlich von Paris ein Haus in der kleinen Gemeinde Le Vésinet, die für ihre ausgedehnten Grünanlagen mit wunderbarem Baumbestand berühmt ist. Die Mädchen konnten anfänglich kein Wort Französisch, lernten es aber so schnell, dass sie bereits nach einigen Monaten auf Französisch stritten oder schimpften. Sie gingen erst in die Grundschule, die nur etwa 100 Meter entfernt war, und im darauffolgenden Schuljahr im nahen Saint-Germain-en-Laye ins Lycée International, eine französische Schule mit Zweigen für Deutsch und andere Sprachen. Bereits in der Grundschule fand Dagi eine gute Freundin, mit der sie noch heute in Kontakt steht. Kerstin lernte auf dem Lycée Juliane Stulz kennen, die Tochter des DDR-Vertreters bei der UNESCO in Paris. Es entwickelte sich eine enge Freundschaft, die bis zum tragischen Tod Julianes bei einem Schiffsunglück vor Ostafrika anhielt. Mit Julianes Mutter Regine Toifl-Stulz sind Rotraut und ich bis heute befreundet.

Junge Familie: Rotraut und ich mit den Töchtern Dagmar und Kerstin und der Hauskatze Muschka, Le Vésinet bei Paris 1980

Das Büro Paris war in etwa so groß wie das Büro Düsseldorf und wurde von dem US-Amerikaner Paul Krauss geführt. Krauss war zuvor als Principal Managing Partner in Zürich gewesen und hatte die Leitung von Charles Shaw übernommen, der das Büro Paris stark entwickelt hatte. In Paris arbeitete bereits eine Beraterin. Ein Großteil der Berater war jüdisch. Das mag auch damit zusammenhängen, dass Charly Shaw selbst Jude war, der Hauptgrund war aber natürlich das erstaunlich hohe intellektuelle Niveau dieser jungen Mitarbeiter. Sie hatten auf den besten Grandes écoles studiert und häufig auch noch eine Business School besucht.

Ich entwickelte sehr schnell einen guten Draht zu ihnen, weil sie spürten, dass ich im wahrsten Sinn des Wortes ihre Sprache sprach und mich für ihre Interessen einsetzte. So verhalf ich Richard Weiss zu einem Transfer nach New York, weil er unbedingt wollte, dass seine Kinder in den USA zur Welt kommen und damit US-Staatsbürger würden. So geschah es, doch leider ging seine Ehe in die Brüche. Frau und Kinder blieben in den USA und Richard kehrte allein nach Paris zurück.

Dieses Beispiel brachte mir viel Goodwill ein. John McDonald informierte mich im Frühjahr, dass er mich für eine Beförderung zum Director vorschlagen würde. Ich war damit einverstanden unter der Voraussetzung, dass die Erfolgsaussichten nahe 100 Prozent wären. Paul Krauss musste die Papiere einreichen. Er war verunsichert und hatte wohl Angst, bald als Office Manager abgelöst zu werden. Seine Beurteilung empfand ich als höchst ungerecht. Er zeigte sie mir erst, als der Evaluierungsprozess bereits voll angelaufen war. In diesem Moment Krach zu schlagen, hätte meines Erachtens nicht viel gebracht. So wartete ich ab und erfuhr von Paul, dass es dieses Mal noch nicht geklappt hatte. Friedrich Schiefer, damaliger Director im Düsseldorfer Büro und späterer

Finanzvorstand bei der Allianz AG, gehörte dem Evaluierungs-
ausschuss an und informierte mich persönlich im Detail. Er
sagte mir einen positiven Bescheid im nächsten Jahr zu.

Kurz vor dem Ergebnis hatte mir der Vorstandsvorsitzende
des französischen Industriekonzerns Saint-Gobain, der zu
meinen Pariser Klienten gehörte, angeboten, in der deutschen Tochtergesellschaft in Aachen Geschäftsführer für Vertrieb und Marketing zu werden und gleichzeitig die Leitung
der Sekurit Glas Union zu übernehmen. Es war kein Traum-
job, aber sofort eine Aufgabe mit Linienverantwortung für
Umsatz, Ergebnis und Tausende von Mitarbeitern. Mein Vertrauen in Paul war erschüttert und ich beschloss, die Offerte
von Saint-Gobain anzunehmen und McKinsey zu verlassen.
Das war leichter gesagt als getan, da ich von zahllosen Partnern in diversen Büros regelrecht bombardiert wurde mit
Anrufen und Faxen, in denen sie mich aufforderten, zu bleiben oder zumindest zu einer Investmentbank nach London
zu gehen.

Insgesamt verbrachte ich mehr als elf spannende Jahre bei
McKinsey, und nie mehr habe ich mit einem so großen Pool
äußerst talentierter und motivierter Kollegen zusammengearbeitet. Meine Lernkurve war extrem steil, und das meiste,
was ich mir bei McKinsey aneignete, konnte ich in den Folgejahren in Wirtschaft und Politik sehr gut verwenden: äußerst
konzentriert arbeiten, aus Massen von Daten das Relevante
schnell herausfiltern, Abhängigkeiten erkennen, Zusammenhänge herstellen und Vertrauen bei Kollegen und Klienten
aufbauen. Zudem hatte ich meine mündliche und schriftliche
Kommunikationsfähigkeit unglaublich verbessert, was mir
später vor allem in meiner politischen Tätigkeit sehr zustattenkam.

Trotzdem gilt auch für McKinsey: Wo viel Licht ist, ist auch
viel Schatten. Die Firma und ihre Mitarbeitenden überhöhen

sich bis zum Realitätsverlust. Laurent Fabius, der ehemalige französische Premierminister und spätere Außenminister, meinte nach einem Volontariat bei McKinsey: „Ich habe noch nie so viele gescheite Menschen so hart an so kleinen Problemen arbeiten sehen." In der Tat behandeln nicht alle Projekte Top-Management-Probleme. Und nicht immer werden die Empfehlungen so umgesetzt, wie von der Firma vorgeschlagen. Und nicht immer sind die Vorschläge zielführend. Die sogenannte Hunter-Strategie von Swissair, regionale Fluglinien zu erwerben, um so einen Linienverbund aufzubauen, führte ins Desaster. Ähnliches gilt für die Fusion von Daimler-Benz und Chrysler 1998: Zu Beginn konnte die Rolle der Firma in der Außenwirkung gar nicht groß genug dargestellt werden, nach dem Flop war McKinsey dann nur noch ein „nicht entscheidender Ratgeber". Im Skandal um die massenhafte Verschreibung opioidhaltiger Schmerzmittel in den USA willigte McKinsey in einen Vergleich von knapp 600 Millionen US-Dollar ein, um mögliche Zivilklagen abzuwenden.

Die Aussage des Sanierers und selbsternannten Philosophen Guido Schmidt, die McKinsey-Gesellschaft sei am Ende, ist wohl überzogen. Aber es stimmt schon, dass McKinsey „strategisch" sagt und letztlich oft nur „effizient" meint. McKinseys Ansatz ist nach wie vor extrem rational und analytisch. Emotionales Verstehen, Intuition und Vision haben dagegen wenig oder gar keinen Raum, obwohl die McKinsey-Berater Tom Peters und Robert H. Waterman jr. schon in den 1970er-Jahren die menschliche Dimension als unverzichtbares Element in der Beratung hervorgehoben haben.

Das Sozialprestige der Unternehmensberater war zumindest zu meiner Zeit deutlich geringer, als es die „Mackies" wahrhaben wollten. Sie wussten auch nicht immer, warum sie eigentlich gerufen worden waren. Sollten sie wirklich den objektiven Rat eines Außenstehenden erbringen? Oder vielleicht eher doch den Gütestempel unter die Absicht des Vorstandsvorsitzenden setzen, der gegenüber Kollegen, Betriebsräten und Kritikern im Haus ein „neutrales" Votum brauchte?

Als Partner hat man die Aufgabe, langfristige Klientenbeziehungen aufzubauen und in der Folge nacheinander Studie an Studie zu reihen. Dabei sollte jedoch der beim Klienten verantwortliche Top-Manager seine Mitarbeitenden selber entwickeln und ihnen nicht fortwährend zeigen, dass sie den Aufgaben nicht gewachsen sind und Hilfe von außen benötigen. Der Berater kann ein paar Handgriffe aufzeigen, aber dann müssen die eigenen Leute übernehmen.

Das Schwierigste in allen Organisationen ist die Mentalitätsänderung. Das gilt für Bürokratien in Großunternehmen wie für Verwaltungen in Staat und Gesellschaft. Gerade in Wirtschaftsbetrieben ist ein Mentalitätswandel vom Bürokratischen zum Unternehmerischen oft die Voraussetzung für Gesundung und Überleben. Eine solche radikale Mentalitätsänderung gelingt jedoch nicht durch jahrelange Begleitung des Klienten mit zahllosen Studien. Unternehmensführung heißt, unter Abwägung von Chancen und Risiken Entscheidungen zu treffen und den Mitarbeitenden bei aller gelegentlichen Härte dieser Entscheidungen Zuversicht und Stabilität zu vermitteln.

Stets unterwegs mit Flugzeug, Taxi und Mietwagen, Unterkunft in Spitzenhotels, Essen in Restaurants und vieles mehr – der aufwendige Lebensstil der Berater kann zu einer fragwürdigen Persönlichkeitsentwicklung führen, und ich habe manchen Kollegen gesehen, dem die Zeit bei McKinsey nicht gut bekam. Die Rückkehr ins normale Leben, wenn eine dauerhafte Karriere bei der Firma nicht möglich war, verlief bei vielen holprig oder desaströs. Zum Glück gibt es aber auch sehr erfolgreiche Alumni. In den allermeisten DAX-Konzernen sitzen manche von ihnen im Vorstand.

Mein Abschied von McKinsey stimmte mich schon etwas wehmütig. Um den Jahreswechsel 1981/82 gab es aber auch einen großen Grund zur Freude. Rotraut war schwanger und erwartete im Januar unser drittes Kind. Sie wusste, dass ich gerne drei Kinder hätte, und erklärte sich nach einigem Zögern bereit, es zu versuchen. Ihr Zögern war mehr als berechtigt. Ich war – nicht nur in ihren Augen – ein Workaholic und hatte für die Familie nicht die Zeit, die ihr eigentlich zustand. Darüber hinaus hatte Rotraut zwischen den Geburten unserer beiden Töchter und danach Fehlgeburten erlitten und fühlte sich mit 37 Jahren für eine erneute Schwangerschaft eigentlich zu alt. Außerdem riet ihr keiner unserer Freunde und Bekannten zu.

Ein kleiner Franzose komplettiert unsere Familie

Unser Familienleben in Le Vésinet war deutlich intensiver als in Kaarst. Die Klienten hatten fast alle ihren Hauptsitz in Paris, sodass ich nur selten reisen musste und praktisch jeden Abend zu Hause war. Die Wochenenden waren auch frei und die Sommerferien und Feiertage wurden ohne Einschränkung respektiert. So konnten wir als Familie allerhand zusammen unternehmen: Einkaufsbummel in Parly 2 und den Galeries Lafayette oder auf dem Markt von Saint-Germain-en-Laye, Ausflüge in die Umgebung und in einen Wildpark, in dem man nur im geschlossenen Auto fahren durfte, Kinobesuche in Paris und La Défense, beim Essengehen in Restaurants internationale Küchen entdecken, wobei den Kindern vor allem marokkanische Gerichte, wie Couscous in allen Variationen, schmeckten.

Rotraut hatte in Paris einen sehr kompetenten und sympathischen Gynäkologen, der sie verständnisvoll betreute. Als wir ihn das erste Mal gemeinsam aufsuchten, machte er eine Ultraschalluntersuchung und eröffnete uns, dass das Baby ein Junge sei und ganz wie der Vater aussehe. Ultraschalluntersuchungen steckten damals noch sehr in den Anfängen, und ehrlicherweise konnte ich auf dem Monitor gar nichts erkennen. Trotzdem waren wir natürlich hocherfreut und feierten die beglückende Nachricht bei „chez Paul" mit einem hervorragenden Lunch. Wegen dieser Entwicklung zögerte ich meinen Abgang bei McKinsey etwas hinaus und nutzte die Zeit, um das Haus, das uns Saint-Gobain in einem der besten Viertel Aachens zur Miete überließ, nach unseren Wünschen und Bedürfnissen umbauen zu lassen.

Unser Sohn Wolf Fabian Christopher kam am 29. Januar 1982 in der Clinique de Passy in Paris zur Welt. Ich war zu diesem Zeitpunkt schon beruflich in Aachen und verpasste die Geburt um wenige Stunden. Fabian war deutlich größer als die französischen Babys und schien die Schwestern schon als Neugeborener zu beeindrucken. Es machte ihnen großen Spaß, ihn spazieren zu tragen und mit kleinen französischen Mädchen zu „verkuppeln".

Die Geburt selbst war relativ kurz und schien ohne Komplikationen zu verlaufen. Tatsächlich jedoch verlor Rotraut Unmengen von Blut, was zunächst niemand bemerkte. Zum Glück hatte die junge Anästhesistin, als sie am anderen Ende von Paris nach ihrem Dienst duschte, eine Eingebung: *„Il y a quelque chose avec Mme Klinz."* – „Bei Frau Klinz gibt es ein Problem." Durch ihre schnelle Rückkehr in die Klinik rettete sie Rotraut das Leben, das allerdings beinahe durch die folgende Bluttransfusion gefährdet worden wäre: Das Blut war mit dem Hepatitis-C-Virus verseucht, der zur Leberzirrhose führen kann. Bei Rotraut ist es zum Glück nicht zu einem virulenten Ausbruch gekommen. Seit wenigen Jahren gibt es auch endlich ein Medikament, das bei ihr das Virus vollkommen eliminiert hat.

7

Intermezzo in Aachen

Im Januar 1982 begann ich als Geschäftsführer Vertrieb und Marketing bei den VEGLA Vereinigten Glaswerken in Aachen. Zu dem Unternehmen gehörten zahlreiche über ganz Deutschland verteilte Verarbeitungsbetriebe, die das von VEGLA hergestellte Flachglas „veredelten", das heißt zu Sicherheitsglas, Bauglas, beschichtetem Glas, Glastüren und Glasfenstern weiterverarbeiteten. Die ebenfalls zum Konzern gehörige Sekurit Glas Union produzierte Fahrzeugverglasungen und arbeitete schon bei der Entwicklung neuer PKW-Modelle eng mit den Automobilfirmen zusammen. Ich war auch der Chef der Verarbeitungsbetriebe und der Sekurit Glas Union.

Gleich beim Start erlebte ich zwei Überraschungen, mit denen bei meiner Jobzusage nicht zu rechnen gewesen war. Erstens hatte VEGLA einen neuen Vorsitzenden. Den ehemaligen Vorsitzenden kannte ich relativ gut, da ich mit ihm schon gearbeitet hatte. Der neue hatte seine ganze Karriere bei Saint-Gobain gemacht und war zuletzt Délegué Général in Italien gewesen, bevor er nach Aachen versetzt worden war. Und zweitens ließ der französische Staatspräsident François Mitterand tatsächlich Frankreichs Großkonzerne verstaatlichen, was unmittelbare Auswirkungen auf uns in

Deutschland hatte. Frankreich befand sich Anfang 1982 in einer schweren Wirtschaftskrise mit steigender Arbeitslosigkeit. So gab Mitterand die Devise aus, alle Fabriken des Landes maximal auszulasten, zur Not auf Kosten der Fabriken im Ausland. VEGLAs Flachglashütten waren relativ neu und in der Ausstattung auf hohem technischem Niveau. Trotzdem mussten sie zugunsten der zum Teil veralteten Hütten in Frankreich heruntergefahren werden.

Der neue Chef wirkte verunsichert. Wahrscheinlich stand er unter starkem Druck der Zentrale, die trotz des nachlassenden Geschäfts bessere Ergebnisse erwartete. Er war kein Mann der Planung und Strategie, sondern des persönlichen Kontakts mit Kunden und Vertriebsmannschaft, in dem regelmäßig der Wein in Strömen floss. Er wollte unbedingt, dass ich zu einer Art „Saufkumpan" von ihm wurde, was ich strikt ablehnte. Dazu kam, dass er es für legitim hielt, Entwicklungsingenieure bei den Automobilherstellern durch „Zugaben" positiv für die Sekurit Glas Union zu stimmen. Schließlich fand er es normal, sich mit dem Hauptwettbewerber „auszutauschen".

Ich kam bei meinen Mitarbeitern inklusive der Vertriebsmannschaft sehr gut an, genoss Respekt und Vertrauen. Zudem besaß ich das Vertrauen von Xavier de Villepin, der als Vorstandsmitglied der Saint-Gobain-Gruppe für die internationale Entwicklung Verantwortung trug. Das war dem VEGLA-Chef bekannt und verunsicherte ihn noch mehr. Ich spürte, dass er mich loswerden wollte. Nach knapp zwei Jahren eröffnete er mir im Beisein des für das Personalwesen zuständigen Kollegen, dass es bei unseren Differenzen für beide Seiten besser sei, auseinanderzugehen. Dabei hatte mich der Kollege noch kurz vorher überschwänglich dafür gelobt, dass ich in relativ kurzer Zeit so viel Motivation und Drive in die Vertriebsmannschaft gebracht hätte. Der Chef konnte mich allerdings nicht einfach gehen lassen, da er dazu die Zustimmung des Mehrheitsgesellschafters in Paris benötigte. In Paris aber wollte er das Thema nicht ansprechen, da er um meine guten Kontakte dorthin wusste. Ich erklärte mich bereit, meinen Abschied einzureichen, sobald ich eine neue Alternative gefunden hätte.

Tatsächlich wurde ich relativ schnell fündig und unterschrieb einen Vertrag als PhG, persönlich haftender Gesellschafter, bei Werhahn KG, einem Mischkonzern in Familienbesitz mit mehreren Milliarden D-Mark Umsatz. Eine Woche, bevor ich dort anfangen sollte, informierte mich der Senior des Unternehmens, dass man vom Vertrag zurücktreten wolle, ohne mir einen einzigen Grund zu nennen. Ich stand vor dem Nichts.

Als Rotraut und ich mehr als 20 Jahre später in Salzburg zu einer Hochzeit eingeladen waren, setzte sich beim Frühstück im Hotel einer der anderen Hochzeitsgäste zu uns an den Tisch. Es stellte sich heraus, dass er ein persönlich haftender Gesellschafter von Werhahn KG war und zu wissen glaubte, warum mein Vertrag seinerzeit aufgelöst worden war: Ich hätte verschwiegen, schon einmal geschieden zu sein und somit in zweiter Ehe zu leben. Rotraut und ich waren perplex. Keiner von uns war vor unserer Ehe, die wir mit 24 bzw. 27 Jahren noch dazu sehr jung geschlossen hatten, verlobt oder verheiratet gewesen.

Die Werhahn KG galt schon immer als sehr sparsam. Entsprechend wollte man meinen Vertrag nicht ausbezahlen, sondern nur so lange mein Gehalt überweisen, bis ich eine neue Tätigkeit aufgenommen hätte. Ich wollte nicht klagen und willigte nolens volens ein. Ob der Chef von VEGLA mit der Entscheidung von Werhahn etwas zu tun hatte, entzieht sich meiner Kenntnis. Allerdings wurde Xavier de Villepin auf seinen Wunsch über die Gründe meines Abgangs informiert, und wenige Monate später gab es an der VEGLA-Spitze einen Führungswechsel.

8

Als Exot in der Innerschweiz – Vorstand bei Landis & Gyr

Nach den unerfreulichen Geschehnissen in Aachen wollte ich mich bei meiner beruflichen Neuorientierung um die Mitarbeit in einem Unternehmen bemühen, das frei von politischem Einfluss war und für hohe Standards bei der Unternehmens- und Mitarbeiterführung stand. John McDonald hatte mir eine Rückkehr ins Düsseldorfer Büro von McKinsey angeboten, doch ich war bei meiner Entscheidung geblieben, aus der Beratung in eine Linienposition in einem Industrieunternehmen zu wechseln. Den Kontakt zu Werhahn hatte die Executive Search Firma Egon Zehnder hergestellt. Diese war aber nicht imstande, mir einen einzigen Grund für den plötzlichen und völlig unerwarteten Rückzieher zu nennen, und hatte deshalb mein Vertrauen weitgehend verloren.

Stattdessen erinnerte ich mich an Dr. Fred W. Schmid in Zürich, mit dem ich bei kritischen Recruiting-Fällen eng zusammengearbeitet hatte. Er konnte mir vielleicht einen Hinweis geben, wen zu kontaktieren sich lohnen würde. Der Zufall wollte es – oder war es höhere Fügung? –, dass Herr Schmid kurz zuvor von einem langjährigen Schweizer Mandanten beauftragt worden war, ein Mitglied der Konzernleitung für eine nach Reorganisation neu geschaffene Position bei Landis & Gyr zu suchen. Schmid, der kein klassischer Personalberater mit riesengroßer, möglichst sogar internationaler Personaldatei war, annoncierte die Position in der Neuen Zürcher Zeitung. Er ermunterte mich, ihn auf diese Anzeige anzuschreiben. Mein internationaler Background passte gut. Gesagt, getan.

Um eine lange Geschichte kurz zu machen: Nach sehr vielen Interviews, erst mit Schmid selber, dann mit den Präsidenten von Konzernleitung (Dieter Syz) und Verwaltungsrat (Georg Krneta) und schließlich mit den potenziellen Kollegen, lag im Sommer ein unterschriftsreifer Vertrag auf meinem Tisch und wir vereinbarten den 1. September 1984 als Termin für meinen Start. Ich hatte mein als Student formuliertes Ziel erreicht, eines Tages Mitglied des Vorstands eines großen internationalen Unternehmens zu sein.

Die Landis & Gyr AG hatte ihren Konzernsitz unweit von Zürich in Zug, der Hauptstadt des Kantons Zug. Zug ist zwar ein bekanntes Steuerparadies, doch das Unternehmen war schon 1896 als Personengesellschaft in Zug gegründet worden und steuerliche Überlegungen hatten damals dabei keine Rolle gespielt. In den 1950er-Jahren wurde das Unternehmen an die Börse gebracht.

Die Familie nahm die Entscheidung, nach Düsseldorf, Paris und Aachen schon wieder in eine neue Bleibe ziehen zu müssen, ohne Begeisterung, aber auch ohne Entsetzen auf. Die umliegende Landschaft mit dem Zugersee und den Bergen und das attraktive Zürich hatten uns alle bei unserem ersten Besuch stark beeindruckt. Außerdem wurde in der Schule wieder auf Deutsch unterrichtet. In den Pausen allerdings wurde Schweizer Mundart gesprochen, die unsere Kinder jedoch sehr schnell lernen sollten.

Was die Mädchen darüber hinaus sehr schnell lernten, war das traditionelle Schweizer Kartenspiel Jass. Fabian hatte das Glück, dass sein Kindergarten nur etwa 200 Meter von unserer Wohnung entfernt lag und die Kindergärtnerin ihm netterweise den Schlüssel zum Gartentor gab, sodass er über die Rückseite schnellstmöglich in das Gebäude gelangte. Auf seinem kurzen Weg lag ein Bauernhof, wo nach der Apfelernte Saft gemacht und in einem großen Fass gelagert wurde. Immer, wenn er vorbeikam, öffnete er den kleinen Hahn und nahm einen Schluck. Der Bauer sah das sehr wohl, ließ es aber augenzwinkernd zu.

Am 1. Mai 1985, wenige Tage vor unserem Umzug von Aachen nach Baar im Kanton Zug, verstarb Uroma in Wien. So nannten wir meine Großmutter, seit wir selber Kinder hatten. Sie war eine herzensgute Frau und ich bedauerte, sie in ihren letzten Jahren nicht öfter gesehen zu haben. Immerhin hat sie uns auf allen unseren Stationen besucht. Rotraut hat sich stets rührend um sie gekümmert.

Ich muss meinen Kollegen in der Konzernleitung wie ein Exot erschienen sein. Ich war kein Schweizer, sprach also auch kein Schweizerdeutsch, ich war kein Ingenieur, ich hatte keine Wehrdiensterfahrung und ich war nicht katholisch. Allerdings besaß ich internationale Erfahrung, hatte ich doch schon in Großbritannien, den USA, Finnland, Deutschland, Österreich und Frankreich gearbeitet und gelebt. Unsere drei Kinder waren in drei verschiedenen Ländern zur Welt gekommen. Diese Internationalität war gefragt für die neue Position, die ich bekleiden sollte, denn der Konzern verfügte bei meinem Eintritt schon über eine starke internationale Präsenz in den USA, Südamerika, Europa und Asien. Mit etwas über 15 000 Mitarbeitenden erzielte er einen Umsatz von knapp drei Milliarden Schweizer Franken.

Die Produktpalette umfasste Stromzähler, Fernmess- und Fernwirktechnik, Produkte zum Zählen, Messen, Steuern und Regeln, vor allem von Heizungs-, Lüftungs- und Klimasystemen im Gebäudebereich. Darüber hinaus bot Landis & Gyr mit der Tochterfirma SAIA speicherprogrammierbare Steuerungen an und über die Tochter Sodeco in Genf Münz- und Kartenfernsprecher mit unterschiedlichen Kartentechnologien sowie im Bereich Monetik Sicherheitsmerkmale, also Holo- und Kinegramme, die bei Wertdokumenten und Banknoten zum Einsatz kommen. Die neue Organisation war entsprechend der Produktpalette in die Unternehmensbereiche Energie/UBE, Building Control/UBC, Kommunikation/ UBK und International/UBI gegliedert. Die Chefs der Bereiche waren für ihr weltweites Geschäft verantwortlich und führten als Linienvorgesetzte die ausländischen Gesellschaften, die ausschließlich oder zum allergrößten Teil Produkte ihrer Sparte anboten. Gesellschaften mit Mehrprodukt-Portfolio unterstanden linienmäßig dem UBI, also mir. Darüber hinaus war ich auch für SAIA zuständig.

Dieter Syz, der Vorstandsvorsitzende – in der Schweiz hieß er Präsident der Konzernleitung –, machte in unserer ersten gemeinsamen Konzernleitungssitzung gleich klar, nach welchen Spielregeln wir zusammenarbeiten würden: Jeder bleibe, was er ist. Ich solle nicht zum Schweizer gemacht werden und umgekehrt solle ich nicht versuchen, die Schweizer Kollegen zu Deutschen zu machen. Konzernsprache sei Schweizerdeutsch, Schriftdeutsch nur in Ausnahmefällen zu verwenden. Ich war selber überrascht, wie schnell ich Schweizerdeutsch perfekt verstehen lernte. Es dauerte nur ein paar Wochen. Zwei Jahre habe ich allerdings gebraucht, bis ich den Mut hatte, selber Schweizerdeutsch zu sprechen. In den Ohren der Schweizer muss es furchtbar geklungen haben.

Landis & Gyr war ein exzellent geführter Konzern. Kompetenzen und Entscheidungswege waren klar und transparent. Die jährliche Planung war aufwendig. Ziele wurden detailliert fixiert und Meilensteine definiert, anhand derer die Planerfüllung gemessen werden konnte. Einmal im Jahr kamen die Länderchefs mit den Verantwortlichen der Produktbereiche und der Konzernleitung zusammen. Diese Zusammenkunft fand in der Regel in einem schönen Hotel in der Innerschweiz statt. Da das Geschäftsjahr von Oktober bis September des Folgejahres lief, konnte schon im vierten Quartal des Kalenderjahres mit der Überprüfung des abgelaufenen Geschäftsjahres begonnen werden. So gab es in den Monaten November und Dezember ein- bis zweitägige Review-Meetings zwischen dem Chef eines Unternehmensbereichs und den ihm unterstellten Länderchefs. Diese Jahreskonferenzen wurden mit detaillierten Berichten der Länderchefs und der für die einzelnen Länder zuständigen Controller akribisch vorbereitet.

Gelegentlich gab es Differenzen zwischen mir als Chef des Unternehmensbereichs International und den Länder- und Spartenchefs über die strategische Ausrichtung und/oder notwendige operative Maßnahmen. Reibungspunkte tauchten im Wesentlichen zwischen dem Chef des Unternehmensbereichs Energie- und Fernwirktechnik auf, der sich schwertat, die gewählte Matrix-Organisation für die Multispartenländer zu akzeptieren und als ausgebildeter Oberst am liebsten von oben ansagen und durchregieren wollte. Er war mit dem Unternehmensbereich Energie- und Fernwirktechnik allein für die USA zuständig, da der Konzern in Nordamerika nur Produkte und Systeme der Energie- und Fernwirktechnik anbot.

Mit der Akquisition von MCC Powers in Chicago 1987 hatte der Konzern plötzlich auch Produkte und Systeme aus dem

Bereich Building Control im Angebot. Die USA waren jetzt auch ein Multispartenland geworden. Die Konzernleitung beließ die Linienverantwortung für USA jedoch im UBE, weil sich die Zusammenarbeit über viele Jahre gut eingespielt hatte. Durch die neue Erfahrung mit der Organisation mehrerer Sparten verbesserte sich dann die Akzeptanz der Matrixorganisation durch den Chef des UBE und seine Abstimmung mit mir.

Gottfried Straub und Andreas Brunner hatten 1956 die Unternehmensleitung von ihrem Schwiegervater Heinrich Gyr übernommen und behielten sie bis 1984. Beide Familien waren die größten Aktionäre von Landis & Gyr. Sie konnten sich nicht einigen, ob ihre Kinder, und wenn, welche im Konzern eine Führungsrolle übernehmen sollten. Brunner wollte Landis & Gyr als familiengeführtes Schweizer Unternehmen erhalten und verhandelte 1987 vom Sterbebett aus mit dem Schweizer Unternehmer Stephan Schmidheiny über den Verkauf der Familienanteile. Gottfried Straub war schon gestorben. Brunner, ein Kettenraucher, litt an unheilbarem Lungenkrebs und musste den Anteilsverkauf im Rekordtempo bewerkstelligen.

Stephan Schmidheiny besaß damals den Ruf eines strategischen Investors in Technologie-Unternehmen. Relativ kurz vor seiner Verhandlung mit Brunner hatte er sich als großer Einzelaktionär bei ABB beteiligt. Insofern erschien der Verkauf der Familienanteile von Landis & Gyr an Schmidheiny als logischer Schritt, der die Firma langfristig in Schweizer Hand absichern würde. In Wirklichkeit war Stephan Schmidheiny ein Finanzinvestor – heute einer Private-Equity-Firma vergleichbar –, der wusste, wann sich ein Einstieg lohnt. Insofern kam, was kommen musste: Der Chef von Landis & Gyr wurde ausgetauscht, Wolfgang Kiesling kam als neuer Präsident und die Organisation wurde noch einmal geändert. Diesmal wurde das Spartenprinzip konsequent umgesetzt.

Das Ergebnis war, dass viele Länderchefs entweder gingen oder nur noch wenig motiviert als Spartenchefs in ihrem Land weitermachten. Mir wurde der Posten als Finanzchef angeboten, den ich jedoch ablehnte, weil ich mir nicht sicher war, neben Schmidheiny und dem von ihm eingesetzten Präsidenten der Konzernleitung wirklich eigenständig agieren zu können. Stattdessen übernahm ich die Leitung des Unternehmensbereichs Kommunikation, UBK, dessen vorheriger Leiter auch das Weite gesucht hatte.

Es war klar, dass mit dem neuen Ansatz die Voraussetzungen für einen späteren Verkauf, auch einzelner Sparten, geschaffen waren. Von SAIA hatten wir uns schon vor Schmidheinys Einstieg getrennt. Meine Position als UBK-Chef war gesichert. Ich erreichte meine Ziele in Bezug auf Umsatz, Ergebnis, Kapitalbindung etc. punktgenau. Aber neben der Einschätzung, dass Schmidheiny sich nur temporär als Investor binden wollte, gab es einen anderen Faktor, der mir das Gefühl gab, mich über kurz oder lang beruflich neu orientieren zu müssen: die technologische Entwicklung im Telefonbereich. Öffentliche Fernsprecher mit Kartenbezahlung waren zwar bereits ein Quantensprung gegenüber den Münztelefonen, doch schon Ende der 1980er-Jahre war erkennbar, dass das Mobiltelefon vor der Tür stand. Ich empfahl dem Verwaltungsrat in der strategischen Vorstellung meines Plans für den Unternehmensbereich Kommunikation dringend, den Bereich zu veräußern, solange mit stabilem Umsatz noch ein positives Ergebnis zu erzielen sei.

1996 verkaufte Schmidheiny seine Anteile mit sehr hohem Gewinn an Elektrowatt, diese wiederum zwei Jahre später an Siemens. Siemens behielt den UBC als Building Control und veräußerte die anderen Aktivitäten. Das Zählergeschäft ist heute neben Smart-Metering-Lösungen und Smart-Grid-Applikationen Kern der neuen, wieder an der Zürcher Börse gelisteten Landis+Gyr AG. Das Telefongeschäft war von einer Private-Equity-Firma übernommen worden, musste aber bald darauf wegen der stürmischen Entwicklung des Mobiltelefons Insolvenz anmelden.

Ende der 1980er-Jahre begann es in der DDR zu brodeln. Fasziniert verfolgten Rotraut und ich die Entwicklung, bangten und hofften, dass die in der DDR stationierten sowjetischen Truppen die Freiheitsbewegung nicht mit militärischen Mitteln gewaltsam niederschlagen würden. Wir konnten kaum glauben, dass die Mauer so schnell und plötzlich fiel.

Der Mauerfall wurde auch von den Schweizern mehrheitlich begrüßt, nicht jedoch die sich in den folgenden Monaten mehr und mehr abzeichnende Wiedervereinigung. Die alte Bundesrepublik war in den Augen der Schweizer schon groß genug. Eine um die DDR erweiterte schien ihnen fast übermächtig. Meine Sekretärin sagte eines Tages halb fragend, halb feststellend: „Herr Klinz, Sie sind doch auch gegen die Wiedervereinigung, oder?" Ich versuchte dann, ihr in einem relativ langen Gespräch klarzumachen, dass die Wiedervereinigung Ausfluss des in der Schweiz so hoch geschätzten Volkswillens sei und kein aggressiver Akt, der sich gegen die Nachbarn Deutschlands richte. Zum ersten Mal fühlte ich so etwas wie Patriotismus, der jedoch absolut nichts mit Nationalismus zu tun hatte. Dann zeigte ich meiner Sekretärin noch einen Ausspruch von Goethe, den ich schon seit vielen Jahren in meiner Brieftasche trug: *„Mir ist nicht bange, dass Deutschland nicht eins werde. Vor allem sei es eins in Liebe untereinander und immer sei es eins, dass der deutsche Thaler und Groschen im ganzen Reiche gleichen Wert habe; eins, dass mein Reisekoffer durch alle deutschen Länder ungeöffnet passieren könne."*

Im Sommer 1990 ergab sich ein Kontakt zu Detlev Karsten Rohwedder, der gerade Präsident der Treuhandanstalt in Berlin geworden war. Nach einem Gespräch mit ihm in seinem Haus in Düsseldorf sagte ich noch am gleichen Tag zu, bei der Herkulesaufgabe der Treuhand mitzumachen. Mit Jens Odewald, dem Präsidenten des Verwaltungsrats, wurden kurzfristig die Vertragsbedingungen ausgehandelt. Im Oktober wurde ich vom Verwaltungsrat als Vorstand bestellt, und am 1. November konnte ich im ehemaligen „Haus der Elektrotechnik" am Berliner Alexanderplatz anfangen. Bei Stephan Schmidheiny hatte vorher noch politisch interveniert werden müssen, da Landis & Gyr zunächst auf der Einhaltung meiner einjährigen Kündigungsfrist bestand.

Die sechs Jahre in Zug waren für unsere Familie eine Zeit großer Zufriedenheit und großen Glücks. Die drei Kinder besuchten Kindergärten, Grund- und Kantonsschule und fühlten sich gut aufgehoben. Wir wohnten zwar nicht mehr in einem feudalen Haus wie in Aachen, aber das Penthouse war groß genug, um jedem Kind ein Zimmer zu geben, und bot einen herrlichen Blick in die Schweizer Berge. Dagmar machte noch in Zug ihre Matura und ging zum Studium an die Hochschule für Wirtschafts-, Rechts- und Sozialwissenschaften HSG in St. Gallen. Kerstin ging in unserem letzten Zuger Jahr nach Arizona und zog von dort direkt nach Berlin. Fabian war somit das einzige Kind, das sofort mit nach Berlin kam. Die Schweiz hat aber, so scheint es, bei ihm die größten Spuren hinterlassen. Jahre später, nach einem Jahr im Brentwood College auf Vancouver Island, ging er auf eigenen Wunsch nach Zuoz, wo er die Schweizer Matura und das baden-württembergische Abitur ablegte. Er studierte ebenfalls in St. Gallen, arbeitete dann viele Jahre in Zürich und ist mittlerweile auch Schweizer Staatsbürger.

Ich war während unserer Zuger Zeit stets beeindruckt, wie gut die Schweizer Eidgenossenschaft funktioniert. Vier Ethnien und vier Sprachgruppen arbeiten geräuschlos und produktiv zusammen. Nationalrat und Ständerat vertreten in den Augen der Bürgerinnen und Bürger deren Interessen angemessen. Dazu kommt natürlich noch das Prinzip der direkten Demokratie, das dafür sorgt, dass Fragen von nationalem Interesse ebenso wie von regionaler Bedeutung vom Volk direkt entschieden werden. Die Ergebnisse solcher Volksabstimmungen werden akzeptiert.

Ich bin ein Anhänger der repräsentativen Demokratie und war immer kritisch bezüglich der Volksabstimmungen. Bei einer geringen Beteiligung, zum Beispiel unter 40 Prozent, was häufig vorkam, und einem knappen Ergebnis, zum Beispiel 53 zu 47 Prozent, hätte meiner Meinung nach die große Mehrheit mit jedem Ergebnis leben können, da denen, die gar nicht erst zur Abstimmung gingen, jedes Ergebnis recht war. Hätte Deutschland wichtige Entscheidungen einem Referendum unterworfen, wäre die Geschichte des Landes und Europas sehr wahrscheinlich anders verlaufen. Die Gründung der Bundeswehr und der NATO-Beitritt wären mit großer Mehrheit abgelehnt worden. Es hätte keine Euro-Einführung gegeben und die Rettung Griechenlands nach der immensen Verschuldung des Landes hätte ohne Haftung Deutschlands orchestriert werden müssen. Gleiches gilt für die erstmalige Schuldenaufnahme der Europäischen Kommission in Zeiten der Corona-Krise und Überweisung der Gelder an die notleidenden Staaten Südeuropas.

Die Kompetenzen zwischen Bund, Kantonen und Gemeinden sind sauber getrennt und spiegeln sich auch bei den Steuern wider. Neben der Bundessteuer setzen die Kantone ihre Kantonssteuer fest und die Gemeinden ihre Gemeindesteuer. Bürger akzeptieren, dass es zwischen der steuerlichen Belastung der Kantone und auch der Gemeinden größere Unterschiede geben kann. Die Infrastruktur des Landes ist hervorragend. Die Ausstattung der Schulen, Spitäler, Verwaltungen ist sachgerecht und auf hohem technischem Niveau.

In Zug wurde ich schon wenige Monate nach meinem Start bei Landis & Gyr eingeladen, den zweiten Rotary Club in Zug, er hieß schlussendlich RC-Zug-Zugersee, mitzugründen. Auf diese Weise lernte ich sehr schnell viele Mitglieder der Zuger Gesellschaft quer durch alle Berufe kennen, vom Kantonsschulrektor über den Apotheker, den Kirsch-Hersteller, Architekten, Chefarzt usw. bis zum Regierungsrat, dem obersten Verwaltungschef des Kantons. Mit allen war ich sehr schnell per Du. Rotraut konnte in Zug nicht in der Schule unterrichten. Sie nutzte die Zeit, um sich am Alfred-Adler-Institut in Zürich zur Psychotherapeutin ausbilden zu lassen. Das war die Grundlage für die Praxis, die sie fünf Jahre später in Königstein eröffnen sollte.

9

Nach der Wende –
Treuhandanstalt Berlin

Anfang November 1990 stieg ich in Zürich-Kloten ins Flugzeug Richtung Berlin, um bei der Treuhandanstalt meinen
Dienst anzutreten. In Zürich war es ein wunderbarer Herbst-
tag, dunkelblauer Himmel bei strahlendem Licht, frische,
aber nicht zu kalte Temperaturen und ein traumhafter Blick
in die Berge und auf den See nach dem Start. Als ich in Berlin ankam und mich mit dem Taxi auf den Weg zum Alexanderplatz machte, regnete es. Zum Nieselregen gesellte sich
ein kalter aggressiver Wind und der Himmel war so trüb,
dass man eher an den Abend als an den Vormittag des Tages
dachte. Für einen Moment fragte ich mich, ob ich die richtige
Entscheidung getroffen hatte, Zug zu verlassen und nach
Berlin zu gehen. Das mir zugedachte Büro war einfach, aber
noch nicht fertig eingerichtet. Es gab keinen Computer und
die Telefonanlage war noch eine Installation aus DDR-Zeiten.
Immerhin waren mir schon zwei Sekretärinnen sowie Joachim Wöge zugeteilt. Der junge Mann von der Boston Consulting Group hatte sich für ein Jahr freistellen lassen, um als
Assistent beim Start der Treuhand mitzumachen.

Ablösung der Staatswirtschaft der ehemaligen DDR

Die politische Wiedervereinigung und das wirtschaftliche Zusammengehen von BRD und DDR wurde von Deutschlands Nachbarn mit Sorge verfolgt. Die britische Premierministerin Margaret Thatcher war strikt dagegen und der französische Staatspräsident François Mitterand hoffte entweder auf ein Veto der Sowjetunion oder zumindest ein viel langsameres Tempo. Ohne die Unterstützung von US-Präsident George Bush senior wäre es wohl nicht zur Vereinigung gekommen. Es ist schwer abzuschätzen, was eine Verlangsamung des Prozesses für Folgen gehabt hätte, zumal ein Jahr nach der Vereinigung Michail Gorbatschow als sowjetischer Staatspräsident und Generalsekretär der KPdSU nicht mehr im Amt und die Sowjetunion auseinandergebrochen war.

Die Angst vor einem deutschen Wirtschaftsriesen war besonders in Frankreich groß. Das Magazin L'Express zeigte auf seiner Titelseite eine Europakarte, auf der die beiden deutschen Teilstaaten entsprechend ihrem wirtschaftlichen Gewicht überproportional vergrößert einen Großteil der Fläche einnahmen. Die BRD war damals die drittgrößte Volkswirtschaft der Welt und die DDR wurde an zehnter Stelle geführt. Die Arbeit der Treuhand zeigte sehr schnell, welch grobe Täuschung der Weltöffentlichkeit der DDR-Regierung gelungen war.

Als der US-Präsident Ronald Reagan am 12. Juni 1987 Berlin besuchte, rief er an der Berliner Mauer vor dem Brandenburger Tor Generalsekretär Michail Gorbatschow zu: „*Mister Gorbachev, tear down this wall, open this gate!*" Aber auch der Präsident der stärksten Macht der Welt erreichte mit diesem Aufruf nicht das Ziel. Die Mauer fiel erst, als sich die Bürgerinnen und Bürger der DDR in regelmäßigen Demonstrationen geschlossen gegen die Staatsmacht auflehnten, Demokratie und freie Wahlen einforderten.

„Wir sind das Volk!" und schließlich „Wir sind ein Volk!" – diese friedliche Revolution war der Anfang vom Ende der zentralgeleiteten Planwirtschaft der DDR. Die Vorherrschaft der Kommunistischen Partei in der Lenkung von Staat und Wirtschaft brach unter dem Druck der Bürgerbewegung zusammen. Die Unternehmen begannen sehr schnell, sich von der staatlichen Steuerung der industriellen Sektoren zu befreien. Schon Ende 1989 besaßen die zuständigen Ministerien und das staatliche Außenhandelsmonopol so gut wie keinen Einfluss mehr. Die Wirtschaft der DDR war zwar noch in die Planwirtschaft des Rats für gegenseitige Wirtschaftshilfe COMECON eingebunden, doch diese Einbettung wurde mit jedem Tag brüchiger. Allerdings rechnete niemand damit, dass schon im Sommer 1991 die Sowjetunion und der Rat für gegenseitige Wirtschaftshilfe auseinanderbrechen würden.

Damit verlor die DDR einen ihrer Hauptabsatzmärkte. Was keiner noch wenige Wochen vorher für möglich gehalten hätte, passierte quasi über Nacht: der politische Zusammenbruch. Im Februar 1990 nahm die von der Bürgerrechtsbewegung entwickelte Idee, eine Institution zu begründen, die als Eigentümerin die staatlichen Volkseigenen Betriebe (VEB) und Kombinate zumindest vorübergehend übernehmen sollte, Gestalt an. Am 1. März 1990 wurde dann die Treuhandanstalt als Anstalt für die treuhänderische Verwaltung des Volkseigentums von der frei gewählten Volkskammer der DDR gegründet. Darüber hinaus wurde entschieden, die Enteignungen mittelständischer Unternehmen im Jahr 1972 rückgängig zu machen und so die Grundlage für einen neuen Mittelstand zu legen.

Die Aufgabe der Überführung der Staatswirtschaft der DDR in die soziale Marktwirtschaft war eine Aufgabe ohne Beispiel. Es gab keine Vorbilder, keine theoretischen Anleitungen. Im Gegensatz dazu waren die Bibliotheken gefüllt mit

Instruktionen darüber, wie privatwirtschaftliche Unternehmen in staatlich gelenkte verwandelt werden können. Die Aufgabe der Treuhand hatte die Volkskammer im Treuhandgesetz noch am 17. Juni 1990 abgesteckt. Es war eine Aufgabenstellung von „furchterregendem Ausmaß", wie es Detlev Rohwedder, der Präsident des Verwaltungsrats, vor der Volkskammer formulierte. Allen – damals noch vorwiegend ostdeutschen – Mitarbeitenden war das klar. Nur langsam gelang es, die technischen und personellen Voraussetzungen für den Beginn der Arbeit zu schaffen.

Matrixorganisation statt funktionaler oder Spartengliederung

In der ersten Vorstandssitzung, an der ich teilnahm, wurden noch keine konkret zur Entscheidung stehenden Privatisierungsfälle behandelt. Vielmehr befasste sich der Vorstand neben Personalfragen vor allem mit Kreditbürgschaften für Management-Buy-outs, also mögliche Übernahmen der Betriebe durch die jeweilige Leitung, mit Liquiditätshilfen für Kernkraftwerke, mit dem weiteren Vorgehen bei einer Vielzahl von Privatisierungsfällen, deren Bearbeitung gerade erst begonnen hatte, und mit dem geplanten Umzug vom Alexanderplatz ins „Haus der Ministerien", dem heutigen Bundesfinanzministerium an der Ecke Leipziger und Wilhelmstraße.

Hauptpunkt der Sitzung war jedoch die Frage der richtigen Organisationsform der Treuhandanstalt. Bei dieser Frage hatte sich die Volkskammer noch von den Ministerien leiten lassen, die für die Planung und Kontrolle der Volkseigenen Betriebe und Kombinate zuständig gewesen waren: Ministerium für Schwerindustrie, Ministerium für Leichtindustrie usw. Entsprechend sollte die Treuhand als Holding einer Vielzahl von Sparten-Aktiengesellschaften dienen, die ihrer-

seits zum gleichen Sektor gehörende AGs und GmbHs um-
fassten. Diese Organisationsform wurde vom Präsidenten des
Verwaltungsrats abgelehnt, weil sie ihn zu sehr an die zen-
tralistische Planwirtschaft erinnerte. Es sollte auch in den
Augen der Menschen deutlich sein, dass die Kommandowirt-
schaft abgelöst und nicht unter neuem Namen fortgeführt
wurde. Der Verwaltungsrat entschied sich daher für eine
funktionale Organisation:

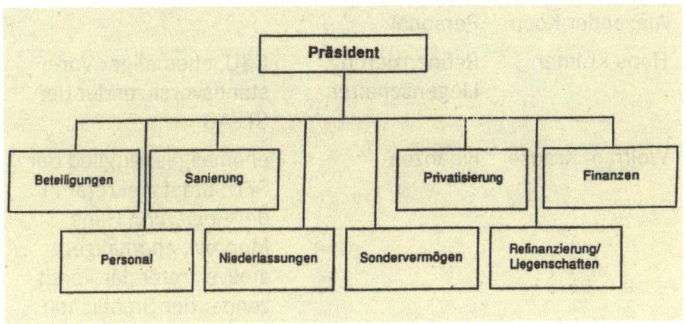

Organisation Treuhandanstalt, Stand 14.11.1990

Ursprünglich war ich auf die Übernahme des Vorsitzes einer
Aktiengesellschaft dieser Branchenholding angesprochen
worden, doch bei meinen konkreten Einstellungsgesprächen
war davon keine Rede mehr. Vielmehr ging es um den Vor-
standsposten Beteiligungsverwaltung. In dieser Funktion
hatte ich auch schon im Oktober 1990, also vor meinem
offiziellen Start am 1. November, zu mehreren Hundert ausgewählten Aufsichtsratsvorsitzenden unserer Unternehmen
gesprochen, die wir zu einer gemeinsamen Sitzung nach Berlin eingeladen hatten.

Bei dieser Konferenz lernte ich auch meine zukünftigen Vor-
standskollegen kennen:

Birgit Breuel	Niederlassungen	CDU, ehemalige Wirtschafts- und Finanzministerin in Niedersachsen
Gunter Halm	Sondervermögen	ehemaliges Mitglied des Präsidiums der DDR-Blockpartei NDPD, ehemaliger Minister für Leichtindustrie in der DDR
Alexander Koch	Personal	
Hans Krämer	Refinanzierung, Liegenschaften	CSU, ehemaliger Vorstandsvorsitzender der STEAG
Wolfram Krause	Finanzen	ehemaliges Mitglied der SED, Staatssekretär in der Regierung Hans Modrow, ehemaliger stellvertretender Vorsitzender der Staatlichen Plankommission
Karl Schirner	Privatisierung	ehemaliger Direktor bei der Daimler-Benz AG
Klaus-Peter Wild	Sanierung	CSU, ehemaliger leitender Beamter im bayerischen Wirtschaftsministerium

In konkreten Verhandlungen mit potenziellen Investoren zeigte sich sehr schnell, dass die gewählte funktionale Organisation die Arbeit der Treuhand erheblich erschwerte. Es war in vielen Fällen für die Investoren nicht klar, ob sie sich an den für die Privatisierung oder Sanierung zuständigen Vorstand wenden sollten. Dazu kam, dass kaum ein Unternehmen ohne Sanierung zumindest in Teilbereichen privatisiert werden konnte. In unserer Vorstandssitzung Anfang November wurde daher beschlossen, in einer Vorstandsklausur mit einem auswärtigen Moderator das Thema Organisation noch einmal intensiv zu diskutieren. Die Klausur fand noch vor Jahresende statt. Sie wurde von Matthias Bittner moderiert, den ich noch von unserer gemeinsamen Zeit bei McKinsey kannte. Er hatte McKinsey zwischenzeitlich verlassen und sich der Unternehmensberatung Bain angeschlossen. Rohwedder kannte ihn aus einem Projekteinsatz bei der Hoesch AG. Die Klausurtagung führte zu keinem eindeutigen Ergebnis.

Erst in der nächsten regulären Vorstandssitzung entschieden wir uns für die Einführung einer Matrixorganisation. Jedes Vorstandsmitglied übernahm für jeweils einen Unternehmensbereich, der mehrere Branchen beinhaltete, die Verantwortung, das heißt für die Beteiligungsführung, Privatisierung und Sanierung. Dazu übernahm jeder Vorstand eine funktionale Verantwortung mit der Aufgabe, für die entsprechende Funktion, zum Beispiel Privatisierung und Sanierung oder Abwicklung, ein Handbuch mit detaillierten Richtlinien zu entwickeln. Auf diese Weise sollte sichergestellt werden, dass die operativen Aufgaben in den Branchendirektoraten in der ganzen Treuhand einheitlich wahrgenommen würden.

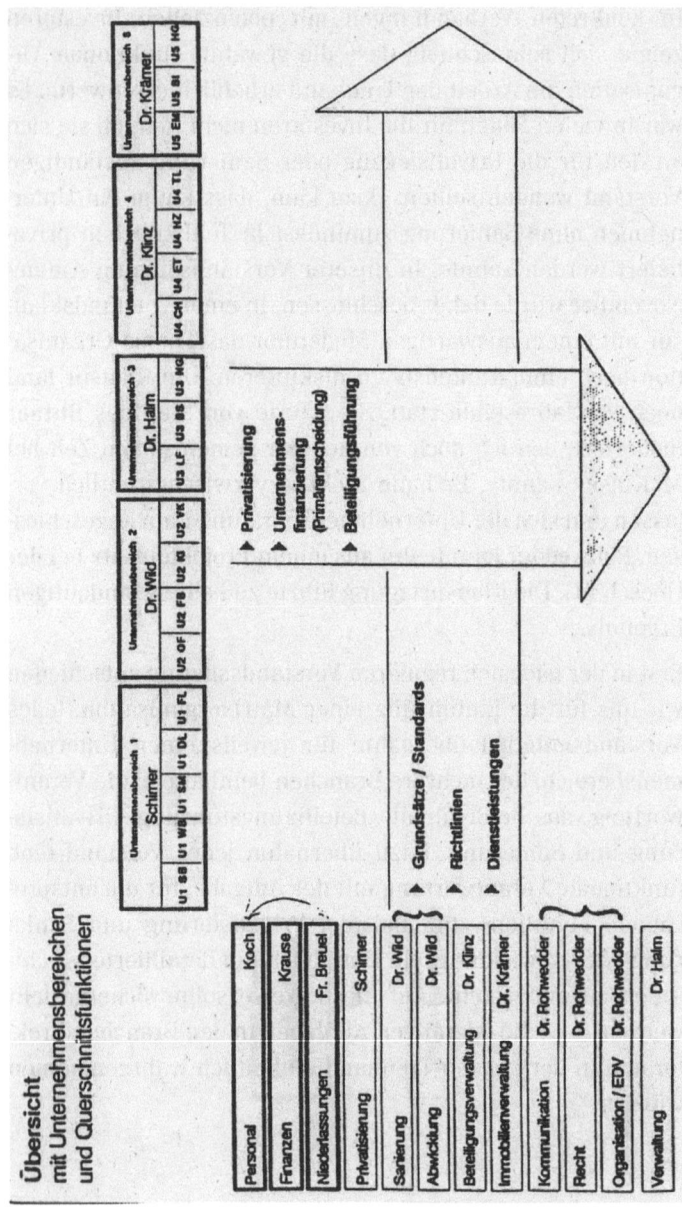

Etablierung einer Matrixorganisation bei der Treuhandanstalt,
Stand 19.12.1990

In den Osterferien 1991 hatten wir als Familie einen Ski-Urlaub am Arlberg geplant. Dort erreichte uns am ersten Tag die Nachricht von der Ermordung des Treuhandpräsidenten Detlev Rohwedder. Ich war wie vom Blitz getroffen. Nur drei Tage zuvor hatte ich ihn noch am Flughafen Tegel gesehen und mit ihm über die vor uns liegenden Aufgaben gesprochen. Rohwedder war eine beeindruckende Persönlichkeit. Er genoss in der Treuhand Respekt, Ansehen und Vertrauen, war aufrichtig und geradeheraus. Er hatte Erfahrung als Chef eines großen Unternehmens und kannte als ehemaliger Staatssekretär auch die Ministerialbürokratie. Sein Wort hatte beim Bundesfinanzminister und beim Kanzler Gewicht. Sein plötzlicher Tod riss eine große Lücke.

Nach der Ermordung von Detlev Rohwedder am 1. April 1991 kam es zu Veränderungen in der personellen Zusammensetzung des Vorstands und in den Verantwortungsbereichen seiner Mitglieder. Die beiden ostdeutschen Vorstände Gunter Halm und Wolfram Krause schieden Mitte 1991 und Mitte 1992 aus. Auch Karl Schirner verließ den Vorstand Mitte 1991. Mit Klaus Schucht und Horst Föhr kamen zwei SPD-Mitglieder an Bord, mit Günter Rexrodt ein FDP-Mitglied und schließlich mit Heinrich Hornef ein weiteres CDU-Mitglied. Ich allein war damals parteilos. Mir waren die Branchen Chemie, Elektrotechnik, Elektronik, Holz, Papier, Zellstoff, Textil/Bekleidung und funktional die Beteiligungsverwaltung zugeteilt. Nach der Übernahme der Präsidentschaft durch Birgit Breuel kamen auch die 15 Niederlassungen der Treuhandanstalt in meinen Verantwortungsbereich. Weitere Veränderungen in den nächsten Jahren führten dazu, dass ich auch für Dienstleistungen, den Fahrzeugbau und den Abwicklungsbereich zuständig wurde.

Osterbrief des Präsidenten

Kurz vor seiner Ermordung hatte Präsident Rohwedder in seinem Osterbrief die Marschrichtung für die Treuhand vorgegeben:

- Schnell privatisieren

- Entschlossen sanieren

- Behutsam stilllegen

Birgit Breuel als nachfolgende Präsidentin ergänzte diese Leitlinie um folgendes Selbstverständnis der Treuhand:

- Die Treuhand sorgt für eine Dynamisierung der Wirtschaft in den neuen Ländern. Durch die Privatisierung kauft sie Management-Know-how, Produkte/Technologien und Marktzugang.

- Die Treuhand ist Dienstleister für die Mitarbeiter der Unternehmen, für die Kommunen in den neuen Ländern, für die Investoren.

- Die Treuhand ist eine Organisation auf Zeit.

Entsprechend diesen Vorgaben hat die Treuhand gearbeitet. Bis zu ihrer Auflösung 1994 hat sie für die rund 14 000 Unternehmen, einschließlich der Ausgründungen, also der Gründung neuer Unternehmen aus einzelnen Betriebsbereichen alter Großunternehmen, Lösungen gefunden. 3 700 Unternehmen, davon rund 1 000 Rest- und Mantelgesellschaften, mussten stillgelegt werden. Einzelne Betriebsteile konnten allerdings auch hier privatisiert und damit erhalten und weitergeführt werden. Für ein paar Dutzend Firmen war der endgültige Eigentümer noch nicht gefunden, aber die unternehmerische Führung bereits privatisiert.

Präsident Rohwedder hatte die Erlöse der Privatisierung durch die Treuhand kurz nach seinem Amtsantritt auf rund 600 Millionen D-Mark geschätzt. Das Endergebnis war ein Minus von 275 Milliarden D-Mark. Dazu kommen rund zwei

Billionen D-Mark, die von den alten Bundesländern in die neuen Länder geflossen sind. Die Transformation der DDR-Wirtschaft war also kostspielig.

Hoch war der Preis vor allem für die ostdeutsche Bevölkerung. Sie war zwar von der Mangelwirtschaft der DDR gewohnt, dass man kreativ und innovativ sein musste. Aber die nach der Wiedervereinigung geforderte Anpassung überstieg die schlimmsten Befürchtungen: Kurzarbeit, Arbeitslosigkeit, Frühverrentung, Neuqualifizierung, neue Produkte, neue Märkte. In diesem Transformationsprozess haben sich die Ostdeutschen einmal mehr als Helden erwiesen. Die Westdeutschen hätten einen solchen Prozess nicht durchgestanden.

Am 31. Dezember 1994 legte der Vorstand einen detaillierten Bericht und eine 15-bändige Dokumentation über die Arbeiten der Treuhandanstalt vor. Die noch verbliebenen Restaufgaben wurden auf die Bundesanstalt für vereinigungsbedingte Sonderaufgaben BVS übertragen.

Der Vorstand der Treuhandanstalt mit seinem Präsidenten Detlev Rohwedder in Berlin, Herbst 1990

Ein Land – eine Währung

Die Bürgerinnen und Bürger der DDR hatten über Jahre das Leben in der Bundesrepublik verfolgt, konnten sie doch mit Ausnahme eines kleinen Gebiets im Südosten Sachsens überall in der DDR das West-Fernsehen empfangen. Sie sehnten sich nicht nur nach den demokratischen Rechten, freien Wahlen, freier Presse und Reisefreiheit, sondern auch nach dem Wohlstand der Westdeutschen. Dieser Wohlstand hatte einen Namen: D-Mark – die auch die Ostdeutschen haben wollten. „Kommt die Mark, so bleiben wir, kommt sie nicht, geh'n wir zu ihr."

Schon Ende Januar 1990 stand fest, dass es Mitte des Jahres eine Währungsunion geben würde. Auch über den Umtauschkurs war man sich bald einig. Mit Einführung der Währungsunion wurden die ostdeutschen Unternehmen schlagartig einem Wettbewerb ausgesetzt, den sie nicht kannten. Sie waren im Gegensatz zur Wettbewerbswirtschaft über Jahrzehnte vom Innovations-, Qualifikations- und Substitutionswettbewerb abgeschottet gewesen.

Die mit Einführung der D-Mark für die ostdeutsche Wirtschaft verbundenen Schwierigkeiten waren nicht überraschend. Der damalige SPD-Kanzlerkandidat Oskar Lafontaine hatte vor diesem Schritt gewarnt, und auch Bundesbankpräsident Karl Otto Pöhl war nicht glücklich über diese Entscheidung, vor allem über den Umrechnungskurs. Der Aufwertungseffekt schlug voll auf die Unternehmen durch. Die Absatzmöglichkeiten ostdeutscher Firmen verschlechterten sich dramatisch, weil die ostdeutschen Kunden jetzt Waren aus dem Westen haben wollten. Die Kunden in den anderen COMECON-Staaten mussten in der DDR plötzlich mit einer harten Devise zahlen, was den Ankauf für sie erheblich verteuerte.

Aber die drohende Abwanderung der ostdeutschen Bürgerinnen und Bürger und damit der Abzug hervorragender Fachkräfte und tüchtiger Ingenieure musste aufgehalten werden. Darüber hinaus wurde die DDR durch die Wirtschafts- und Währungsunion faktisch in die Europäische Gemeinschaft eingegliedert, womit ein großer Schritt in Richtung Wiedervereinigung getan war. Das Wirtschafts- und das Finanzministerium der DDR hatten noch vor dem 1. Juli versucht, in eigenen Berechnungen die Auswirkungen der D-Mark-Einführung abzuschätzen. Sie gingen davon aus, dass 50 bis 70 Prozent der Betriebe in die Verlustzone geraten würden und nur nach intensiven Sanierungsmaßnahmen die Gewinnschwelle erreichen könnten. 30 Prozent würden ohne staatliche Subventionen Konkurs anmelden müssen. Damit wären 1,1 Millionen Beschäftigte gefährdet, arbeitslos zu werden.

In Wirklichkeit war die Situation noch schlimmer. 7 600 Unternehmen, also über 90 Prozent der von der Treuhand verwalteten Unternehmen, drohten ohne Hilfe zahlungsunfähig zu werden. Die Firmen verfügten zum großen Teil über keine D-Mark-Eröffnungsbilanz oder Sicherheiten, die als Basis für eine Kreditaufnahme hätten dienen können. Der im Zuge der Wirtschafts- und Währungsunion der Treuhand eingeräumte Kreditermächtigungsrahmen, 1990 waren es sieben und 1991 zehn Milliarden D-Mark, erwies sich von Anfang an als viel zu klein. Allein im Juli, dem ersten Monat nach Einführung der D-Mark, meldeten die Treuhand-Unternehmen einen Liquiditätsbedarf von 24 Milliarden D-Mark an. Innerhalb weniger Tage musste die Treuhand bis zu 30 Milliarden D-Mark an Krediten verbürgen. Dadurch waren zunächst einmal die Lohnzahlungen gesichert und die Unternehmen hatten die Möglichkeit, trotz wegbrechender Umsätze und nicht kostendeckender Erlöse die Sanierungsphase zu erreichen.

Wer geglaubt hatte, mit der Übernahme der ostdeutschen Betriebe durch die Treuhand und die Einführung der D-Mark würde in der DDR ein ähnliches Wirtschaftswunder wie in den 1950er- und 1960er-Jahren in Westdeutschland ausgelöst, wurde enttäuscht. Auch die Besetzung der Vorstände und Aufsichtsräte der Unternehmen mit qualifizierten Managern ging den Menschen nicht schnell genug.

Es entwickelte sich eine latente Unzufriedenheit mit der Treuhand, die im Lauf der nächsten Monate zu lautstarker Kritik anwuchs. Im April 1991 legte McKinsey einen Bericht mit „Überlegungen zur kurzfristigen Stabilisierung und langfristigen Steigerung der Wirtschaftskraft in den neuen Bundesländern" vor. Darin hieß es, dass die Bevölkerung zunächst auf die Selbstheilungskräfte des Marktes und die Stabilisierungsmechanismen der sozialen Marktwirtschaft vertraut habe, sich jetzt aber Ernüchterung, Unsicherheit und Unruhe ausbreiteten, weil „teilweise hektisch auf manifeste oder absehbare Fehlentwicklungen reagiert" würde. McKinsey hielt „die Bildung aufgabengerechter Strukturen und ein realistisches, vorwärts gerichtetes Erwartungsmanagement" für vordringlich. „Ausmaß und Art der Aufgabe erfordern ein Vorgehen in Projektform. Konkret könnte dies bedeuten, dass die Koordination des gesamten Programms im Bundeskanzleramt konzentriert wird. Dabei sollten die Verantwortlichen durch einen hochrangigen Brain Trust von 10 – 15 Persönlichkeiten aus dem öffentlichen und privaten Bereich unterstützt werden."

Genau das wollte das Kanzleramt nicht. Vielmehr sah es die Treuhandanstalt als nützlichen Prellbock zwischen Regierung und Bevölkerung, der deren Klagen auffangen und auf diese Weise sicherstellen konnte, dass Kanzler und Regierung nicht für jeden tatsächlichen oder vermeintlichen Missstand verantwortlich gemacht wurden. Darüber hinaus war die notwendige Koordination ohnehin gegeben. Birgit Breuel hatte einen direkten Draht zu Kanzler und Regierung, und Johannes Ludewig, der Staatssekretär im Bundeskanzleramt, war bei großen schwierigen Entscheidungen, zum Beispiel den Chemiesektor betreffend, direkt eingebunden.

Neue Produkt-/Marktstrategie der Unternehmen

Eine Herausforderung für die bisher zentralistisch geführten Unternehmen war die Erstellung einer Produkt-/Marktstrategie, die Auskunft darüber geben sollte, mit welchen Produkten in welchen Märkten Chancen und Risiken gesehen wurden und auf welche Marktsegmente man sich konzentrieren wollte. Derartige strategische Überlegungen waren Voraussetzung für die Vergabe von Krediten durch die Banken und ihre Verbürgung durch die Treuhand.

Ein großes Handicap war das Fehlen von D-Mark-Eröffnungsbilanzen. Es galt, die Vermögenswerte der Unternehmen nach Maßstäben einer wettbewerbsorientierten Unternehmensführung in D-Mark neu zu bewerten. Dabei spielten nicht nur die Kredite aus der Zeit vor Einführung der D-Mark, sondern auch Sanierungskosten und Kosten einer notwendigen Personalanpassung sowie bis dahin völlig vernachlässigter Ökologie-Altlasten eine Rolle.

Das D-Markbilanzgesetz, kurz DMBilG, stellte dafür die Weichen. Wenn ein Unternehmen von unabhängigen Sachverständigen als sanierungsfähig eingestuft wurde, konnte es durch die Treuhand auf eine gesunde neue Grundlage gestellt werden. Überschuldungen wurden durch die Anerkennung von Ausgleichsforderungen beseitigt und Altkredite in der Höhe abgenommen, die es erlaubte, Eigenkapital in vergleichbarer Höhe mit Unternehmen der gleichen Branche in Westdeutschland zu bilden. Für diese Kapitalausstattung stellte die Treuhand insgesamt 55 Milliarden D-Mark zur

Verfügung. Dieses Vorgehen war gerechtfertigt, weil die ostdeutschen Betriebe keine Reserven hatten bilden können, sondern den DDR-Staatshaushalt hatten finanzieren und zur Abdeckung eigener finanzieller Bedürfnisse kontinuierlich Kredite hatten aufnehmen müssen. Es ist nicht überraschend, dass die marktbezogene Bewertung der Unternehmen überhaupt nicht den Zahlen entsprach, die das frühere planbürokratische System errechnet hatte.

Der Leitungsausschuss weiß mehr

Die unabhängigen Sachverständigen waren Mitglieder des sogenannten Leitungsausschusses unter der Leitung von Karl J. Kraus, der von der Roland Berger Unternehmensberatung kam. Der Leitungsausschuss hatte gleich nach der Währungsunion mit der Prüfung der Anträge auf Liquiditätshilfen von Großunternehmen begonnen. Später wurde die Prüfung der Unternehmenskonzepte seine Hauptaufgabe. Auf der Basis dieser Konzepte wurde über die Sanierungsfähigkeit entschieden.

Fast 90 Prozent aller der Treuhand indirekt unterstellten Mitarbeitenden waren in 270 Kombinaten beschäftigt. Viele Kombinate hatten weit mehr als 10 000 Mitarbeitende. Der Grund für die Personalintensität lag darin, dass viele Dienstleistungen unter dem Dach eines Kombinats angesiedelt waren, die ein selbstständiger Mittelstand schnell und effizient hätte erbringen können. Die Dynamik im Rahmen eines Kombinats war ungleich geringer. Deswegen begann die Treuhand sehr schnell, die Kombinate zu entflechten, um das Entstehen eines neuen Mittelstandes zu fördern.

Keinen Aufschub duldete auch die Sicherung einer wirtschaftlichen Zukunft des Handels. Die bisherige Leistungsfähigkeit des staatlichen Einzelhandelsunternehmens Handelsorganisation HO sollte durch Privatisierung verbessert werden. Die Treuhand gründete zu diesem Zweck im Herbst 1990 die Gesellschaft zur Privatisierung des Handels GPH. Die GPH übernahm 153 Gesellschaften, die im Frühsommer 1990 aus der ehemaligen volkseigenen HO entstanden waren. Darüber hinaus galt es, 30 000 Ladengeschäfte, Großhandelseinrichtungen, Gaststätten, Hotels etc. schnell in die Hand neuer unternehmerischer Eigentümer zu geben. Die öffentlichen Ausschreibungen hatten zum Ziel, vorrangig ostdeutsche Bürgerinnen und Bürger als neue Eigentümer zu gewinnen. Dabei sollte sichergestellt werden, dass es sich bei den Investoren um tatkräftige Unternehmer und nicht um windige Immobilienspekulanten handelte.

Das Ziel, auf diese Weise Ostdeutsche zu Klein- und mittelständischen Unternehmern zu machen, wurde in 90 Prozent der Fälle erreicht. Ich freute mich, als Mittelstandsbeauftragter der Treuhand beim „Tag des industriellen Mittelstands" des Bundesverbands der Deutschen Industrie BDI am 25. April 1991 im Leipziger Gewandhaus unsere Pläne und Vorstellungen präsentieren zu können. Unsere Vorhaben wurden positiv aufgenommen und waren der erste Punkt der Fernsehnachrichten am Abend des gleichen Tages.

Noch mehr Aufgaben für die Treuhand

Noch vor der Wiedervereinigung wurden der Treuhand etwa ein Drittel der landwirtschaftlichen Nutzfläche, volkseigene Güter mit 350 000 Hektar und ehemalige landwirtschaftliche Produktionsgenossenschaften mit 1,3 Millionen Hektar und zwei Drittel der Waldflächen, zwei Millionen Hektar, übertragen. Diese volkseigenen Vermögensteile stammten aus drei unterschiedlichen Enteignungen: vor 1945 durch die Nationalsozialisten, zwischen 1945 und 1949 unter der sowjetischen Besatzungsmacht und nach 1949 durch die DDR. Entsprechend schwierig waren Fragen der Rückgabe oder Reprivatisierung durch neue Eigentümer.

Die Treuhand wurde auch Ansprechpartnerin bei allen Fragen der Re-Kommunalisierung. Sie sollte auf der Basis des Kommunalvermögensgesetzes der DDR die Rückgabe von Kommunaleigentum wie Sportplätzen, Schulen, Turnhallen, Gas-, Wasser- und Stromversorgung, Deponien, Öffentlichem Personennahverkehr etc. organisieren. Schließlich wurde die Treuhand auch treuhänderische Verwalterin des Vermögens der Parteien und Massenorganisationen, der Staatssicherheit und Nationalen Volksarmee.

Als besonders schwierig erwies sich die Abwicklung des Außenhandels der DDR und des Bereichs Kommerzielle Koordinierung KoKo. Viele Akten waren verschwunden oder vernichtet. Die Ermittlung objektiver Sachverhalte war extrem schwierig.

Zu einem Eklat kam es bei Abrechnungen der Thyssen AG, die die Treuhand für Trainingsdienstleistungen im Bereich Metallurgiehandel verpflichtet hatte. Eine detaillierte Nachprüfung ergab überhöhte Rechnungen in zweistelligem Millionenumfang. Leider konnten sich die beiden Parteien nicht über eine außergerichtliche Zahlung für die Behebung des Schadens einigen. Die später vom Gericht festgestellte Strafzahlung war um ein Vielfaches höher als der von der Treuhand vorgeschlagene Vergleich. Dieser Vorfall brachte für Dieter H. Vogel, den mit dieser Angelegenheit betrauten stellvertretenden Vorstandsvorsitzenden von Thyssen, große Unannehmlichkeiten mit sich: staatsanwaltliche Ermittlungen, kurzzeitige Untersuchungshaft, wochenlange Berichte in den Gazetten. Das gegen Vogel und andere Thyssen-Manager eingeleitete Verfahren wurde drei Jahre nach Eröffnung 1998 eingestellt. Am Ende kam es nicht zu einer Verurteilung, als Auflage für die Verfahrenseinstellung wurde jedoch die Zahlung von fünf Millionen Euro vereinbart, die mit Einverständnis aller Beteiligten der Thyssen AG beglichen wurde.

Die Unternehmen des Außenhandels verfügten in großem Umfang über Liegenschaften, die nicht für betriebliche Zwecke benötigt wurden. Sie mussten aus den Betrieben herausgelöst werden und dienten als Grundlage für Investitionen durch Unternehmensgründer oder ansiedlungsbereite Unternehmen. Die Zusammenfassung nicht betriebsnotwendiger Grundstücke und Immobilien in der Treuhandliegenschaftsgesellschaft TLG sorgte für eine professionelle Verwaltung und größtmögliche Transparenz für Interessenten.

Im ersten Jahr wurden also Unmengen unübersehbarer Aufgaben bei der Treuhandanstalt gebündelt. Die Bürgerinnen und Bürger der DDR erwarteten schnelle Entscheidungen, vor allem Entscheidungen, die in ihren Augen gerecht und fair waren. Sie übersahen, dass hierfür in vielen Bereichen das Regelwerk noch gar nicht oder nur unvollständig existierte. Erschwerend kam hinzu, dass sich die Treuhand noch mitten im Aufbau befand und personell unterbesetzt war; bei meiner Ankunft am 1. November 1990 zählte sie etwa 700 Mitarbeitende. Bis April des Folgejahres wurden weitere 1 500 Beschäftigte eingestellt, davon etwa zwei Drittel aus den neuen Bundesländern. Ende 1993 erreichte die Treuhand mit knapp 5 000 Mitarbeitenden ihren höchsten Personalstand.

Manche Entscheidungen duldeten keinen Aufschub, weil die Unternehmen enorme Summen verbrannten und es praktisch keine Hoffnung gab, nach einer Zeit der Überbrückung die Phase dauerhafter Wettbewerbsfähigkeit zu erreichen. Zwei Beispiele seien hier genannt: das Robotron Büromaschinenwerk in Sömmerda und das Automobilwerk Eisenach AWE. In beiden Fällen zeigte sich sehr schnell, dass der technologische Rückstand nicht binnen Kurzem aufgeholt werden konnte und die Überbrückungsphase lang und extrem teuer sein würde. Für die Mitarbeitenden waren das schlechte

Nachrichten. Sie hatten geglaubt, für Vorzeigeunternehmen zu arbeiten und einen sicheren Arbeitsplatz zu haben.

Robotron sah sich als eine Art IBM des Ostens, war jedoch de facto im internationalen Vergleich nicht wettbewerbsfähig, weder bei der Technik, wo der Rückstand etwa zwei Entwicklungsgenerationen betrug, noch bei den Produktionskosten. Die Treuhand gewährte mehrere Monate Aufschub, um zu sehen, ob Robotron eine Chance hatte, den Rückstand aufzuholen. Leider war das nicht der Fall. Da die bisherigen Kunden im COMECON-Gebiet jetzt mit harten Devisen zahlen mussten, gingen sie gleich zum Schmied und blieben nicht beim Schmidli.

Der offizielle Beschluss, Robotron in die Abwicklung zu schicken, wurde in der Verwaltungsratssitzung vom 13. September 1991 getroffen – an meinem 50. Geburtstag. Ich hätte mir ein schöneres Geburtstagsgeschenk vorstellen können. Vor der Verkündung dieser traurigen Entscheidung vor Ort wollte ich mich nicht drücken. Trotz gut gemeinter Empfehlungen, mich nicht in die Höhle des Löwen zu begeben, fuhr ich nach Sömmerda. Der Betriebsversammlung wohnten ca. 7 000 bis 8 000 Mitarbeitende bei. Im Anfang blieben alle diszipliniert und hörten zu. Ab und zu war eine Trillerpfeife zu vernehmen.

Plötzlich erfolgten Zwischenrufe, die immer lauter wurden, und ein wohl von langer Hand geplanter Störprozess lief ab. Ich hatte Mühe, mich trotz Mikrofon verständlich zu machen. Als aus heiterem Himmel Tomaten, Eier und auch Bierflaschen flogen, fühlte ich mich trotz Schutzschild nicht mehr sicher und brach die Versammlung ab.

Ein Wartburg-PKW war für die meisten DDR-Bürger das Ziel ihrer Träume. Dafür waren sie bereit, mehr als zehn Jahre zu warten und stolze 33 000 Mark der DDR zu bezahlen. Mit der Wirtschafts- und Währungsunion hatte sich die Situation grundlegend geändert: Bei einem Eins-zu-eins-Umrechnungskurs war kein einziger Wartburg zu diesem Preis mehr zu verkaufen. In der Folge bot ihn AWE für 10 000 D-Mark an, doch dieser Preis lag erheblich unter den Herstellungskosten von 17 000 D-Mark. Die Treuhand musste also bei jedem verkauften Wagen 7 000 D-Mark draufzahlen, was sich innerhalb von Monaten auf mehr als 100 Millionen D-Mark summierte. Grund genug, AWE in die Abwicklung zu schicken.

Als der Beschluss zur Abwicklung des Unternehmens auf der Tagesordnung der nächsten Verwaltungsratssitzung stand, wurde ein Protestzug zum Sitz der Treuhand organisiert. Als Chef der Abwicklung musste ich zur Belegschaft sprechen. Ich wurde vom Vorsitzenden des Deutschen Gewerkschaftsbundes DGB begleitet. Wir verstanden das Gefühl der Ohnmacht, mit dem die Tausenden Anwesenden ihre Wut und Enttäuschung herausschrien. Wir konnten nur versuchen, klarzumachen, dass es sich in diesem Falle nicht lohnt, gutes Geld dem schlechten nachzuwerfen. Auf unsere direkte Frage, wer der Anwesenden denn jetzt noch einen Wartburg kaufen würde, gingen keine Hände in die Höhe. Sie hatten praktisch alle inzwischen einen preisgünstigen westdeutschen Gebrauchtwagen gekauft. Es war ein Trost, dass inzwischen Zusagen von Opel und VW vorlagen, sich in den neuen Bundesländern zu engagieren.

Untersuchungsausschuss – Der Bundestag will's wissen

Auch 30 Jahre nach der Wiedervereinigung bewegt die Treuhand immer noch oder immer wieder die Gemüter. Es ist viel erreicht worden bei der Transformation der DDR. Aber die Erwartung, innerhalb einer Generation in allen Belangen das Niveau der alten Bundesländer zu erreichen, wurde nicht erfüllt. Die Arbeitslosigkeit im Osten ist im Durchschnitt höher als im Westen, aber sie ist niedriger als in vielen anderen

Ländern und auch als in manchen Regionen der alten Bundesländer. Die Löhne sind noch niedriger als im Westen, aber haben sich schon stark angenähert.

Trotzdem werden nach wie vor Mythen über die Treuhand erzählt – wider besseres Wissen:

- „Die Treuhandanstalt war eine rein politische Institution." – Tatsächlich arbeitete die Treuhand an der Schnittstelle von Wirtschaft und Politik, war Unternehmen und Behörde zugleich. In ihrem Verwaltungsrat saßen Gewerkschaftsführer, Ministerpräsidenten und Unternehmer.

- „Die Treuhand orientierte sich einseitig an Großunternehmen." – De facto kamen 89 Prozent der Investoren aus dem Mittelstand.

- „Die Treuhand hatte eine einseitige Westorientierung." – In Wirklichkeit richteten sich die MBI- und MBO-Programme – Management-Buy-ins und Management-Buy-outs – vor allem an Ostdeutsche. Außerdem kamen etwas über zehn Prozent der Investoren aus dem Ausland.

- „Ein Unternehmenskauf war im Wesentlichen Glückssache." – Das Regelwerk und die Auswahlkriterien für Investoren widerlegen das.

Trotz aller Vorsichtsmaßnahmen gab es Fehler, in wenigen Fällen sogar kriminelle Machenschaften. Wenn aber Dietmar Bartsch von der Linken behauptet, der Westen habe die DDR „überrollt, ausgeplündert, ruiniert und plattgemacht", so ist das eine bösartige Verleumdung. Nicht besser ist die Aussage von Björn Höcke, dem AfD-Chef in Thüringen: „Die Verelendung und Heimatzerstörung im Osten hat einen Namen und dieser Name lautet Treuhand." Auch die sächsische Sozialministerin Petra Köpping, heute SPD und vormals Mitglied der SED, war sich nicht zu schade, einfach Unwahrheiten zu behaupten. So wiederholte sie trotz Klarstellungen immer wieder, dass moderne Betriebsteile im Werk Groß-dubrau der Elektrokeramikfabrik Margarethenhütte auf Geheiß der Treuhand abmontiert und nach Westdeutschland verschickt worden seien. In Wahrheit wurden sie auf der Basis eines Kauf- und Pachtvertrages vom sächsischen Groß-dubrau nach Sonneberg in Thüringen verlagert. Zu ihrer Entschuldigung erklärt sie, dass emotionale Eindrücke genauso real seien wie Fakten. Köpping fordert die Einsetzung einer Wahrheitskommission, Bartsch und Höcke einen Untersuchungsausschuss.

Es geht bei der Treuhand nicht um Täter und Opfer. Die Treuhand hat Fehler gemacht, aber sie war kein Unrechtsregime. Allerdings konnte sie aufgrund des maroden Zustands der DDR-Wirtschaft schmerzhafte Einschnitte nicht vermeiden. Immerhin hatte Gerhard Schürer, der Leiter der staatlichen Plankommission, dem Zentralkomitee der SED bereits vor dem Fall der Mauer anhand seiner Unterlagen mitgeteilt, dass die DDR pleite sei. Zudem gab es schon 1994 einen Treuhand-Untersuchungsausschuss unter der Leitung des SPD-Abgeordneten Otto Schily, der seinen ausführlichen Bericht – 524 Seiten plus Anlagen – am 31. August 1994 vorlegte. Es darf bezweifelt werden, dass ein neuer Untersuchungsausschuss wesentlich neue Erkenntnisse erbringen würde.

Eine kritische wissenschaftliche Aufarbeitung der Treuhand unter Hinzuziehung der jetzt zugänglichen Akten wäre der bessere Weg. Norbert F. Pötzl hat mit seinem Buch „Der Treuhand-Komplex" diesen Weg beschritten und eine für viele überraschende, positive Einschätzung der Arbeit der Treuhand vorgelegt. Marcus Böick vom Historischen Institut der Ruhr-Universität Bochum und das Institut für Zeitgeschichte München-Berlin IfZ gehen ähnlich vor. Im Beirat des IfZ-Projekts „Geschichte der Treuhand" sitzt Prof. Richard Schröder,

der erste SPD-Fraktionsvorsitzende der Volkskammer und Philosophieprofessor an der Humboldt-Universität zu Berlin. Er hat die Arbeit der Treuhand von Anfang an konstruktiv begleitet und Ende 2020 zusammen mit Prof. Karl-Heinz Paqué, dem Vorstandsvorsitzenden der Friedrich Naumann Stiftung für die Freiheit, Professor für Internationale Wirtschaft an der Otto-Guericke-Universität Magdeburg und ehemaligen Finanzminister des Landes Sachsen-Anhalt, mit „Gespaltene Nation? Einspruch!" ein Buch zum Zustand des wiedervereinigten Landes herausgebracht. Darin werden die Erfolge beim Aufbau der neuen Länder genauso dargestellt wie immer noch vorhandene Defizite.

Es war mir eine Ehre

Wenn ich an meine Zeit in der Treuhandanstalt zurückdenke, erfasst mich ein Gefühl großer Dankbarkeit. Ich empfand es als enorme Chance und Ehre, bei der Überwindung der zentralistischen Planwirtschaft der ehemaligen DDR mitzuwirken und mitzuhelfen, in den neuen Ländern die Basis für eine funktionierende Marktwirtschaft zu legen, die uns im Westen zu so viel Erfolg und Wohlstand verholfen hat.

Die Arbeit der Treuhand wird mitunter als historisch einmalig dargestellt. Das ist sicher richtig, erscheint mir aber als zu pathetisch. Historisch einmalig ist vielmehr, wie die Menschen in den neuen Bundesländern den gewaltigen Einschnitt 1990 und den folgenden Strukturwandel mit den für jeden Einzelnen enormen Herausforderungen akzeptiert und verkraftet haben. Ich habe sehr viel gelernt, vor allem im menschlichen Bereich. Es war faszinierend zu sehen, wie schnell die Mitarbeitenden der Treuhand zu einem Team zusammenwuchsen, obwohl ihre Herkunft unterschiedlicher nicht hätte sein können. Sie kamen aus Ost und West, waren ehemalige Angestellte oder Beamte, alt, jung, Spezialisten oder Generalisten, risikoscheu oder unternehmerisch mutig. Sie übernahmen das Credo, das die Präsidenten Rohwedder und Breuel ausgegeben hatten, und sorgten so für einen Teamgeist, der seinesgleichen suchte.

Trotz enormer Schwierigkeiten und persönlicher Anfeindungen glaubte ich an die Ziele der Treuhandanstalt und ihr Vorgehen. Ich fühlte mich der Sache zutiefst verpflichtet. Die Tageszeitung Die Welt, die Ende April 1992 ein sehr ausführliches Interview mit mir führte, schilderte meinen damaligen Gemütszustand treffend wie folgt:

„Er ist zutiefst vom Erfolg seiner Mission überzeugt: Wolf Klinz, der sich für das Gespräch in der Redaktion Zeit genommen hat. In der Öffentlichkeit fast nur angepestet – in den neuen Bundesländern beinahe nur noch in der bösartigen Version –, macht der 50jährige dennoch den entspannten Eindruck eines Menschen, der weiß, daß er „durch" muß – durch das Tal von „Blut, Schweiß und Tränen" nämlich –, ehe er Land sieht, und die andern das Ziel erkennen, für das er so massiv kämpft: Bedingungen zu schaffen für den freien sozialen Markt. Eine Überzeugung, die ihn zwar nicht immun macht für die Not, die er mitursächlich anrichtet, wenn er wieder einen Laden liquidiert, die ihn jedoch unbeirrt an das bessere Ende glauben läßt. Der promovierte Diplom-Kaufmann hat eine gediegene Manager-Karriere in Deutschland, den USA und der Schweiz hinter sich, ehe er sich von dort für die schwierige Treuhandaufgabe abwerben ließ. So hat er es hingenommen, daß ausgerechnet sein Bereich – Elektrotechnik, Holz, Papier und Dienstleistung – besonders problematisch ist, wo doppelt so viele Pleiten anfallen wie im Schnitt der Treuhand sonst. Das macht ihn nicht beliebter. Klinz kneift nicht. Sicherlich prädestiniert für die Arbeit am Grünen Tisch, für kühle Entscheidungen aus der Zentrale begibt er sich immer wieder vor Ort, wo er

den Menschen selten mehr als die nackte Wahrheit mitzu-
teilen hat. Das prägt – wechselseitig: er im wesentlichen die
Zukunft, zuvor aber – jetzt – die Gegenwart ihn.“

Geglückte Privatisierungen wie die der IFA Automobilwerke Ludwigsfelde an Daimler-Benz, der DEFA an ein französisches Unternehmen, der Interhotels an diverse Investoren und der Deutschen Versicherungs-AG an die Allianz machten Mut und gaben mir die Hoffnung, dass das Unternehmen Treuhandanstalt schlussendlich erfolgreich sein werde.

Als wahren Glücksmoment habe ich den 13. August 1993 in Erinnerung. Damals durfte ich als Vertreter der Treuhand im Beisein von Dr. Klaus Rauen, dem Oberbürgermeister von Halle an der Saale, der Heimatstadt meines Vaters, der Staatlichen Galerie Moritzburg Halle „Die Schaffenden", das wohl wichtigste Mappenwerk des deutschen Expressionismus, sowie sechs Radierungen von Max Beckmann als Geschenk überreichen. Die Schenkung umfasste 120 signierte Originalgrafiken von 75 Künstlerinnen und Künstlern, darunter Lyonel Feininger, George Grosz, Erich Heckel, Paul Klee, Oskar Kokoschka, Paula Modersohn-Becker, Max Pechstein, Christian Rohlfs und Karl Schmidt-Rottluff. Das Museum hatte im Nationalsozialismus seine Sammlung moderner Werke verloren, die als „entartete Kunst" beschlagnahmt wurden. Das geschenkte Mappenwerk schloss eine große Lücke und war gewissermaßen ein Beitrag zum kulturellen Aufbau Ost.

Übergabe der expressionistischen Sammlung „Die Schaffenden"
als Schenkung der Treuhand an die Staatliche Galerie Moritzburg,
Halle/Saale 1992

Ermutigend war auch die Arbeit der ganzen Abwicklungs-
mannschaft. Über 3000 Unternehmen landeten in der Abwicklung, weil sie als Ganzes nicht privatisiert oder saniert
werden konnten. Ludwig Tränkner, der Direktor des Bereichs
Abwicklung, hatte ein Verfahren entwickelt, mit dessen Hilfe
bei einer Zerlegung der Unternehmen sanierungsfähige
Teile entstehen konnten. Für die Durchführung dieser Sanierungsmaßnahmen wurden finanzielle Rücklagen gebildet. Dieser Ansatz beruhigte die Mitarbeitenden, weil deutlich wurde, dass die Treuhand auch in hoffnungslosen Fällen
versuchte zu retten, was zu retten ist. Die Arbeit der Abwicklung wurde konstruktiv von einem Beirat begleitet, in dem
namhafte deutsche Liquidatoren und Konkursverwalter saßen.

Aber es gab auch Enttäuschungen. Große Probleme verur-
sachte der Verkauf des Geräte- und Reglerwerks GRW in Tel-

tow an das Konsortium Roland Ernst und Claus Wisser. Ich kannte beide damals nur vom Hörensagen. Claus Wisser lernte ich später in Frankfurt während meiner Zeit als IHK-Präsident näher kennen. Er war ein erfolgreicher Unternehmer im Dienstleistungssektor, als Sozialdemokrat auch stets am Wohl seiner Mitarbeitenden interessiert. Darüber hinaus lag ihm die Entwicklung der Region Frankfurt/Rhein-Main sehr am Herzen. Er ist Gründungsmitglied des Rheingau Musik Festivals und aktives Mitglied der Freunde der Goethe-Universität Frankfurt.

Die Privatisierung von GRW war von Harald Lang, dem Chef des Direktorats Elektrotechnik/Elektronik, und seinem Team vorbereitet worden. Geplant war, das große Gelände, das bei GRW blieb, zur Ansiedlung investitionswilliger Unternehmer zu nutzen. Der Vorstand machte die Genehmigung dieser Privatisierung von einer erneuten Überprüfung der Bewertung der Grundstücke abhängig. Ich veranlasste eine neue Bewertung und Harald Lang legte die Vorlage dann noch einmal dem Gesamtvorstand zur Genehmigung vor. Ich war im Urlaub und daher bei der Beschlussfassung des Vorstands nicht anwesend.

Die Bewertung entsprach der Bewertung eines benachbarten Grundstücks, das an Siemens gegangen war. Jemand aus dem Controlling-Bereich – Lang und der Controller Georg Grünfeld waren nicht gut aufeinander zu sprechen – übergab den Kaufvertrag an den Journalisten Dieter Kampe vom Spiegel, der glücklich war, endlich einen großen „Skandalfall" aufdecken bzw. konstruieren zu können. Es kam, wie es kommen musste: ein Gespräch von Kampe mit Lang, Grünfeld, mir und dem Treuhandsprecher Wolf Schöde; ein erster Artikel im Spiegel und dann ein zweiter. Die Staatsanwaltschaft ermittelte gegen mich wegen Untreue, stellte die Ermittlungen allerdings nach ein paar Tagen wieder ein, als sie sich davon überzeugt hatte, dass die Bedingungen denen des Vertrages mit Siemens entsprachen. Trotzdem wurde der Vertrag nachverhandelt und ein Besserungsschein eingebaut.

Der Vorstand legte mir nahe, mich von Harald Lang zu trennen. Ich kam dem nach, obwohl es mir menschlich schwerfiel. Ich hatte ihn in meiner Eigenschaft als Mitglied der Konzernleitung von Landis & Gyr und Verantwortlicher für die deutsche Tochtergesellschaft als Vorsitzenden in Frankfurt eingesetzt, weil ich mit seinem Vorgänger unzufrieden war. Bevor ich ihm einen Vertrag anbot, ließ ich ihn von Dr. Fred Schmid in Zürich auf Herz und Nieren prüfen. Das Urteil war sehr positiv. Lang sei analytisch sehr stark, habe unternehmerischen Elan, denke strategisch. Aber er habe die Tendenz, „mit überhöhter Geschwindigkeit zu fahren und riskiere, damit eines Tages aus der Kurve zu fliegen". Genau das war bei GRW passiert. Allerdings muss man festhalten, dass das Konsortium im ersten Anlauf nicht bessergestellt wurde als Siemens und infolge der Nachverhandlung letztlich sogar schlechter.

Sein eigentliches Ziel hat Dieter Kampe allerdings nicht erreicht. Er wollte nicht nur Köpfe rollen sehen, sondern – und das war ihm viel wichtiger – er wollte den Kurs ändern, den Detlev Rohwedder vorgegeben hatte und den Präsidentin Breuel konsequent weiterverfolgte. Zum Glück ist ihm das nicht gelungen. Es ist nicht auszudenken, wie die politische und wirtschaftliche Entwicklung Deutschlands verlaufen wäre, wenn Hunderte oder gar Tausende Unternehmen mit Hunderttausenden Mitarbeitenden in Staatsbesitz geblieben wären. Nach eigenen Angaben hat Claus Wisser, der nie Milliardär war, wie Kampe behauptete, mit der Investition etwa zehn Millionen Euro verloren. Roland Ernst hat sich insgesamt übernommen und musste Insolvenz anmelden.

Beeindruckt war ich von der Souveränität, mit der Bundeskanzler Helmut Kohl, den ich bei Besuchen mir zugeteilter Unternehmen in den neuen Bundesländern begleiten durfte, auf Fragen der Teilnehmer einging und dabei klare politische Aussagen – „Wir wollen keine Staatswirtschaft" – mit menschlichem Verständnis für die Sorgen und Nöte der Menschen verband: „Die Bundesrepublik Deutschland wird Sie nicht fallen lassen." Als Mittelstandsbeauftragter war ich auch Teil seiner Delegationsreise nach Japan, wo ich über die Anstrengungen der Treuhand referierte, wieder einen Mittelstand in Ostdeutschland aufzubauen.

Bei Gesprächen im Kanzlerbungalow ging es darum, ob angesichts der sich rapide verschlechternden Stimmung in der Bevölkerung der scharfe Privatisierungskurs beibehalten werden könne. Helmut Kohl hatte Sorge, die Bevölkerung könnte das System von Demokratie und sozialer Marktwirtschaft infrage stellen. Natürlich dachte er auch schon an die Wahlen 1994, die er nicht gefährdet sehen wollte. Die Treuhand als die für die wirtschaftliche Transformation in den neuen Ländern zuständige Institution konnte viele der negativen Reaktionen der Bevölkerung auf sich ziehen und von der Regierung fernhalten.

Die Arbeit war sehr intensiv. Es blieb sehr wenig Zeit für das Privatleben. Ich bin sicher, dass sich meine Frau mitunter fragte, warum sie überhaupt von Zug nach Berlin umgezogen war. Lediglich am Wochenende fanden wir ein paar Stunden Zeit für einen Spaziergang oder ein Treffen mit Freunden und Bekannten. Oft fiel auch das aus, weil in Vorbereitung von Vorstands- und Verwaltungsratssitzungen dicke Mappen durchgearbeitet werden mussten. Rotraut nutzte die Zeit in Berlin, um ihre psychologische Ausbildung in Zürich zu ergänzen. So machte sie die Heilpraktiker-Prüfung und belegte im Core Energetics Institut Kurse für Körpertherapie.

Für mich war die Arbeit bei der Treuhand sehr befriedigend. Jeder im Vorstand glaubte an die Sinnhaftigkeit des Treuhandauftrages – und keiner meinte, sich auf Kosten anderer profilieren zu müssen. Das Betriebsklima war angenehm und auch in meinem Unternehmensbereich herrschte gute Stimmung, zumal ich mit Christian Böllhoff und Isabel Herrmann ausgezeichnete Assistenten hatte. Böllhoff ist heute CEO der Basler Prognos AG und Isabel Mackert – wie sie nach ihrer Eheschließung heißt – Mutter dreier großjähriger Töchter sowie Geschäftsführerin der elterlichen Firma in München. Susanne Ensser, die mich in Mittelstandsfragen unterstützte, habe ich aus den Augen verloren.

Mehrere meiner Mitarbeiter in den Branchendirektoraten waren mir aus Studium oder beruflicher Begegnung in der Vergangenheit bekannt. Ken-Peter Paulin hatte ich bei McKinsey eingestellt, und ich freute mich, ihn und seine Frau Simi in Berlin zu wissen. Jürgen Haag und Klaus Müller kannte ich von der Hochschule bzw. Business School. Beide waren gerade dabei, sich beruflich neu zu orientieren, und nahmen das Angebot gerne an, bei der Treuhand mitzuarbeiten. Das Gleiche galt für Claus von der Decken, den ich aus Aachen als Geschäftsführer des Dämpfstoffbereichs bei Saint-Gobain kannte. Er war gerade Opfer einer Umorganisation geworden und dankbar für die neue berufliche Aufgabe. Er sollte nach der Treuhand noch viele Jahre in Leipzig tätig bleiben.

Ich hatte es mir zur Gewohnheit gemacht, manche der Unternehmen persönlich zu besuchen, bevor wir eine endgültige Entscheidung bezüglich Sanierung, Privatisierung oder Abwicklung trafen. Es war angenehm, bei diesen Besuchen, die mit langen Autofahrten verbunden waren, von jemandem begleitet zu werden. Das war in den meisten Fällen Isabel Herrmann, mit der ich mich dann bei der Rückfahrt auch über andere als Treuhand-Themen angeregt unterhalten konnte.

Die Arbeit brachte auch Auslandreisen mit sich. Den Anlass bildeten in der Regel Vorträge, Diskussionsrunden oder Roadshow Meetings, um für Treuhand-Anleihen zu werben. Ich erinnere mich an Reisen nach Norwegen, Ägypten, Kopenhagen, Zürich und Straßburg zum Europaparlament. In Kopenhagen warben Frau Breuel und ich für eine Anleihe in Höhe von zehn Milliarden D-Mark. Ich habe mir eine Faksimile-Kopie des Prospekts mit Birgit Breuels und meiner Unterschrift aufgehoben. Nie wieder habe ich eine Unterschrift unter eine Geldsumme dieser Größenordnung gesetzt.

Dass die Arbeit bei der Treuhand riskant und gefährlich war, wurde mir durch die Ermordung Detlev Rohwedders schlagartig bewusst. Es dauerte nicht lange, bis mich die Polizei kontaktierte, um mir mitzuteilen, dass mein Name auf einer Liste möglicher Angriffsziele stehe. In unserer Maisonette-Wohnung wurden schusssichere Fenster eingebaut und ich erhielt Personenschutz. Unsere Kinder – Kerstin war 17 Jahre alt und aus den USA zurück, Fabian erst neun – mussten immer wieder Anrufe entgegennehmen, in denen das Gegenüber drohte: „Wir bringen euren Vater um und dann seid ihr dran." Vor diesem Hintergrund fragten sich Rotraut und ich, ob wir die Kinder allein mit Bus oder Fahrrad zur Schule schicken konnten oder persönlich bringen mussten. Wir entschieden uns dafür, die Gefahr herunterzuspielen, um sie nicht in Panik geraten zu lassen. Ein Schutzengel hat sie behütet, und es passierte nichts. Nach einem halben Jahr bestand ich darauf, den Personenschutz zu beenden – gegen die Empfehlung der Polizei, so, wie ich auch nicht ihrem Rat gefolgt war, eine Waffe zu tragen. Ich unterschrieb das entsprechende Protokoll und fühlte mich wieder frei.

Auch bei anderen Gelegenheiten reagierten wir angstfrei. Während unserer Zeit in Le Vésinet wurde dreimal bei uns

eingebrochen, in unserem jetzigen Domizil in Berlin zweimal. Beim letzten Einbruch wurde sogar meine Armbanduhr
vom Nachttisch entwendet, während ich schlief. Wir dachten
keinen Augenblick daran – wie von Bekannten empfohlen –
umzuziehen, achteten in der Folge allerdings darauf, nachts
die Alarmanlage scharf zu schalten.

Unsere Familie mit Sohn Fabian und den Töchtern Kerstin und
Dagmar (von links) im Frühjahr 1994 in Berlin

Im Mai 1991 begleitete mich der bekannte Journalist Herbert
Riehl-Heyse von der Süddeutschen Zeitung, mit dessen Frau
Rotraut schon die Schulbank gedrückt hatte, mehrere Tage
bei meiner Arbeit. Am 31. Mai 1991 erschien im SZ-Magazin
sein Artikel mit dem Titel „Der Marktwirtschaftler". Das war
ich und das bin ich, aber ich sagte damals auch: „Man kann
unmöglich ganze Regionen industriefrei machen, auch wenn
das die Betriebswirtschaft erfordern würde." Ein Jahr später
führte mich der Playboy in der Liste der 100 Männer, „die
was bewegen": „Der Mann hinter Birgit Breuel, trimmt den

Osten auf Marktwirtschaft." Ich war zu dem Zeitpunkt funktional für die Privatisierung zuständig.

1992 besuchte mich der Altpräsident des Rotary Clubs Berlin, Gert Specht, und fragte mich, ob ich Lust hätte, als Gründungspräsident bei der Eröffnung des ersten Rotary Clubs im Osten Berlins mitzumachen. Ich war begeistert! Wir wollten einen Club gründen, der genau zur Hälfte aus Ost- und Westdeutschen bestand. Eine frühere Mitgliedschaft in der SED war kein Hindernis, eine Spitzeltätigkeit für die Staatssicherheit schon.

Wir hatten ein gutes Händchen und mussten uns nur von einem ostdeutschen Mitglied trennen. Im März 1993 fand die Charterung des Rotary Clubs Berlin-Brandenburger Tor im Beisein des internationalen Rotary-Präsidenten Cliff Dochtermann und 250 Gästen statt. Mein Vizepräsident und President elect, Richard Schröder, Philosophie- und Theologieprofessor an der Humboldt-Universität, hielt den Festvortrag „Deutschland, schwierig Vaterland". Der Club hat sich sehr gut entwickelt, die Grenzen zwischen ost- und westdeutschen Mitgliedern sind inzwischen verwischt. Dem Club gehörten auch meine zwei engen Mitarbeiter Norman van Scherpenberg und Klaus Müller an, solange sie in Berlin lebten.

10

Rückkehr in die freie Wirtschaft

Wir hatten im Vorstand beschlossen, die Arbeit der Treuhandanstalt am 31. Dezember 1994 zu beenden und die wenigen Restarbeiten auf die neu gegründete Bundesanstalt für vereinigungsbedingte Sonderaufgaben BvS zu übertragen. Der Verwaltungsrat, das Bundesfinanzministerium und das Bundeswirtschaftsministerium hatten diesen Beschluss mitgetragen. Wenige Monate vor dem Ende der Treuhand – etwa im Sommer 1994 – fragte mich die Präsidentin, ob ich daran interessiert sei, als Vorstand in der BvS weiterzuarbeiten. Ich betrachtete ihr Angebot als ehrenvolle Einladung, lehnte jedoch nach kurzem Überlegen ab. Ich war damals 53 Jahre alt und glaubte, meine Rückkehrmöglichkeiten in die freie Wirtschaft deutlich zu verschlechtern, wenn ich noch mehrere Jahre in der Bundesanstalt bliebe.

Privat fiel mir und unserer ganzen Familie diese Entscheidung nicht leicht. Wir hatten uns in Berlin sehr gut eingelebt, waren Mitglied im Golfclub Wannsee geworden, hatten eine Reihe neuer Freunde und Bekannter gefunden und genossen das Klima des Aufbruchs in der pulsierenden Stadt.

Lurgi – Anlagen für die ganze Welt

Ich streckte meine Fühler aus und erhielt bald das Angebot, nach Ablauf meines Vierjahresvertrags am 1. November 1994 als stellvertretender Vorsitzender in die Lurgi AG in Frankfurt am Main einzutreten. Bis zum Sommer 1995 pendelte ich zwischen Berlin und Frankfurt, damit Fabian noch das Schuljahr in Berlin vollenden konnte. Er wurde dann im Herbst 1995 in Königstein eingeschult, wo wir mittlerweile ein schönes Landhaus mit tollem Blick ins Tal gefunden hatten. Der Umbau unter Rotrauts Oberaufsicht ohne Architektenhilfe zog sich ein bisschen hin, aber das Ergebnis stellte uns vollauf zufrieden.

Unser Haus bot ausreichend Platz für eine psychotherapeutische Praxis, die Rotraut beim Verband anmeldete. Sie verzichtete aber auf ein Hinweisschild am Eingangstor, doch irgendwann kamen die ersten Klienten und durch Mund-zu-Mund-Propaganda wurden es immer mehr. Zu einem großen Teil waren es Migrantinnen, die in Deutschland eine Familie gegründet hatten. Rotraut liebte ihre Arbeit und fand ihre Erfüllung. Sie betrieb die Praxis 20 Jahre lang, bis sie sie mit Anfang siebzig schloss, weil wir unseren privaten Wohnsitz wieder nach Berlin verlegten.

Die Lurgi AG war zu 100 Prozent eine Beteiligungsgesellschaft der Metallgesellschaft in Frankfurt am Main. Diese war durch missglückte Ölspekulationen des Vorstandsvorsitzenden Heinz Schimmelbusch in eine existenzbedrohende Krise geraten und wurde gerade durch den neuen Chef, Kajo Neukirchen, neu aufgestellt. Die Metallgesellschaft war ein weitverzweigter Konzern, der sich einer tiefgreifenden Portfolio-Optimierung unterzog. Er trennte sich von 300 der insgesamt 400 Tochtergesellschaften und konzentrierte sich auf vier Kernbereiche: Handel, Anlagenbau, Chemie und Bautechnik. Die „eigentliche" Metallgesellschaft wurde zu einer

Holdinggesellschaft umgewandelt, die die vier rechtlich selbständigen Tochtergesellschaften straff führte. Sie waren durch Beherrschungs- und Gewinnabführungsverträge sehr eng an die Holding gebunden. Der Konzern hatte unter Neukirchens Führung die existenzielle Krise relativ schnell überwunden und versuchte nun, in seinen vier Kernbereichen organisch und durch Zukäufe überdurchschnittlich zu wachsen.

Neukirchen führte die Tochtergesellschaften an der ganz kurzen Leine. Einmal im Monat gab es ein Review Meeting, bei dem unter seiner Leitung der Vorstand der Beteiligungsgesellschaft mit dem Holding-Vorstand zusammentraf. In diesem Meeting musste der Chef der Beteiligungsgesellschaft einen umfassenden Bericht über die Geschäftsentwicklung seines Unternehmens erstatten und auf eine Vielzahl von Kennzahlen eingehen. Klaus Comperl, der Vorstandsvorsitzende von Lurgi, war von Haus aus Verfahrensingenieur und gewohnt, über technische Fragen in Bezug auf Produktion, Durchlaufzeiten, Lagerbindung, Ausschuss, Qualitätsprobleme etc. zu referieren. Die betriebswirtschaftliche Analyse, Absatz, Umsatz, Marktanteil, Margen, Ergebnis, Kapitalbindung, Verzinsung des eingesetzten Kapitals und anderes mehr betreffend, überließ er dem Finanzchef. Das akzeptierte Neukirchen nicht. Er erwartete von einem CEO, dass er in allen Fragen zu seinem Unternehmen zu Hause war.

Die Review Meetings arteten zuweilen in regelrechte Foltermeetings aus, weil Neukirchen nicht lockerließ und den CEO oder auch andere Vorstände der Tochtergesellschaft gnadenlos in die Ecke trieb und düpierte. Es kam vor, dass erwachsene gestandene Männer dem Druck nicht gewachsen waren und in Tränen ausbrachen. Beim Versagen von Untergebenen wurde ein schneller Personalwechsel erwartet.

Ich hatte die Oberaufsicht über die Metallurgie GmbH innerhalb der Lurgi. Lurgi arbeitete damals an einer massiven Kapazitätserweiterung der Kupferhütte im spanischen Huelva, die zum US-amerikanischen Konzern Freeport-McMoRan mit Sitz in New Orleans gehörte. Durch eine Vielzahl von Änderungsanträgen des Kunden hatte sich die Ertragslage des Auftrags verschlechtert und wies plötzlich einen Verlust aus. Neukirchen hatte nur zwei Fragen: erstens, wie ich gedenke, den Verlust auszugleichen, und zweitens, ob ich den verantwortlichen Geschäftsführer schon entlassen hätte. Meine Antwort, dass ich vor der Entlassung einer Führungskraft erst eine Abmahnung schicke, führte dazu, dass ich sämtliche Abmahnungsschreiben vorlegen musste, um zu erfahren, dass er nur etwa ein Drittel als echte Abmahnung anerkennen könne.

Kajo Neukirchen wurde – vielleicht wegen seines als brutal empfundenen Führungsstils – alles Mögliche unterstellt. Unter anderem gab es den Verdacht, dass er zumindest einzelne Führungskräfte ausspionieren und abhören lasse. Ich hielt das immer für total abwegig. Er brauchte niemanden abzuhören, weil er jeden so in die Ecke treiben konnte, dass er alles erfuhr, was er wissen wollte. Ich schätzte Neukirchen ob seines scharfen Verstandes, seiner analytischen Fähigkeiten, seines strategischen Denkens und seiner Präsenz. Wenn er in den Raum trat, war es augenblicklich still, und alle Blicke richteten sich auf ihn.

Aber seine Führungsphilosophie überzeugte mich überhaupt nicht. Warum den Tochtergesellschaften eine eigene Rechtsform als AG geben, wenn sie praktisch wie untergeordnete Abteilungen geführt wurden? Mein Vorschlag, den Töchtern mehr Freiraum zu geben und sie vielleicht sogar bis zu 25 Prozent minus einer Aktie an die Börse zu bringen, wurde vermutlich falsch interpretiert – als versuche ich auf diese Weise, den Herrschaftsanspruch des Vorstandsvorsitzenden der Metallgesellschaft zu verkleinern.

Aus der Rückschau muss ich sagen, dass der Ansatz des *Management by fear* oder durch Einschüchterung nicht erfolgreich war. Viel zu viele Führungskräfte wurden gefeuert. Die Stimmung im Konzern war schlecht. Viele Mitarbeitende hatten einfach Angst. Dabei war allen klar, dass Fehler gemacht wurden. Die allermeisten waren bereit, darüber offen zu sprechen, aber sie erwarteten zu Recht, dass sie in solchen Diskussionen bei aller Härte in der Sache mit Respekt als Menschen behandelt wurden.

Mir war bald klar, dass ich mit meinen Ansichten bei Lurgi nicht alt werden würde. Möglicherweise sprach Neukirchen das Thema im Aufsichtsrat einmal an. Jedenfalls kontaktierte mich eines Tages Jens-Peter Schaefer, Mitglied sowohl des Aufsichtsrats von Lurgi als auch des Prozessleittechnikunternehmens Hartmann & Braun, um mich zu unterrichten, dass bei Hartmann & Braun ein neuer Vorstandsvorsitzender gesucht würde. Die Executive-Search-Firma Korn Ferry sei mit der Sache beauftragt. Er könne helfen. Zu gleicher Zeit hatte ich Kontakt zum Chef von SCHOTT Mainz, den ich aus meiner Treuhandzeit kannte. Auch er signalisierte mir Unterstützung.

Schon ein paar Wochen vorher hatte der Vorstand von Lurgi auf meine Initiative hin eine Führungskräftetagung mit ausgewählten Kunden im Rheingau geplant, zu der wir als Gastreferenten Michail Gorbatschow in Begleitung seiner Frau Raissa eingeladen hatten. Klaus Comperl, der Vorstandsvorsitzende von Lurgi, hatte sich aus Gesundheitsgründen schon Monate vorher pensionieren lassen, sodass ich de facto der Chef war. Die Konferenz war ein Riesenerfolg, die Mitarbeiter waren danach hoch motiviert, die Kunden begeistert. Das Feedback war außerordentlich positiv. Just nach der Tagung kam es auf Vermittlung von Korn Ferry am Frankfurter Flughafen zu einem Interview mit Vincenzo Canatelli, dem CEO von Elsag Bailey N. V., der Muttergesellschaft von Hartmann & Braun, und seinem Chief Operating Officer. Das Treffen verlief sehr positiv, nicht zuletzt trug dazu auch die Tagung im Rheingau bei.

Kunden- und Führungskräftekonferenz mit Michail Gorbatschow als Gastredner und Raissa Gorbatschowa als Ehrengast, Schloss Reinhartshausen im Rheingau 1996

Zwei Wochen später wurde ich von Neukirchen gefeuert, sein Personalvorstand Harald Rieger verhandelte meine Ausstiegsbedingungen. Dabei wurde deutlich, dass auch die Vorstände der Metallgesellschaft an der ganz kurzen Leine gehalten wurden. Rieger, ein exzellenter Jurist, musste sich permanent rückversichern, ob er dies oder jenes konzedieren könne oder nicht. Kaum war meine Ernennung zum Chef von Hartmann & Braun in der Zeitung, erhielt ich ein Glückwunschschreiben von Kajo Neukirchen. Er hatte also in jedem Fall Stil!

Während meiner Zeit bei Lurgi fragte mich mein früherer McKinsey-Kollege Wulf von Schimmelmann, ob ich dem Rotary Club Frankfurt-Paulskirche beitreten wollte. Ich war zwar noch Mitglied im von mir mitgegründeten RC Berlin-Brandenburger Tor, aber es war absehbar, dass ich die nächsten Jahre nicht in Berlin zubringen würde. Deshalb kam mir eine neue rotarische Heimat in Frankfurt sehr gelegen und ich freute mich, dort aufgenommen zu werden, zumal ich dort mit Rolf Liertz und Helge Petersen noch zwei weitere ehemalige McKinsey-Kollegen traf. Der Club Frankfurt-Paulskirchen hat ein Freundschaftsverhältnis mit Lüttich und Dijon, und es bot sich an, dass ich die Verantwortung für den internationalen Dienst übernahm und die Zusammenkünfte dieser beiden französischsprachigen Partnerclubs organisierte. Ich hielt die Ansprachen so, wie ich es beim deutschen Botschafter in Paris gesehen hatte: ein paar Sätze auf Deutsch, dann ein paar Sätze auf Französisch. Das kam bei allen Beteiligten gut an. Mein Einsatz wurde belohnt: 1998 wurde ich ein Paul Harris Fellow.

Hartmann & Braun – Dienstleister für die Prozessindustrie

In einer Betriebsversammlung im Palmengarten Frankfurt wurde ich den Mitarbeitenden von Hartmann & Braun offiziell als neuer Chef vorgestellt. Die Vorstellung übernahm Vincenzo Canatelli, der CEO der Muttergesellschaft Elsag Bailey, persönlich. Er fand so viel lobende Worte, dass es mir fast peinlich war. Gleichzeitig wurde deutlich, welch große Erwartungen Elsag Bailey an die Entwicklung von Hartmann & Braun hatte und wie sehr der Erfolg des Konzerns vom Beitrag der deutschen Gesellschaft abhing. Hartmann & Braun war erst ein Jahr vorher von Mannesmann an Elsag Bailey verkauft worden. Die Gründe und Perspektiven des Zusammenschlusses waren den deutschen Mitarbeitenden nie überzeugend genug dargelegt worden. Es war nicht deutlich geworden, dass die technisch exzellente Leistung von Hartmann & Braun unternehmerisch nur ungenügend umgesetzt worden war. Außerdem war nicht offen genug darüber gesprochen worden, was die Belegschaft in dem neuen Verbund zu erwarten hatte. So war es nicht überraschend, dass die Mitarbeitenden in hohem Maße verunsichert und demotiviert waren.

Das italienisch-amerikanische Unternehmen Elsag Bailey mit Sitz in Genua und Cleveland war an der New York Stock Exchange gelistet und hatte mit dem italienischen Konzern Finmeccanica einen Hauptaktionär. Elsag Bailey beschäftigte ca. 11 000 Mitarbeitende in 30 Ländern und war weltweit drittgrößter Anbieter von Systemen und Geräten der Prozessautomatisierung. Hartmann & Braun war ein traditionsreiches deutsches Unternehmen der Prozessleitgeräte- und Analysetechnik, das Systeme und Geräte für die Steuerung von Prozessen anbot, zum Beispiel in Kraftwerken, in der Chemie- und Pharmaindustrie, im Nahrungs- und Genussmittelbereich und überall dort, wo die Produktion in einem Prozessfluss erfolgt. Das Unternehmen beschäftigte bei meinem Eintritt 4 000 Mitarbeitende an fünf Produktionsstandorten und erzielte einen Umsatz von rund einer Milliarde D-Mark. Hartmann & Braun war als Teil der Mannesmann AG auf dem Kurs zum Global Player gewesen. Daher hatte kaum jemand mit der Übernahme durch Elsag Bailey gerechnet, sondern, wenn überhaupt, mit einem Zusammenschluss mit einem bereits weltweit etablierten Konzern.

Bei näherer Betrachtung erschien die Verbindung von Hartmann & Braun mit Elsag Bailey jedoch durchaus vielversprechend. Die Unternehmen ergänzten sich geografisch optimal und gemeinsam mit Bailey Fischer & Porter auch in der Produkt- und Leistungspalette. Im Kraftwerkssektor wurde die neue Gruppe weltweit die Nummer eins, in den Sektoren Chemie, Pharma, Metall und Keramik zumindest einer der großen Anbieter. Lediglich beim Prozessleitsystem gab es Überschneidungen im Produktportfolio. An deren Überwindung arbeiteten deutsche und amerikanische Teams Hand in Hand. Über konzerneigene Gesellschaften gab es einen Zugang zum Weltmarkt, damit konnten Entwicklungsarbeiten vor dem Hintergrund größerer Absatzmengen geleistet werden.

In den Jahren vor meinem Eintritt bei Hartmann & Braun hatte es spürbare Veränderungen im Umfeld gegeben, auf die das Unternehmen nur unzureichend reagiert hatte:

- Zunehmende Globalisierung

- Konzentrationsprozesse der Anbieter

- Technologischer Fortschritt

- Anhaltend hoher Preisdruck (nicht zuletzt wegen des technologischen Fortschritts)

- Immer kürzere Innovationszyklen

Die Folge waren zum Teil erhebliche Einbrüche im Auftragseingang, darauf die Schließung eines Standorts und Kürzungen, wo immer sie möglich waren.

In Abstimmung mit ausgewählten Führungskräften reagierte die Unternehmensleitung auf diese Entwicklung mit dem Entschluss, Total Quality Management als Führungsinstrument im gesamten Unternehmen zu verankern. Um TQM erfolgreich umzusetzen, sollte bei allen Arbeitsprozessen die Kundenorientierung in den Mittelpunkt gestellt und bei allen Angehörigen eine Bewusstseinsänderung dahingehend entwickelt werden, dass die Ausrichtung auf Kundenerwartungen und partnerschaftlicher Umgang miteinander als Werte höchster Priorität gelebt werden.

Die Realität war, dass guter Wille und Begeisterung allein noch keine Veränderungen bewirkten. Die Aktivitäten waren sehr stark auf das Thema „Prozesse verbessern" ausgerichtet. Es war parallel dazu nicht am Aufbau einer entsprechenden Unternehmenskultur gearbeitet worden. Außerdem hatte sich die Geschäftsführung zu wenig persönlich engagiert.

Das wollte und musste ich ändern. Die Auseinandersetzung mit den gemeinsamen Wertvorstellungen, die für den erfolgreichen Umgang im Unternehmen und außerhalb mit Lieferanten und Kunden notwendig sind, sollte den erfolgreichen Abschluss des Projektes ermöglichen. Etwa sechs Monate, nachdem ich die Verantwortung für Hartmann & Braun übernommen hatte, trafen sich Geschäftsführung, ausgewählte Führungskräfte, Mitarbeitende und Betriebsräte aller Geschäftsbereiche, Funktionen und Standorte zu einer „Zukunftskonferenz". Im Ergebnis wurde ein Leitbild für die Hartmann & Braun Gruppe erstellt und damit für ihren Verantwortungsbereich Zentral- und Osteuropa, in der Konzernterminologie „EBPA-CEE". Unter der Überschrift „Wer wir sind – Was wir wollen" wurden hier die Mission und einzelne Leitgedanken festgelegt und erläutert. Die Geschäftsführer Uwe Alwardt und Volker Kaiser unterstützten mich in dieser Phase tatkräftig.

Diesmal klappte es. Es ging ein Ruck durch die Belegschaft. Die Mitarbeitenden spürten, dass auch die Geschäftsführung hinter dem Leitbild stand und sich an seiner Erfüllung messen lassen wollte. Die Zahlen besserten sich, und Bedeutung und Einfluss von Hartmann & Braun im Konzern nahmen zu. Die Leitung dreier Geschäftsbereiche des Konzerns wurde in Deutschland angesiedelt. Die Führung in Genua und Cleveland zeigte Interesse am Leitbild und war daran interessiert, es mit deutscher Hilfe auch in den Konzerngesellschaften außerhalb Deutschlands einzuführen.

1998 veranstaltete der Konzern eine Jahreskonferenz für die Geschäftsführer aller Konzerngesellschaften und ihrer Partnerinnen in China. China war noch kein signifikanter Absatzmarkt für die Elsag Bailey Gruppe, aber es war mit den Händen zu greifen, dass sich das bei der stürmischen wirtschaftlichen Entwicklung des Riesenlandes bald ändern lassen würde. Gespräche mit lokalen Wirtschaftsvertretern bestärkten uns jedenfalls in dieser Annahme. Die Konferenz war hervorragend vom US-Team vorbereitet und geplant worden. Das Geschäftliche war auf das notwendige und sinnvolle Maß beschränkt und es blieb sehr viel Raum, um Land und Leute und die Geschichte und unendlich reiche Kultur Chinas kennenzulernen. Dieser Besuch war für uns alle, aber vor allem für die mitgereisten Frauen, ein eindrückliches Erlebnis. Wir spürten zum ersten Mal, dass sich im ganzen Konzern ein *esprit de corps* eingestellt hatte. Auch die deutsche Gruppe zeigte einen Zusammenhalt, der nicht zuletzt durch die Möglichkeit vieler sehr persönlicher Gespräche – auch mit und unter den Frauen – noch verstärkt wurde.

Umso größer war der Schock, als nicht allzu lang nach der China-Konferenz die Mitteilung kam, dass der Konzern Elsag Bailey zum Verkauf stehe. Der Mehrheitsaktionär Finmeccanica hatte finanzielle Probleme, die Verschuldungsmöglichkeiten waren ausgereizt, und so musste das Tafelsilber veräußert werden. Finmeccanica fragte nicht, mit welchem Partner es den besten Fit gäbe, sondern wer den höchsten Aufschlag auf den Börsenkurs zahlte. Eine Liste möglicher Interessenten war schnell erstellt. Ein kleines Team von Elsag-Bailey – ich war Teil davon – sollte jedem dieser Interessenten eine detaillierte Präsentation über unser Unternehmen geben und für den Rest des Tages Rede und Antwort stehen zu allen Fragen, die der Interessent haben mochte.

Es gab fünf Interessenten. Wir quartierten uns für eine Woche in einem Londoner Luxushotel ein und versuchten jeden

Tag aufs Neue, den Konzern Elsag Bailey in all seinen Stärken darzustellen. Ich weiß nicht mehr, ob drei oder nur zwei Interessenten ein verbindliches Angebot machten. ABB offerierte einen Aufpreis von 40 Prozent auf den Kurs an der New York Stock Exchange, NYSE, und war damit der attraktivste Bieter. Bei diesem Angebot war sich ABB sicher, auch einen großen Teil des Freefloats, der frei handelbaren Aktien, erwerben zu können und den verbliebenen kleinen Rest durch Squeeze-out, ein rechtliches Verfahren zum Ausschluss von Minderheitsaktionären, zu erlangen. Ich hatte als Teil meiner Vergütung Aktienoptionen und profitierte auch von dem erhöhten Kaufpreis.

Nach dem Übernahmeangebot begannen die Gespräche darüber, wer von der Geschäftsführung und den Führungskräften zu ABB wechseln sollte. Mir wurde von ABB Zürich angeboten, in den Vorstand von ABB Deutschland einzutreten. Ich präsentierte Hartmann & Braun und mich selber vor den Führungskräften von ABB in Mannheim. Es war ein erstes Kennenlernen und sollte der Ausgangspunkt künftiger Zusammenarbeit sein. Horst Dietz, der Vorstandsvorsitzende in Mannheim, den ich bei dieser Gelegenheit traf, war mir sehr sympathisch, und ich war überzeugt, mit ihm gut zusammenarbeiten zu können. Gleichzeitig traf ich die Mitglieder des ABB-Aufsichtsrats. Ich wollte mich vor meiner offiziellen Bestellung bei jedem einzelnen vorstellen.

Ich war Mitglied eines Fusionsteams und gerade in Cleveland, als ich die Nachricht erhielt, dass ich mich nach meiner Rückkehr in der ABB-Zentrale in Zürich melden sollte. Was ich befürchtete, traf ein. Wieder einmal – wie im Fall Werhahn – wurde eine Zusage ohne Angabe von Gründen zurückgenommen. Weder ABB Zürich noch ABB Deutschland wollte mir einen Grund nennen. Meiner Ansicht nach hätte Horst Dietz als verantwortlicher Vorstandsvorsitzender vom

Großaktionär oder Aufsichtsrat eine Erläuterung erhalten oder einfordern müssen. Der Aufsichtsratsvorsitzende Dieter H. Vogel, den ich Jahre später zufällig in Quinta do Lago an der portugiesischen Algarve traf, wies alle Schuld von sich. Von Dritten habe ich alle möglichen Spekulationen gehört, die mir aber nicht weiterhalfen.

Der Abschied von Hartmann & Braun fiel mir schwerer als von Lurgi. Ich hatte sehr viele Mitarbeitende im Rahmen des Leitbildprojektes gut kennen und schätzen gelernt. Deshalb freute ich mich bei meiner Verabschiedung sehr über die Worte Eberhard Köhlers, einer unserer Führungskräfte: „Ihr humorvoller, aggressionsfreier, zum Eigenengagement ermutigender Führungsstil, der trotz aller Krisensituationen stets die Wahrung der Menschenwürde beachtete, hat mich sehr beeindruckt. Es hat Spaß gemacht, in Ihren Projekten mit- und Ihnen zuzuarbeiten."

Oft weiß man erst im Nachhinein, dass eine vermeintliche Pleite in Wahrheit ein Geschenk ist, weil sie den Weg zu neuen Chancen ebnet. So war es auch in meinem Fall. Erst die Absage in Mannheim eröffnete mir den Verbleib in Frankfurt, die Übernahme der Präsidentschaft der IHK und den Einzug als hessischer Spitzenkandidat der FDP ins Europäische Parlament in Brüssel.

Mein Vorgänger als Chef von Hartmann & Braun, Josef Felder, hatte sich ehrenamtlich in der Industrie- und Handelskammer Frankfurt am Main engagiert und war Vorsitzender des Industrieausschusses sowie Vizepräsident. Den damaligen Präsidenten der IHK Frankfurt, Frank Niethammer, kannte ich von der Treuhandanstalt. Dort hatte er im Verwaltungsrat gesessen und einen der sogenannten Privatisierungsausschüsse geleitet, dem mein Unternehmensbereich zugeteilt war. Am Tag vor jeder Verwaltungsratssitzung trafen sich Niethammer, meine Direktoren und ich, um anstehende Privatisierungen zu diskutieren. Bei diesen äußerst intensiven Gesprächen lernten wir uns sehr gut kennen und wussten bald ganz genau, wie der andere „tickte". Niethammer schlug mir vor, von Josef Felder den Vorsitz des Industrieausschusses zu übernehmen. Dafür sei es nicht notwendig, dass ich Mitglied des Präsidiums sei. Ich willigte gerne ein und schon bei der nächsten Vollversammlung der Kammer wurde der Stabwechsel vollzogen.

AGIV – vom Konglomerat zum Immobilienunternehmen

Nach dem plötzlichen Verkauf von Hartmann & Braun und dem geplatzten Vorhaben, bei ABB als Vorstand einzusteigen, gründete ich die 3C Beratungs- & Beteiligungs-GmbH, ohne schon konkret zu wissen, zu welchem Zweck ich sie einsetzen würde. Wenig später wurden Immobilienprojekte in Berlin an mich herangetragen. Am Ende mehrerer Prüfungen entschied ich mich, zusammen mit meinem Freund Ken Paulin ein Hotel zu bauen. Das Grundstück befand sich in bester Lage an der Ecke Friedrich- und Oranienburger Straße und wartete auf einen Investor. Architektenpläne und ein Vertrag mit einem Hotelbetreiber sowie mit einem Restaurateur waren unterschriftsreif. Wir legten los. Die Baugrube wurde ausgehoben und der Bau hochgezogen.

Natürlich gab es wie bei jedem Neubau Überraschungen und – kleine – zeitliche Verzögerungen. Aber wir feierten das Richtfest zumindest in dem Monat, der laut Plan dafür feststand, und die Eröffnung des ARCOTEL Velvet mit nur sehr wenig Verspätung. Entgegen unseren leider nur mündlich getroffenen Absprachen verlangte die finanzierende Bank nicht den Geldmarktzins, sondern den damals üblichen Zins für Kredite. Unter Berücksichtigung der steuerlichen Abschreibungen rechnete sich das Projekt trotzdem. Aber Renditen, wie wir sie in den letzten Jahren gesehen haben, waren um die Jahrtausendwende und in den folgenden Jahren unvorstellbar. Nach etwa zehn Jahren verkauften wir das Hotel ohne den Hype, der erst danach einsetzte. Heute müssen wir froh sein, kein Hotel zu haben, das wegen COVID-19 entweder monatelang geschlossen ist oder permanent rote Zahlen schreibt.

Wenige Monate nach Gründung der 3C Beratungs- & Beteiligungs-GmbH, die mir Jahre später bei meinem Engagement in Brüssel noch von großem Nutzen sein sollte, kontaktierte mich Manfred Schumann. Er war ca. 15 Jahre lang stellvertretender Aufsichtsratsvorsitzender der Metallgesellschaft gewesen und kannte mich aus meiner Zeit bei Lurgi. Ich hatte damals ein paar Mal bei Sitzungen des Aufsichtsrats der Metallgesellschaft zu Themen des Anlagenbaus referiert und auch bei Tagungen der Führungskräfte des Konzerns gesprochen.

Schumann wusste auch von meiner Vorstandstätigkeit bei der Treuhand und glaubte, ich sei der richtige Mann, um als Vorstandsvorsitzender die Restabwicklung der Aktiengesellschaft für Industrie und Verkehrswesen AGIV durchzuführen, in deren Aufsichtsrat er saß. Die AGIV war Anfang 1974 als Verschmelzung zweier Gesellschaften entstanden und als Beteiligungsgesellschaft mit den Bereichen Bau, Maschinenbau, Verkehr sowie Vermögensverwaltung tätig. In den Folgejahren konzentrierte sich die AGIV zunehmend auf den Maschinenbau und die Messtechnik, kaufte in diesen Bereichen zu und veräußerte die Beteiligungen im Verkehr, Bau und bei den Dienstleistungen. Die Gesellschaft war im MDAX notiert und wurde von der BHF-Bank kontrolliert, die knapp 50 Prozent der Aktien besaß, aber eine klare Mehrheit in der Hauptversammlung innehielt. Die BHF-Bank wiederum wurde von einer niederländischen Bank kontrolliert, die sich von den Beteiligungen außerhalb des Baugeschäfts trennen wollte. Einen Großteil hatte schon mein Vorgänger Udo Stark verkauft.

Ich trat am 1. März 2000 als neuer Vorstandsvorsitzender an und hatte nun die Aufgabe, die restlichen Beteiligungen zu veräußern. Das waren im Wesentlichen die Peiniger GmbH, die Spectris AG, eine kleine maritime Gesellschaft sowie der Immobilienbereich. Außerdem mussten rechtliche Auseinandersetzungen beendet werden. Der Personalbestand lag immer noch bei rund 10 000 Mitarbeitenden. Die BHF-Bank verfolgte die Strategie, die Industriebeteiligungen zu veräußern und die AGIV in einen reinen Immobilienkonzern zu verwandeln, weil so ihrer Meinung nach die Auflösung der AGIV am schnellsten und effizientesten zu bewerkstelligen sei.

Zunächst mussten alle anhängigen Prozesse schnellstmöglich außergerichtlich im Vergleichsweg gelöst werden. Wir bedienten uns eines Mediators, der es tatsächlich fertigbrachte, einen für beide Seiten akzeptablen Vergleich zu erarbeiten. Der von der AGIV zu zahlende Betrag lag immer noch im zweistelligen Millionenbereich, wir waren aber nicht in einem langwierigen Prozess gefangen und handlungsfähig, was den gesamten zur Veräußerung anstehenden Bereich betraf.

Die Peiniger GmbH war ein auf Oberflächenbehandlung spezialisiertes, sehr personenintensives Unternehmen. In ThyssenKrupp fanden wir bald einen neuen Eigentümer. Jetzt blieb als großes industrielles Beteiligungsunternehmen nur noch die Spectris AG. Die Hightech-Firma mit Alleinstellungscharakter in der Industrie bot Präzisionsmessgeräte und -systeme für eine Vielzahl industrieller Kunden unter anderen aus dem Pharma-, Automobil- und Halbleitersektor an.

Ich wollte zu diesem Zeitpunkt lieber den gesamten Immobilienbereich verkaufen und die AGIV als börsennotiertes Hightech-Unternehmen erhalten. Auf diese Weise, so glaubte ich, würde ich den Fortbestand der AGIV, wenn auch stark reduziert in Größe und Produktangebot, als börsennotiertes Unternehmen sichern können. Darüber hinaus war ich der Meinung, dass sich die BHF-Bank leicht über die Börse von einem erfolgreichen Hightech-Unternehmen lösen könnte. Mir war klar, dass die BHF-Bank und damit zumindest die Kapitalseite im Aufsichtsrat einen anderen Kurs verfolgten, erhoffte mir aber Unterstützung von der Arbeitnehmerseite. Doch diese Hoffnung trog: Auch die Arbeitnehmer- und Gewerkschaftsvertreter im Aufsichtsrat waren nicht bereit, die Strategie noch einmal zu ändern.

Wir fanden für die Spectris AG schnell einen englischen Investor, der von dem Unternehmen so begeistert war, dass er nach der Übernahme seine eigene Gesellschaft in Spectris plc umfirmierte. Die Annahme der BHF-Bank, die AGIV würde als Real-Estate Developer und Besitzer einer Vielzahl von Immobilien in ganz Deutschland schnell einen Investor finden, ging nicht auf. Schließlich fand sich die von dem Geschäftsmann Rainer Behne kontrollierte HBAG Real Estate AG aus Hamburg als potenzieller Investor. Das Unternehmen war finanziell schwach und eigentlich hätten die Verhandlungen abgebrochen werden müssen, zumal Behne im PLATOW Brief, einem Informationsdienst für Wirtschaft, Kapitalmarkt und Politik, schon vor Abschluss der Verhandlungen mächtig „auf den Putz gehauen" hatte. Der Druck von Holland auf die BHF-Bank war allerdings enorm, und so akzeptierte der BHF-Vorstand, dass ein großer Teil des Kaufpreises als Kredit gestundet und durch ein Put/Call-Geschäft abgesichert wurde. Im Mai 2001 wurde Vollzug gemeldet, dreieinhalb Jahre später meldete AGIV Real Estate – so war der neue Name – im Dezember 2004 Insolvenz an.

Ich blieb bei dem Unternehmen als stellvertretender Vorsitzender bis zum Ende meines Vertrages, Ende Februar 2003, und anschließend bis Juni 2004 als Mitglied des Aufsichtsrates. Den Vorschlag von Rainer Behne, zunächst als Co-CEO weiterzumachen, hatte ich abgelehnt, weil ich wusste, dass er als kontrollierender Aktionär ohnehin das Sagen hatte. Nach der Übernahme der AGIV Real Estate, aber vor der Verschmelzung mit der HBAG, erwartete Behne immer häufiger, dass die AGIV der HBAG bei einzelnen Geschäften oder Finanzierungen helfend zur Seite stehe. Mein Kollege Werner Renzel, Finanzchef der AGIV, enthielt sich bei den Abstimmungen oder stimmte dagegen. Ich unterstützte Behne zwar *contre cœur*, aber eben doch, nicht zuletzt, weil Günter Rexrodt als Aufsichtsratsvorsitzender die Losung ausgegeben hatte, wir sollten auf dem Weg zur Verschmelzung keine Hindernisse aufbauen.

Dass mein Verhalten falsch war, zeigte sich nach der Insolvenz, also fast zwei Jahre nach meinem Ausscheiden aus dem Vorstand, als der Insolvenzverwalter wegen „Fehlentscheidungen des Vorstands und Aufsichtsrats zu Lasten der Gesellschaft" Regress bei der D&O-Versicherung nahm und einen Betrag von rund 250 000 Euro, der von der Versicherung nicht mehr gedeckt war, zu je einem Drittel direkt von mir und meinem Kollegen in Hamburg, dem früheren Finanzchef der HBAG, einzog. Ob und wie viel Rainer Behne von dieser Forderung gezahlt hat, weiß ich nicht. Er hatte seine Zelte damals bereits in Hamburg abgebrochen und in Dubai aufgeschlagen.

Mein finanzieller Schaden ging über die 80 000 Euro hinaus, die der Insolvenzverwalter erfolgreich von mir eingetrieben hatte. Die AGIV hatte mir im Vorstandsvertrag eine kleine Pensionszahlung zugesagt. Durch die Insolvenz war diese Zusage wertlos, und der Pensionssicherungsverein sprang nicht ein, weil ich die dafür nötige Anzahl von Beschäftigungsjahren nicht vorweisen konnte.

Noch vor meinem Eintritt bei der AGIV hatte mich Frank Niethammer gefragt, ob ich seine Nachfolge als Präsident der IHK Frankfurt antreten wolle, wenn er bei Erreichen des 70. Lebensjahres gegen Ende des Jahres 2000 zurücktreten werde. Er wolle auch mehr Zeit haben, um sich um die Papierfabrik Kübler & Niethammer in Sachsen zu kümmern, die seine Familie im Zuge der Privatisierung zurückbekommen hatte. Sobald ich den Vorsitz bei der AGIV übernommen hatte und wieder in unternehmerischer Verantwortung war, konnte ich Frank Niethammer eine endgültige Zusage geben. Er bereitete meine Wahl im Präsidium gut vor und in der letzten Vollversammlung 2000 wurde ich zu seinem Nachfolger ernannt. Es begann eine herausfordernde, aber zutiefst befriedigende und spannende ehrenamtliche Tätigkeit in der Industrie- und Handelskammer in Frankfurt und im Vorstand des Deutschen Industrie- und Handelskammertages DIHK in Berlin.

11

Präsident der IHK
Frankfurt am Main

Ende 2000 war ich schon länger Mitglied der Vollversammlung und Vorsitzender des Industrieausschusses der Industrie- und Handelskammer Frankfurt. Daher kannte ich viele Kollegen und Kolleginnen in der Vollversammlung und alle Mitglieder des Präsidiums sehr gut, auch wenn ich diesem Gremium bisher noch nicht angehörte. Dazu kam, dass ich den Frankfurter IHK-Präsidenten Frank Niethammer als Mitglied des Verwaltungsrates der Treuhandanstalt kennen und schätzen gelernt hatte. Er ging alle Fragen und auch schwierigen Probleme ruhig, sachorientiert und kompromissbereit an und wollte stets mit allen Beteiligten vertrauensvoll zusammenarbeiten. Diesen Stil pflegte er auch als Präsident der Kammer und als Sprecher aller Kammern bei der hessischen Landesregierung in Wiesbaden.

Den Hauptgeschäftsführer der IHK Frankfurt, Wolfgang Lindstaedt, kannte ich ebenfalls aus meiner Zeit bei der Treuhand. Er hatte sich damals zur Verfügung gestellt, um beim Aufbau der 15 Niederlassungen in den neuen Bundesländern zu helfen und die Leitung der Niederlassung Erfurt in den ersten Monaten übernommen. Die Niederlassungen der Treuhandanstalt unterstanden in der Anfangszeit der späteren Präsidentin Birgit Breuel und kamen erst in meinen Verantwortungsbereich, als Wolfgang Lindstaedt kurz vor seiner Rückkehr in die IHK Frankfurt stand. Wir hatten also nicht sehr eng zusammengearbeitet, wussten aber um die Probleme in den neuen Ländern und kannten die Aufgabenstellung der Kammern bei der Interessenvertretung der Wirtschaft in schwierigen Zeiten.

Wolfgang Lindstaedt ging der Ruf als zupackender, energischer, äußerst sachkundiger Hauptgeschäftsführer mit einem überdurchschnittlich ausgeprägten politischen Gespür voraus. Ich war mir sicher, dass wir ein gutes Gespann sein würden, und freute mich auf die Zusammenarbeit. Umso überraschter war ich, als er ohne Rücksprache mit mir Journalisten der Frankfurter Allgemeinen Zeitung, die mit mir nach meiner Wahl ein Gespräch führen wollten, eine Absage erteilte.

Neujahrsempfänge – Politik trifft Wirtschaft

Mein erster öffentlicher Auftritt war der Neujahrsempfang 2001. Neujahrsempfänge der Kammern waren immer besondere Ereignisse, der in Frankfurt ganz besonders, weil ihm nicht nur der hessische Ministerpräsident Roland Koch und die Frankfurter Oberbürgermeisterin Petra Roth beiwohnten, sondern auch, weil es der IHK stets gelungen war, herausragende Gastredner aus Wirtschaft, Politik und Diplomatie oder Kultur zu gewinnen.

2001 war Professor Juergen B. Donges unser Gastredner. Er war in dieser Zeit Professor für Wirtschaftliche Staatswissenschaften an der Universität zu Köln und Direktor des dortigen Instituts für Wirtschaftspolitik sowie Vorsitzender des Sachverständigenrates zur Begutachtung der gesamtwirtschaftlichen Entwicklung, der „Fünf Weisen". Der Empfang fand traditionell im Handelssaal der Deutschen Börse statt, die in den Räumlichkeiten der Kammer Frankfurt residiert. Alle Gäste mussten die Reden des Präsidenten und des Gastreferenten im Stehen verfolgen – ein sehr ermüdendes Prozedere, wie ich aus eigener Erfahrung als Gast wusste. Ich nahm mir vor, das zu ändern. Tatsächlich erfolgte ab 2002 zwar der Empfang weiterhin im Börsensaal, die Reden wurden jedoch im großen Sitzungssaal gehalten.

Ich hatte Wolfang Lindstaedt gebeten, die Rede, die er mit den Geschäftsführern der einzelnen Bereiche und den Mitarbeitenden des Präsidialbüros vorbereitete, so knapp wie möglich abzufassen. Die Neujahrsansprache in der Frankfurter Kammer gliederte sich traditionell in drei Themenbereiche: Weltwirtschaft, deutsche Wirtschaft und Politik, wirtschaftliche Situation im Raum Frankfurt/Rhein-Main. Mir war klar, dass Professor Donges über die beiden ersten Punkte sprechen würde und noch dazu viel kompetenter als ich. Deshalb wollte ich sie in meiner Ansprache sehr stark kürzen – gegen den Willen Wolfgang Lindstaedts, der darauf beharrte, wie wichtig auch die Beurteilung der Kammer sei. Um einen Konflikt ganz am Anfang unserer Zusammenarbeit zu vermeiden, hielt ich mich an das vorgeschlagene Manuskript. Mir war allerdings nicht wohl in meiner Haut.

Trotzdem war der Neujahrsempfang ein voller Erfolg. Die FAZ beschrieb ihn als eine Art Feuertaufe für die schwierige Aufgabe, nach der zehnjährigen Amtszeit meines Vorgängers Niethammer eigene Akzente zu setzen. Im Blitzlichtgewitter und vor laufenden TV-Kameras konnte ich beweisen, dass es auch so etwas wie Kontinuität im Wandel gibt.

Auch mir war wichtig, in wirtschaftlich schwierigen Zeiten für die Interessen der mittelständischen Wirtschaft der Region einzutreten und die Stimme zu erheben, wenn Regulierungswut, innovationsfeindliche Passivität, Technologiefeindlichkeit oder steuerpolitische Fehler die Prosperität der

Unternehmen gefährden. Deutschland befand sich zwar nicht in einer Rezession, litt aber unter hoher Arbeitslosigkeit. De facto brauchte das Land im Jahr 2001 fünf Millionen zusätzliche Arbeitsplätze, bei nachlassender Konjunktur eine enorme Herausforderung. Die Arbeitsmärkte waren überreguliert und die Löhne besonders in Hinsicht auf die Qualifikation zu wenig differenziert. Bei hoch qualifizierten Arbeitsplätzen taten sich Engpässe auf, während Langzeitarbeitslose gemessen an ihrer Produktivität einen tarifvertraglich zu hohen Lohnanspruch hatten. Im internationalen Vergleich waren die Unternehmenssteuern zu hoch. Die gesetzgeberischen Initiativen der Bundesregierung führten auch dort, wo sie sachlich gerechtfertigt waren, in der konkreten Umsetzung zu mehr Staat und mehr Regulierung.

Auf weniger Staat und mehr private Eigeninitiative setzte ich auch in puncto Bildung und Qualifizierung, zum Beispiel durch Sponsoring privater Universitäten und Lehrstühle durch die Wirtschaft. Deutschland konnte es sich nicht länger leisten, die ältesten Studierenden und jüngsten Rentner zu haben. Schließlich musste es gelingen, qualifizierte ausländische Arbeitskräfte ins Land zu holen. Die maue Reaktion auf die Greencard-Initiative machte deutlich, dass Deutschland ein unbürokratisches Einwanderungsgesetz braucht, das Klarheit und Rechtssicherheit schafft. Diese angesprochenen Themen haben auch nach 20 Jahren nichts von ihrer Aktualität verloren.

Die Gastredner bei den kommenden Neujahrsempfängen in meiner Amtszeit waren wieder sehr prominent: 2002 sprach Günter Verheugen als Mitglied der EU-Kommission über die Herausforderungen und Chancen der beschlossenen EU-Erweiterung um die mittel- und osteuropäischen Staaten. Vor diesem Hintergrund sprach er sich für tiefgreifende strukturelle Reformen der EU-Institutionen aus, um wirklich handlungsfähig zu werden. Die Institutionen funktionierten nicht

so gut, wie sie müssten, sodass für jede wichtige Entscheidung ein enormer Kraftakt vonnöten sei. Leider ist diese
Feststellung auch heute, knapp 20 Jahre später, noch gültig.

IHK-Empfang zum Neujahr 2002 mit dem hessischen Ministerpräsi-
denten Roland Koch, der Oberbürgermeisterin von Frankfurt Petra
Roth und EU-Kommissar Günter Verheugen (von links), Frankfurt am
Main

2003 sprach Wolfgang Ischinger, damals der deutsche Bot-
schafter in Washington und heute der Vorsitzende der
Münchner Sicherheitskonferenz. Das Verhältnis zwischen
den USA und Deutschland war damals angespannt. Bundes-
kanzler Gerhard Schröder hatte zusammen mit Frankreichs
Staatspräsident Jacques Chirac dem US-Präsidenten George
W. Bush verdeutlicht, dass sich Deutschland nicht an einer
Militäraktion der USA im Irak beteiligen würde. Trotz dieser
Differenzen bescheinigte Botschafter Ischinger den trans-
atlantischen Beziehungen ein „solides Fundament". Die
Menschen diesseits und jenseits des Atlantiks seien durch
dieselben Werte und Ziele sowie durch die historisch bei-

spielhafte Verflechtung in einem gemeinsamen Wirtschaftsraum verbunden. Das nicht ganz unumstrittene Wort Kanzler Schröders von der „uneingeschränkten Solidarität" mit den USA nach dem Terroranschlag auf das World Trade Center in New York im September 2001 habe sich als belastbar erwiesen. Einsatz und Engagement deutscher Soldaten in Afghanistan würden Deutschland in Washington durchaus hoch angerechnet. Zudem wisse man in den USA, dass die Weiterentwicklung multilateraler Regeln für die Weltwirtschaft nur mit Europa möglich sei, in dem das wiedervereinigte Deutschland eine starke Stimme habe.

Jetzt, fast zwei Jahrzehnte später, besteht die Aussicht, dass sich die USA nach der Abwahl von Präsident Donald Trump erneut um eine stärkere Abstimmung mit Europa in multilateralen Fragen bemühen werden.

2004 sprach am Neujahrsempfang Christoph Leitl, der Präsident der Wirtschaftskammer Österreichs und der europäischen Wirtschaftskammer Eurochambres in Brüssel. Er war der „Mutmacher par excellence": Zwar sei die deutsche Konjunkturlokomotive aufgrund der Lasten der Wiedervereinigung auf dem Abstellgleis, sie wieder in Fahrt zu bringen, aber eine gemeinsame europäische Aufgabe. Mit der Mitte 2004 anstehenden Erweiterung der EU um mittel- und osteuropäische Länder werde der bislang größte Schritt gemacht. Er werde gelingen, wenn die Emotionen nicht wie bei der Wiedervereinigung Deutschlands die sachlichen Probleme überlagerten.

Die IHK als Dienstleister der gewerblichen Wirtschaft

Ich hatte mir für meine Amtszeit, die den Statuten gemäß bis Frühjahr 2004 dauerte, folgende, über die Rolle als ordnungspolitischer Mahner hinausgehende Arbeitsschwerpunkte und Ziele gesetzt:

1. Den Bekanntheitsgrad und das Image der Kammer im gesamten Rhein-Main-Gebiet verbessern

   Zu diesem Zweck fanden Veranstaltungen statt und wurden für das breite Publikum spezielle Broschüren aufgelegt, die über neue Entwicklungen berichteten und erläuterten, wie die Stadt Frankfurt diese als Chance nutzen könnte, zum Beispiel: „Die Informationswirtschaft FrankfurtRheinMain – E-Business, digitale Vernetzung und die neue Cyberwelt", „Internationaler Finanzplatz Frankfurt-RheinMain – Akteure, Assets, Allianzen", „Wirtschaftsstandort Frankfurt am Main – Strukturen, Perspektiven, Erfordernisse".

2. Die Kammer als Ort des Austausches nicht nur für Vertreter der Wirtschaft und Politik, sondern auch von Kunst und Wissenschaft etablieren

   Beispiele sind die Teilnahme von Professorinnen und Professoren der Universität sowie der Intendantin des Schauspiels Frankfurt und des Intendanten der Alten Oper an den monatlichen Kammerfrühstücken. Zum 20-jährigen Jubiläum des Aufbaus der Alten Oper im September 2001 enthüllten die Gesellschaft der Freunde der Alten Oper und die IHK Frankfurt eine Gedenkplakette und unterstützten ein großes Festkonzert. Einer der bedeutendsten Klaviersolisten dieser Zeit, Alfred Brendel, konzertierte gemeinsam mit dem Chamber Orchestra of Europe. Ich hatte das große Glück, dass die IHK anlässlich meines 60. Geburtstages die Uraufführung eines Werkes von Hans Werner Henze im Beethoven-Saal der Alten Oper unterstützte. Bei dem anschließenden Empfang durfte ich einer langen Gratulationsschar die Hand schütteln. In den Büros vom Präsidenten und Hauptgeschäftsführer und in den Sitzungszimmern wurden Leihgaben des Städel Museums ausgestellt, zudem erhielten Galerien und einzelne

Kunstschaffende regelmäßig Gelegenheit, ihre Werke für mehrere Wochen in der Kammer zu präsentieren.

3. Zur verstärkten Zusammenarbeit von Wissenschaft und Wirtschaft beitragen

Dazu gehörte, dass sich die IHK neben dem Land Hessen und der Stadt Frankfurt als Gesellschafterin am Frankfurter Innovationszentrum Biotechnologie FiZ beteiligte. Der Spatenstich erfolgte im November 2002. Das in unmittelbarer Nähe des neuen Riedberg-Campus der Frankfurter Goethe-Universität gelegene FiZ bietet die Möglichkeit, nach dem in den USA schon seit Längerem praktizierten Inkubator-Konzept Bereiche der alten und der neuen Industrie in einen fruchtbaren Dialog zu bringen. Nachdem die alte Hoechst AG zerschlagen und im französischen Pharmakonzern Sanofi aufgegangen war, sah ich die Stärke der Rhein-Main-Region im Bereich der naturwissenschaftlichen Forschung, der durch intensive Kooperation mit den wissenschaftlichen Einrichtungen in der Region kontinuierlich weiterentwickelt werden sollte.

4. Frankfurts Entwicklung zum wichtigsten Finanzplatz der EU neben London unterstützen

Ich unterstützte massiv den Anspruch der Stadt Frankfurt, neben dem Sitz der Europäischen Zentralbank auch Sitz des Bankenausschusses der EU zu werden. Vor der Entscheidung des Ministerrates hatte ich noch eine Werbeveranstaltung in Brüssel organisiert und dazu die Mitglieder des Europäischen Parlaments im Wirtschafts- und Währungsausschuss eingeladen. Meinem Eindruck zufolge hatte sich die deutsche Politik nicht intensiv bemüht, sodass die Angelegenheit praktisch schon vor der Ministerratssitzung entschieden war: Der Bankenausschuss ging nach Paris, Frankfurt erhielt zumindest den EU-Versicherungsausschuss. Der war jedoch, wie sich zeigen sollte, mehr als nur ein Trostpreis.

Zu einem international bedeutenden Finanzplatz gehört auch ein über die Landesgrenzen hinweg bekanntes Studienangebot in englischer Sprache. Deshalb bemühte sich die Dresdner Bank unter ihrem Vorsitzenden Bernhard Walter um die Gründung des Institute for Law and Finance ILF an der Goethe-Universität. Das ILF sollte Studierenden aus einer Vielzahl von Ländern ermöglichen, sich mit Fragen des Kapitalmarktrechts und der Regulierung zu beschäftigen und als Abschluss einen Master of Laws (LL.M.) zu erwerben. Ich unterstützte dieses Vorhaben im Namen der Kammer tatkräftig und freute mich, dass das ILF tatsächlich 2002 starten konnte. Alle Gründungsmitglieder erhielten als Dank für ihren Einsatz die Medaille der Frankfurter Goethe-Universität. Das ILF hat sich seitdem prächtig entwickelt. Die Studierenden kommen aus mehr als zwanzig und die Fakultätsmitglieder aus mehr als zehn Ländern.

5. Die Zusammenarbeit zwischen der Stadt Frankfurt und dem Umland verbessern

Anfang 2002 teilten viele Wirtschaftsführer, vor allem wenn sie Auslandserfahrung in New York, London, Paris gesammelt hatten, meine Ansicht: Die Region Frankfurt/ Rhein-Main ist zwar wirtschaftlich stark, lässt jedoch ein für andere Metropolregionen selbstverständliches Image und Profil vermissen. Um dieses Manko zu überwinden, gründeten IHK und Wirtschaft den gemeinnützigen Verein Metropolitana, der sich als „Plattform der Wirtschaft für die Bürgergesellschaft FrankfurtRheinMain" verstand. Die polyzentrische Struktur der Region sollte als Stärke genutzt und das Gebiet zwischen Aschaffenburg und Bingen, Gießen und Darmstadt als vitaler, attraktiver zusammengehöriger Wirtschaftsraum neu positioniert werden.

Aus rund 70 Projektvorschlägen wurden fünf ausgewählt, die sofort realisiert werden sollten, darunter eine Arena Olympia für die Bewerbung um die Olympischen Spiele, der Aufbau eines weltweiten Alumni-Netzwerks mit FrankfurtRheinMain-Alumni Clubs und die Gründung des Unterstützungsnetzwerks Gate to the Region für Mitarbeitende internationaler Unternehmen.

Ein herausragendes, von Metropolitana unterstütztes Projekt war die vom Staatstheater Mainz und Staatstheater Darmstadt gemeinsam produzierte zeitgenössische Oper „Celan" von Peter Ruzicka. Die Premiere des avantgardistischen Opernwerkes fand am 29. März 2003 unter der Leitung der Mainzer Generalmusikdirektorin Catherine Rückwardt statt. Das Kulturereignis kostete knapp 550 000 Euro und war bei schrumpfenden Etats ohne externe finanzielle Unterstützung nicht zu realisieren. Bei diesem ehrgeizigen Projekt half Metropolitana, Kontakte herzustellen und Partner in der Wirtschaft zu finden, die bereit waren, sich als Corporate Citizens zu engagieren. Außerdem veranstaltete die IHK ein gut besuchtes Fundraising-Dinner unter der Schirmherrschaft des Publizisten und Philosophen Michel Friedman.

6. Die internen Strukturen und das Rechnungswesen der Kammer beispielgebend neu organisieren

Schon 2001 erhielt die IHK ein neues Logo und ein neues Corporate Design, mit dem sie das neue, von der Kammer Frankfurt mitentwickelte Marketing-Konzept des Deutschen Industrie- und Handelskammertages umsetzte. 2003 wurden aus den traditionellen Abteilungen sechs neue, bundesweit einheitliche Geschäftsfelder: Standortpolitik, Starthilfe & Unternehmensförderung, Aus- und Weiterbildung, Innovation & Umwelt, International sowie Recht & Steuern.

Viel weitreichender war die Umstellung des Rechnungs-
wesens. Nach fast 200 Jahren Kameralistik, Einnahmen-/
Ausgaben-Rechnung, wurde schrittweise das kaufmänni-
sche Rechnungswesen eingeführt. Durch diese Veränderung sollten mehr Transparenz und bessere Steuerungsfä-
higkeit der IHK-Produkte und Dienstleistungen ermöglicht
werden. Die IHK Frankfurt war bei diesem Vorhaben bundesweit Pionierin, an der anschließenden bundesweiten
Pilotphase beteiligten sich neun Kammern.

Mehr als zwei Jahre arbeitete ich sehr konstruktiv und har-
monisch mit der Oberbürgermeisterin Petra Roth und dem
Magistrat zusammen. Leider wurde mein Verhältnis zur
Frankfurter Kommunalpolitik im Lauf des Jahres 2003 plötzlich spannungsreich. Ich schätzte Petra Roth, sie vertrat die
Stadt national und international hervorragend und machte
überall eine glänzende Figur. Dass sie sich bemühte, die Einnahmen der Stadt zu verbessern, wo es ging, war Teil ihrer
Aufgabenstellung. Ich hatte verschiedentlich geäußert, dass
der kommende Haushalt weniger ein Einnahmen- als vielmehr ein Ausgabenproblem habe. Dass wir in diesem Punkt
unterschiedlicher Meinung waren, war kein Geheimnis.

Zu einem offenen, leider auch über die Medien ausgetrage-
nen Dissens kam es, als ich in einem Interview mit der
Frankfurter Allgemeinen Zeitung das von der Oberbürgermeisterin favorisierte Projekt eines Cross-Border-Leasing-
Geschäfts der Stadt ablehnte. Der Magistrat wollte aus Gründen der Steuerersparnis das Frankfurter U-Bahn-Netz für
99 Jahre an einen US-amerikanischen Investor vermieten
und quasi zeitgleich zurückmieten. Ich riet davon ab, weil
dem kurzfristigen Gewinn ein viel zu großes Risiko gegen-
überstünde. Das scheinbar lukrative Geschäft könne sich als
Desaster herausstellen, das amerikanische Steuerrecht geändert werden, und bei einem Rechtsstreit gegen einen ame-

rikanischen Investor vor einem US-Gericht zu gewinnen, sei mehr als unsicher.

Die Oberbürgermeisterin schickte mir einen blauen Brief, den sie auch der Presse übergab, noch bevor ich ihn hatte, und warf mir Antiamerikanismus vor. Das empfand ich als verletzend, zumal ich zwei Jahre in den USA gearbeitet hatte, unsere Tochter dort geboren und daher amerikanische Staatsbürgerin war und ich viele Jahre Partner einer in New York eingetragenen Beratungsfirma gewesen war. Ich bedauerte aufrichtig, dass meine bis dahin so vertrauensvolle Zusammenarbeit über diesen Dissens zu einem plötzlichen Ende kam. Dies umso mehr, als sich meine Einschätzung später voll bestätigen sollte: Manche Gemeinden verloren mit solchen Cross-Border-Leasing-Geschäften viel Geld. Der Freistaat Bayern hat alle Geschäfte dieser Art verboten.

Ich wurde später einmal von einem Mitglied der Frankfurter Gesellschaft gefragt, ob ich schon die Medaille für Verdienste um die Stadt erhalten habe, weil ich der Stadt doch geholfen hätte, einen Verlust in Höhe eines zweistelligen Millionenbetrages zu vermeiden. Die Frage erschien mir durchaus ernst gemeint.

Spannungen gab es gegen Ende meiner Präsidentschaft leider auch mit Wolfgang Lindstaedt. Immer wieder ließ er sämtliche an mich gerichtete Post öffnen, sogar wenn sie als „persönlich und vertraulich" gekennzeichnet war. Ein eklatantes Überschreiten seiner Kompetenzen war seine völlig aus der Luft gegriffene Mitteilung an den Richter am Amtsgericht Frankfurt, dem ich als Handelsrichter zugeteilt war. Darin hieß es, dass ich mich bei ihm nicht mehr wohlfühle und mich deshalb zu einem anderen Richter versetzen lassen wolle. Ich hatte größte Schwierigkeiten, dem Richter klarzumachen, dass ich sehr wohl bei ihm bleiben wollte. Lindstaedt schien ein persönliches oder auf die Kammer bezogenes Problem mit diesem Richter zu haben und glaubte wohl, ihm eins auswischen oder ihn nachgiebig stimmen zu können, wenn er meinen Abgang vorschob. Ich konnte mir sein Verhalten überhaupt nicht erklären. Es passte nicht zu seinem sonst so rationalen und abwägenden Vorgehen.

Mein Nachfolger als Präsident, Joachim von Harbou, scheint ähnliche Probleme mit Wolfgang Lindstaedt gehabt zu haben. Jedenfalls einigten sie sich überraschend und schnell auf dessen vorgezogene Pensionierung Ende 2004.

Als Joachim von Harbou auch mit verschiedenen Präsidiumsmitgliedern Meinungsverschiedenheiten hatte, trat er zurück. Ich war mittlerweile in der Vollversammlung nachgerückt und wurde von einem Vertreter des Präsidiums gefragt, ob ich noch einmal die Präsidentschaft übernehmen wollte. Inzwischen hatte ich mich jedoch als Obmann der liberalen Fraktion im Wirtschafts- und Währungsausschuss und als wirtschaftspolitischer Sprecher erfolgreich im Europäischen Parlament etabliert und lehnte deshalb ab.

Frankfurt als internationale Drehscheibe

Als Präsident der IHK Frankfurt nutzte ich die Möglichkeit, noch an anderer Stelle im nationalen und internationalen Kammerwesen tätig zu sein. So war ich Vorsitzender der Arbeitsgemeinschaft hessischer Kammern, Mitglied des Vorstandes des Deutschen Industrie- und Handelskammertags DIHK in Berlin, Vorsitzender des DIHK-Ausschusses für Industrie und Forschung, Mitglied des Präsidiums der ICC International Chamber of Commerce and Industry Deutschland, Vizepräsident von Eurochambres und Mitglied der Fachkammer für Unternehmenspolitik der Europäischen Kommission in Brüssel. Ich vertrat die hessischen Kammern im Rundfunkrat des Hessischen Rundfunks und war dort Mitglied des Programmausschusses Fernsehen und des Finanzausschusses. Zudem war ich ab Mitte 2000 für vier Jahre Handelsrichter am Landgericht Frankfurt.

Bei den Treffen mit hochrangigen deutschen Politikern durften wir unter anderem Bundeskanzler Gerhard Schröder, Außenminister Joschka Fischer, Bundesfinanzminister Hans Eichel und den hessischen Ministerpräsidenten Roland Koch begrüßen.

Treffen mit Bundeskanzler Gerhard Schröder in der IHK Frankfurt 2002

Als stark international ausgerichtete Kammer war die Industrie- und Handelskammer Frankfurt auch Anlaufstelle hochrangiger ausländischer Besucherinnen und Besucher aus Wirtschaft und Politik. Ich erinnere mich an Visiten aus Brasilien, von Präsident Vicente Fox aus Mexiko und dem belgischen Premierminister Guy Verhofstadt sowie an Gäste aus vielen Nachbarländern.

Besuch des mexikanischen Präsidenten Vicente Fox in der IHK Frankfurt 2003

Zudem organisierte die Kammer regelmäßig in Zusammenarbeit mit deutschen Verbänden internationale Handels- und Wirtschaftskonferenzen mit zahlreichen Teilnehmenden aus den behandelten Regionen. Diese reichten von Ostasien (Korea, Taiwan) über den Iran und Ägypten bis nach Südamerika (Argentinien).

Die Rolle der Industrie- und Handelskammern wird in regelmäßigen Abständen kritisch hinterfragt. Meistens handelt es sich dabei um Angehörige der jüngeren Generation, die das Kammerwesen für überholt, unflexibel, bürokratisch und zu teuer halten. Sie stoßen sich vor allem an der Pflichtmitgliedschaft (in ihren Augen eine Zwangsmitgliedschaft), die aus der Zeit gefallen sei, und verweisen auf andere Länder, wo die Mitgliedschaft auf freiwilliger Teilnahme basiert. Darüber hinaus bedauern die Kritiker, dass die Kammern Leistungen anbieten, die von privaten Dienstleistern genauso gut und wegen des Wettbewerbs vielleicht sogar effizienter und kostengünstiger erbracht werden könnten.

Starke Kritik am deutschen Kammerwesen kam zu meiner Zeit als Präsident von den Jungen Liberalen, der Jugendorganisation der Freien Demokraten. Die JuLis brachten beim Bundesparteitag im Mai 2005 einen formalen Antrag ein, die Pflichtmitgliedschaft zu beenden und das Kammerwesen auf freiwilliger Basis neu zu organisieren. Ich war im Mai 2005 schon fast ein Jahr Abgeordneter im Europäischen Parlament und als ehemaliger IHK-Präsident aufgerufen, zu diesem Antrag Stellung zu beziehen.

Grundsätzlich ist es legitim, Organisationen wie die Industrie- und Handelskammern auf den Prüfstand zu stellen. Manche der Kritikpunkte konnte ich nachempfinden, aber die pauschale Verurteilung ging mir doch zu weit. Die Kammern seien:

- schwerfällig und langsam statt dynamisch und schnell.
- bürokratisch statt unternehmerisch.
- altmodisch und verstaubt statt modern und zukunftsorientiert.
- reaktiv statt aktiv.

Ich konnte eine Vielzahl von Beispielen aufzählen, wo die Kammern positiv im Interesse der Wirtschaft und der Beschäftigten wirken:

- Die Kammern spielen eine verdienstvolle Rolle im dualen Ausbildungssystem, wo sie permanent einfallsreich, kreativ und engagiert an der Entwicklung neuer Berufsbilder und von Aktionen zur Schaffung von Ausbildungsplätzen arbeiten.

- Sie führen Berufs- und Ausbildungsmessen durch.
- Sie nehmen Prüfungen ab und stellen Zeugnisse aus.
- Sie stellen Ursprungszeugnisse aus.
- Sie nehmen bei der Klärung wettbewerbsrechtlicher Fragen eine Schiedsgerichtsfunktion ein.
- Sie sind die Interessenvertretung der Gewerbetreibenden bei Maßnahmen der Stadtentwicklung.
- Sie sichern ein effizientes Zusammenspiel von kompetenten eigenen Mitarbeitenden mit unzähligen ehrenamtlich Tätigen.
- Sie unterstützen mit dem Netz der Außenhandelskammern gerade KMUs bei deren Versuch, international tätig zu werden.

Ich halte das Kammerwesen als Beispiel gelungener Selbstverwaltung und als Vertretung der Wirtschaft gegenüber der lokalen und regionalen Politik nach wie vor für gerechtfertigt und sinnvoll. Eine Zerschlagung wäre ein großer Fehler, eine Reform durchaus wünschenswert. Wie in diesem Kapitel dargestellt, habe ich mich als Präsident bemüht, eine Reihe solcher Reformen durchzuführen. Nicht immer war ich erfolgreich. Die Schaffung einer einzigen Kammer für die Wirtschaftsregion Frankfurt/Rhein-Main stieß auf den erbitterten Widerstand der Kammern in Offenbach, Wiesbaden und Darmstadt und war deshalb nicht machbar. Ebenso waren die Beharrungskräfte zu groß, um die Leiter der Abteilungen in der IHK nicht mehr Geschäftsführer, sondern Abteilungsdirektoren zu nennen.

12

Europäisches Parlament –
Die Politik tickt anders

Als mein Vorstandsmandat bei der AGIV Real Estate AG Ende Februar 2003 auslief, war mir klar, dass ich ab sofort erheblich mehr Freizeit haben würde. Ich war bei der AGIV nur noch im Aufsichtsrat tätig, ebenso bei der AVECO Holding AG in Frankfurt am Main und in Österreich bei der Zumtobel Gruppe in Dornbirn in Vorarlberg. Alle drei Unternehmen waren inhabergeführt und der Arbeitsaufwand für familienfremde Aufsichtsräte hielt sich in Grenzen. Meine Beteiligung bei der Private-Equity-Firma EquiVest in München war die eines Kommanditisten, meine Aufgabe als Hotelentwickler in Berlin längst erfüllt. Das Hotel wurde von einer Hotelbetreibergesellschaft geführt, die Verantwortung für Immobilienverwaltung und Vertragsmanagement lag bei meinem in Berlin ansässigen Partner und Freund Ken Paulin.

Blieb noch die Industrie- und Handelskammer Frankfurt, bei der ich bis März 2004 als Präsident gewählt war. Mir machte die Arbeit Spaß, und ich wollte sie gerne fortsetzen, obwohl ich darauf hingewiesen worden war, dass dies möglicherweise der Statuten wegen gar nicht möglich sei. Ich sei gar nicht mehr im Kammerbezirk unternehmerisch tätig – die AGIV Real Estate AG hatte ihren Firmensitz zwischenzeitlich nach Hamburg verlegt und eine Aufsichtsratstätigkeit galt ohnehin nicht als unternehmerisch – und die von mir 1999 gegründete und in Königstein eingetragene 3C Beratungs- & Beteiligungs-GmbH war operativ nicht tätig.

Ich wollte allerdings nicht mehr Freizeit, sondern weiterhin eine verantwortungsvolle Tätigkeit. Alle guten Wünsche meiner ehemaligen Kollegen – „Jetzt hast du endlich die Zeit, die du brauchst, um all die Reisen zu machen, die du schon immer machen wolltest", „Jetzt kannst du endlich daran arbeiten, dein Golf-Handicap zu verbessern" oder „Jetzt steht dir nichts mehr im Wege, Rotary-Governor zu werden" – überzeugten mich nicht.

Ich war parteipolitisch nicht gebunden. In der Vergangenheit hatte ich nicht daran gedacht, einer Partei beizutreten. Entweder ich war im Ausland, oder – wie im Fall der Treuhand – ich fand es opportun, keinem politischen Lager zuzurechnen zu sein. Das ist allerdings nicht ganz richtig. Nicht nur wegen Herbert Riehl-Heyses Artikel im Magazin der Süddeutschen Zeitung war ich im Umkreis als der „Marktwirtschaftler", also als Wirtschaftsliberaler bekannt. Die Bezeichnung „liberaler Kapitalist", die mir Gewerkschaftsvertreter in meiner Vorstandstätigkeit bei schwierigen unternehmerischen Entscheidungen, wie Werksschließungen und Personalentlassungen, mitunter entgegenschleuderten, habe ich nie als Beleidigung aufgefasst. Insofern war ich ein loyaler Wähler der FDP. Nur einmal, als es um die Unterstützung von Willy Brandts Ostpolitik ging, habe ich mit der Erststimme SPD gewählt.

Mir war es schier unerklärlich, warum die FDP bei den beiden vorangegangenen Wahlen zum Europaparlament die Fünf-Prozent-Hürde nicht überwunden hatte und somit seit 1994 nicht mehr in Brüssel vertreten war. Ich wollte aktiv dazu beitragen, das zu verändern. Politik hatte mich immer interessiert, meine internationale Business-Karriere hatte ein aktives politisches Engagement allerdings immer verhindert.

Als Neuling hessischer Kandidat für die Europawahl 2004

Jetzt sah ich die Chance gekommen. Ich wollte Ruth Wagner, Kultusministerin und Parteivorsitzende der Freien Demokraten in Hessen, ansprechen und sie dazu bewegen, meine Kandidatur zu unterstützen. Ich kannte die sehr engagierte Ministerin von diversen Gesprächen, die ich als Vertreter der hessischen Kammern für viele Bereiche mit dem Kabinett und einzelnen Ministern in Wiesbaden geführt hatte. Es war nicht schwer, einen Termin zu erhalten. Schwieriger war es schon, ihr zu verdeutlichen, was ich im Einzelnen für Deutschland und Hessen in Straßburg und Brüssel erreichen wollte, da ich die Arbeit im Europaparlament nicht kannte und auch nicht wusste, welche Projekte demnächst auf der Agenda stehen würden. Eins war mir allerdings klar: Sie würde mir auf den Zahn fühlen, um sich zu vergewissern, dass ich tatsächlich ein überzeugter Liberaler sei. Mein Credo lautete grob umrissen wie folgt:

- Als Liberaler glaube ich daran, dass jeder Mensch das Potenzial in sich trägt, sein Leben nach eigenen Vorstellungen selbstbestimmt zu gestalten. Die liberale Idee vermittelt das Lebensgefühl, frei über das eigene Leben entscheiden zu dürfen, Verantwortung für sich zu übernehmen und Vertrauen in die eigenen Fähigkeiten zu entwickeln. Das erfordert Mut und die Überwindung von Angst, die unsere Gesellschaft leider in vielen Bereichen befallen hat: Angst vor dem Klimawandel, Angst vor einer Wirtschaftskrise mit Arbeitslosigkeit, Angst vor Corona und Krankheit, Angst vor Inflation und Armut, Angst vor Flüchtlingen und Fremden.

- Diese Angst zu überwinden gelingt nur, wenn der Einzelne Vertrauen in sich und darauf hat, dass der Staat faire Chancen bei Ausbildung und Weiterbildung bietet. Alle Bürgerinnen und Bürger müssen die gleichen Chancen haben. Sie müssen aber nicht gleich sein und werden. Das Ziel ist, das Potenzial jedes Einzelnen optimal auszuschöpfen, nicht Gleichmacherei.

- Wer Mut und Selbstvertrauen hat, der unternimmt auch etwas. Gerade für Deutschland mit seinem erfolgreichen Mittelstand sind immer wieder neue unternehmerische Impulse wichtig. Wer einmal scheitert, muss wissen, dass er nicht ins Bodenlose fällt, sondern in einem sozialen Sicherungsnetz landet.

- Ich glaube an die soziale Marktwirtschaft als ordoliberalen Rahmen für die Wirtschaft, nicht an den Manchester- oder Raubtierkapitalismus, wie er gelegentlich noch vertreten und praktiziert wird. Auch die einseitige Vertretung der Interessen der Eigentümer oder Aktionäre bei Aktiengesellschaften war eine Fehlentwicklung. Nicht die Shareholder allein sind entscheidend, sondern alle Stakeholder. In unserem Grundgesetz steht: „Eigentum verpflichtet." Das gilt auch für Unternehmen als Corporate Citizens.

- Der Staat muss seine Bürgerinnen und Bürger als frei betrachten und entsprechend behandeln. Sie überlassen dem Staat über Steuern ihr Geld zu treuen Händen. Entsprechend sorgfältig und verantwortungsvoll muss der Staat mit den Steuern umgehen.

- Für Liberale sind alle Menschen in ihrer Würde und in ihren Rechten gleich. Es gibt keinen Unterschied nach Geschlecht, Rasse, Ethnie, Religion, Beruf oder sexueller Ausrichtung.

Ruth Wagner zeigte sich erfreut über meinen Optimismus, die FDP bei der Europawahl 2004 gemeinsam mit anderen Kandidatinnen und Kandidaten wieder ins Europaparlament führen zu können. Allerdings, so erklärte sie, habe Hessen mit Roland von Hunnius bereits einen sehr guten Kandidaten: Landtagsabgeordneter, Mitglied im Europaausschuss, langjähriges Parteimitglied, in der ganzen Partei gut vernetzt und hoch geschätzt. Ich schlug vor, beim Landesparteitag gegen Roland von Hunnius anzutreten, sodass die Delegierten anschließend in einer Kampfabstimmung entscheiden könnten. Diesen Vorschlag schmetterte sie entschieden ab. Ein solches Vorgehen sei bei der FDP nicht üblich. Sie werde mit einem Vorschlag auf mich zukommen.

Nach einigen Wochen kam sie tatsächlich mit einem Vorschlag zurück. Der Vorstand der Partei – vielleicht war es auch das Präsidium – hatte beschlossen, Roland von Hunnius und mich anlässlich einer Wochenendklausur vorsprechen und einer intensiven Befragung stellen zu lassen. Ich sollte am Freitagabend antreten, von Hunnius am Samstagabend, und am Sonntag wollte man endgültig entscheiden.

Ich bin ein Anhänger des Wettbewerbsgedankens und hätte eine direkte, lebendige, möglicherweise kontroverse Diskussion mit Roland von Hunnius auf dem Landesparteitag vorgezogen. Aber der Vorschlag, den mir Ruth Wagner präsentierte, war fair, und ich dachte nicht lange darüber nach, ob es günstiger war, sich als Erster oder Zweiter den Fragen des Vorstands zu stellen. Mir war Freitag allein deshalb schon lieber, weil Rotraut und ich am Samstag für zehn Tage nach Mougins fahren wollten, um den Sommer an der Côte d'Azur ausklingen zu lassen und das Haus winterfest zu machen.

Am Sonntag, dem 13. September 2003, meinem Geburtstag, teilte mir Ruth Wagner das Ergebnis telefonisch mit. Mit nur ganz knapper Mehrheit hielt man an dem Beschluss fest, am

Sonntag eine endgültige Entscheidung zu treffen. Die fiel dann allerdings mit deutlicher Mehrheit zu meinen Gunsten aus. Ein schöneres Geburtstagsgeschenk hätte ich mir nicht vorstellen können. Überzeugt, dass die FDP wieder – und damit auch ich – ins Europäische Parlament einziehen würde, wusste ich instinktiv, dass meine Kandidatur eine entscheidende Weichenstellung für mein weiteres Leben darstellte.

Doch noch war es nicht so weit und es galt, ein paar weitere Hürden zu überwinden. Der Landesparteitag im November war die erste. Da ich aber der einzige Kandidat war, brauchte ich mir keine Sorgen zu machen. Viel wichtiger war der Europaparteitag auf Bundesebene. Dort wurde über die Liste und die Reihenfolge der gelisteten Kandidaten für die Europawahl entschieden.

Noch vor dem Landesparteitag organisierte Ruth Wagner ein Treffen mit dem jungen Juristen Stefan Ruppert, der sich gerade an der Universität habilitierte. Diese Begegnung ist mir aus zwei Gründen in Erinnerung geblieben: Zum einen verkörperte er den angehenden erfolgreichen Wissenschaftler, der voll in seinem Fach aufgeht, zum anderen konnte er in knappen Worten sehr anschaulich verdeutlichen, was für ihn Liberalismus bedeutet und warum er sich in der FDP engagiert. „Im Zweifel für die Freiheit" lautete sein Credo. Mir schien sein weiterer Lebensweg klar vorgezeichnet: Professor an einer renommierten Universität und Justizminister in einer Bundesregierung mit FDP-Beteiligung. Tatsächlich vollzog er einen fulminanten politischen Aufstieg: Mitglied des Bundestages, parlamentarischer Geschäftsführer der FDP im Bundestag, Landesvorsitzender in Hessen. 2020 wechselte er als Vorstandsmitglied in ein großes internationales Unternehmen. Schade für die Freien Demokraten!

Deutschland war mit 99 Sitzen im Europaparlament vertreten. Davon würden fünf Sitze – und damit die Listenplätze eins bis fünf – sicher an die FDP fallen, wenn sie es schaffte, die Fünf-Prozent-Hürde zu überspringen. Ruth Wagner wollte den Listenplatz drei für Hessen und damit für mich reklamieren. Am Ende überließen wir ihn meinem späteren Kollegen Jorgo Chatzimarkakis aus Saarbrücken, dem diese Platzierung sehr wichtig war, weil der Europaparteitag in Saarbrücken stattfand. Ich war mit Listenplatz vier hochzufrieden.

Kurz vor dem Landesparteitag berichtete mir Ruth Wagner telefonisch, dass in den Reihen der JuLis, der Jungen Liberalen, eine gewisse Unruhe herrsche, da ich keine Parteivergangenheit habe. Ich hätte nie Plakate geklebt, nie Straßen- und Häuserwahlkampf gemacht oder unterstützt und sei obendrein noch nicht einmal Parteimitglied. Sie empfahl mir, beim Parteitag meinen baldigen Beitritt anzukündigen. Ich wartete nicht bis November, sondern trat der FDP am folgenden Tag bei. Mein Ergebnis beim Landesparteitag war mit rund 65 Prozent nicht gut, aber es reichte. Es gelang mir später, auch die Unterstützung der JuLis zu gewinnen.

Sprung auf die Bundesliste

Am Vorabend des Bundesparteitages in Saarbrücken traf ich Wolfgang Gerhardt, den Fraktionschef der FDP im Bundestag. Bei ihm wollte ich die Kernpunkte meiner für den nächsten Tag vorbereiteten Rede testen. Er gab mir einen Ratschlag, der sich als goldrichtig herausstellen sollte: „Aufgrund meiner jahrzehntelangen Erfahrung mit Parteitagen sage ich Ihnen: Kürzen Sie Ihre Ansprache auf zwei Minuten. Es werden dann trotzdem zweieinhalb. Schmeißen Sie ein paar Punkte raus, auch wenn sie Ihnen noch so wichtig vorkommen."

Und genau so ging ich vor. Meine Ansprache führte ich in etwa folgendermaßen ein: „Jedes Mal, wenn ich über das

Treppenhaus der IHK zu meinem Büro gehe, erinnern mich Fotos und Redenauszüge Ludwig Erhards an seine Rolle als Direktor der bizonalen Wirtschaftsverwaltung, der er auf Vorschlag der FDP geworden war. Er sprach 1948 in seiner programmatischen Rede von der Notwendigkeit, eine freie, auf echtem Leistungswettbewerb beruhende Marktwirtschaft zu errichten und die Preise freizugeben. Nur so könnten eine auf Wahlfreiheit, Demokratie und Selbstverantwortlichkeit fußende Gesellschaft und Immunisatoren gegen die persönlichkeitstötende Gleichmacherei geschaffen werden. Die Lösung menschlicher Lebensformen sei eine Kombination aus Freiheit und Bindung."

Meine Kontrahenten – es bewarben sich mehrere um den Listenplatz vier, manche persönlich vorgeschlagen und unterstützt vom Parteivorsitzenden Guido Westerwelle – redeten sich um Kopf und Kragen. Als der letzte fertig war, wusste ich, dass ich gewonnen hatte. Wegen eines Formfehlers musste der Parteitag rund zwei Monate später am 28. März 2004 in Bonn im früheren Plenarsaal des Bundestags wiederholt werden. Die Ergebnisse von Januar wurden bestätigt. Die Mehrkosten hielten sich in Grenzen, weil in Bonn auch eine Konferenz der FDP-Kreisvorsitzenden stattfand.

Begegnung mit Guido Westerwelle, dem Parteivorsitzenden der FDP und späteren Vizekanzler und Außenminister, 2004

Kampf um die Fünf-Prozent-Hürde

Jetzt waren es nur noch elf Wochen bis zur Europawahl. Die Vorbereitungen für den Wahlkampf mussten bald abgeschlossen werden. Es war klar, dass unsere vom Parteivorsitzenden persönlich ausgesuchte und unterstützte Spitzenkandidatin Silvana Koch-Mehrin für die Partei national werben würde. Wir anderen würden in unseren jeweiligen Wahlkreisen aktiv werden.

Mein Wahlkreis war ganz Hessen. Mir war klar, dass mein Wahlkampf in diesem großen Flächenstaat mit enormer Reisetätigkeit verbunden sein würde. Zum Glück hatten wir in der FDP-Zentrale tüchtige und engagierte Mitarbeitende, die in enger Abstimmung mit den Kreis- und Ortsverbänden den Wahlkampf planten. Dabei war es wichtig, dass wir unseren übergeordneten Slogan „Wir können Europa besser" mit konkreten Beispielen unterlegten. Außerdem mussten alle potenziellen Wählergruppen angemessen angesprochen werden, das heißt die normalen Durchschnittsbürger, die Arbeiter und Angestellten, Vertreter freier Berufe, Mittelständler, Führungskräfte in Konzernen, Schüler und Studierenden, Medienvertreter. Die Reden, Besuche und Interviews mussten so geplant und gestaltet werden, dass ich das Programm mit meinem Auto – es gab keinen Fahrer – logistisch gut bewältigen konnte.

Es klappte. In rund sechs Wochen absolvierte ich insgesamt mehr als 200 Veranstaltungen. So intensiv habe ich Hessen erst wieder fünf Jahre später beim nächsten Europawahlkampf bereist. Aber es war schön, so viele Städte und Dörfer kennenzulernen, in denen ich davor noch nie gewesen war.

Sehr gerne erinnere ich mich an die fantastische Unterstützung von Alexander von Bethmann im Hochtaunus-Kreis und Bettina Stark-Watzinger im Main-Taunus-Kreis. Beide haben nie aufgegeben, sich sachlich für die liberale Sache einzusetzen. Bettina Stark-Watzinger ist seit 2017 Mitglied des Bundestages und Nachfolgerin von Stefan Ruppert als parlamentarische Geschäftsführerin der Bundestagsfraktion.

Die meisten Veranstaltungen waren gut besucht, nur einmal saßen mir im Saal eines Gasthauses nur 18 Zuhörer gegenüber. Spannend wurde es, als ich im Frankfurter Presseclub mit Daniel Cohn-Bendit über die ökologische Weiterentwicklung der Marktwirtschaft diskutieren konnte oder mit den hessischen Vertreterinnen und Vertretern aller anderen Parteien im hessischen Fernsehen zusammentraf.

Rückkehr der FDP ins Europäische Parlament

Am 13. Juni 2004 war es dann so weit. Im Königsteiner Wahlbüro wünschte man mir bei meiner Stimmabgabe Glück. Ruth Wagner hatte sich für den späteren Nachmittag angesagt, gemeinsam wollten wir mit Rotraut um 18 Uhr die ersten Prognosen und Hochrechnungen erleben. Die positiven

Ergebnisse der Wählerbefragungen, die wir ab 15 Uhr erhielten, stimmten uns sehr siegessicher. Und in der Tat war es schon kurz nach 18 Uhr klar, dass die FDP mit sieben Abgeordneten in das Europaparlament zurückkehrte. Dazu gehörten die Delegationsvorsitzende Silvana Koch-Mehrin, Alexander Alvaro, Jorgo Chatzimarkakis, Holger Krahmer, Alexander Graf Lambsdorff, Willem Schuth und ich. Ich freute mich über diesen schönen Erfolg – und umso mehr, als Hessen das beste Ergebnis aller 16 Bundesländer erzielte. Die Liberalen hatten nicht nur in Deutschland, sondern in der gesamten Europäischen Union dazugewonnen.

Das Parlament konstituierte sich am 20. Juli 2004. Es zeigte sich, dass die Allianz der Liberalen und Demokraten in Europa ALDE, zu der auch die FDP gehört, fast so viele Sitze gewonnen hatte, wie die großen Fraktionen jeweils verloren hatten. Mit 88 Mitgliedern war die ALDE die drittstärkste Fraktion und bei wichtigen Entscheidungen praktisch das Zünglein an der Waage.

Jetzt musste ich mich in Brüssel zumindest für die nächsten fünf Jahre häuslich einrichten. Ich hatte Rotraut schon bei einer anderen Gelegenheit gesagt, mir vorstellen zu können, für viele Jahre im Hotel zu leben. Gesagt, getan. Ich mietete mich im neu erbauten Sofitel an der Place Jourdan in der Nähe des Parlaments ein. Das Hotel war luxuriös und hatte seinen Preis. Aber die Spesen reichten aus. Nach ein paar Jahren wurde aber auch ich eines Besseren belehrt. Nun sehnte auch ich mich nach einer Bleibe, in der ich mich nach langen Tagen und Abenden zu Hause fühlte. In der Rue Froissart gleich um die Ecke vom Sofitel wurden neue Häuser errichtet. Ich kaufte eine 100 Quadratmeter große Drei-Zimmer-Wohnung mit voll eingerichteter Küche, für einen Neubau relativ hohen Decken, großer Terrasse, Blick in eine Grünanlage mit einem riesigen wunderschönen Kastanienbaum und unverbaubarem Blick aufs Parlament. Wie sich herausstellte, sollte ich bis 2019 in dieser Wohnung bleiben. Vorbei war die Zeit des Reisens mit großem Koffer. Ich hatte jetzt alles vor Ort und war rundherum zufrieden.

Empfang der ALDE-Fraktion des Europäischen Parlaments in Brüssel im Oktober 2006

Das Europaparlament ist anders

Das Europäische Parlament ist ein Parlament sui generis, historisch einmalig und mit keinem anderen bestehenden Staatsgebilde oder internationalen Verbund vergleichbar.

- So kennt es eine maximale Anzahl von Abgeordneten, die ein großer Mitgliedsstaat nicht überschreiten, und eine Mindestanzahl, die ein kleines Mitgliedsland nicht unterschreiten kann. 2004 betrug die Höchstzahl für Deutschland 99, heute 96. Malta musste 2004 mindestens fünf Abgeordnete stellen, heute mindestens sechs, so wie auch Zypern und Luxemburg. Insofern haben die Abgeordneten sowie die Wahlbürgerinnen und Wahlbürger nicht das

gleiche Gewicht. Abgeordnete aus Deutschland beispielsweise vertreten eine vielfache Anzahl von Wählerinnen
und Wählern im Vergleich zu Abgeordneten aus einem
der kleinen Mitgliedstaaten.

- Europaweit wird nicht am selben Tag gewählt, sondern an
  drei unterschiedlichen Tagen innerhalb eines Zeitraums
  von vier Tagen.

- Die Sperrklausel ist von Land zu Land verschieden und
  auch nicht überall vorhanden. 2004 betrug sie beispielsweise in Deutschland, Frankreich, Polen, Tschechien und
  anderen Ländern fünf, in Österreich und Schweden vier
  und in Griechenland drei Prozent.

- In einem Großteil der Länder stellen die Parteien landes-
  weite fixe Listen für die Wahl auf. Man wählt eine Partei
  und damit automatisch die Kandidatinnen und Kandidaten in der Reihenfolge ihrer Liste. Doch es gibt auch andere Wahlmodi: In Luxemburg beispielsweise können die
  Wählerinnen und Wähler panaschieren, das heißt ihre
  Stimmen auf Kandidatinnen und Kandidaten verschiedener Listen verteilen, und in Irland und Malta auf dem
  Stimmzettel die Reihenfolge der Bewerberinnen und Be-
  werber verändern.

- In den meisten Mitgliedstaaten bildet das ganze Land
  einen Wahlkreis. Frankreich ist hingegen in acht Wahl-
  kreise unterteilt, Irland und Belgien jeweils in vier. Auf
  diese Weise soll auf regionale Besonderheiten Rücksicht
  genommen werden, wie sie unter anderem in Belgien mit
  Flandern, Wallonien, der deutschsprachigen Region und
  Brüssel gegeben sind.

- Die Bürgerinnen und Bürger der EU können in jedem Mitgliedsland kandidieren. So hatte zum Beispiel die FDP
  2004 mit Willem Schuth einen niederländischen Abgeordneten in ihren Reihen.

- Der offizielle Sitz des Parlaments ist Straßburg. Es kommt aber auch in Brüssel zusammen. In Ermangelung einer europäischen Regierung gibt es weder Regierungs- noch Oppositionsabgeordnete.

- Die Exekutive der Gemeinschaft ist die Europäische Kommission, deren 27 Mitglieder jeweils aus einem der 27 EU-Länder kommen. Sie hat die Aufgabe, den EU-Haushalt zu verwalten, die Wahrung der europäischen Verträge zu gewährleisten und die europäische Integration voranzutreiben. Und sie hat das alleinige Recht, Gesetze zu initiieren. Die Kommission wird als Ganzes vom Europäischen Parlament bestätigt oder abgelehnt.

- Die Gesetzesvorschläge werden durch die Kommission oder durch Anträge aus dem Parlament an die Kommission initiiert und durch Zustimmung des Plenums und des Ministerrats verabschiedet. Im Ministerrat sind die Regierungen der Länder durch die den Abstimmungsgegenstand betreffenden Fachminister vertreten.

Schon im Vorfeld vor der Konstituierung des Parlaments in Straßburg hatten wir uns als liberale deutsche Gruppe formiert und die Rolle jedes einzelnen definiert. Silvana Koch-Mehrin war als Vorsitzende gesetzt und strebte – erfolgreich – nach der Vizepräsidentschaft des Parlaments. Hätte sie darauf verzichtet, hätte die FDP den Chairman des Ausschusses für Wirtschaft und Währung ECON stellen können. Das wäre für mich eine äußerst reizvolle, aber auch sehr anspruchsvolle Aufgabe gewesen. Ich akzeptierte Silvana Koch-Mehrins Entscheidung ohne Murren und begnügte mich mit der Rolle des Schatzmeisters. Besonders wichtig war es mir, Vollmitglied im ECON zu werden; für die stellvertretende Mitgliedschaft kamen der Ausschuss für Industrie, Forschung und Energie ITRE oder der Ausschuss für Binnenmarkt und Verbraucherschutz IMCO in Betracht. Es lag an Silvana Koch-

Mehrin, die Wünsche jedes Einzelnen in Verhandlungen mit den anderen Delegationen erfolgreich durchzusetzen.

Der August ist in allen europäischen Institutionen der traditionelle Ferienmonat, so auch im Europaparlament. Im September konnte es also richtig losgehen. Vorher wollte ich allerdings noch zwei Mitarbeitende für mein Büro finden. Unter den rund 50 Bewerbungen, die ich unaufgefordert erhalten hatte, waren etwa 20 Kandidatinnen und Kandidaten, die ich mir persönlich ansehen wollte. Dazu bat ich das Brüssel-Büro des Deutschen Industrie- und Handelskammertages – noch war ich Vizepräsident von Eurochambres –, mir für zwei Tage einen Raum für Interviews zur Verfügung zu stellen.

Nach allen Gesprächen hatte ich mit Ulrike Kohl meine hervorragende Assistentin gefunden. Sie hatte schon gut zwei Jahre für einen deutschen CDU-Abgeordneten gearbeitet, kannte den ECON, die Abläufe bei der Erstellung von Initiativ-Berichten und den Abstimmungsmodus bei legislativen Vorhaben mit Kommission und Rat. Zudem lernte ich von Ulrike Kohl sehr viel über die Arbeit eines Abgeordneten und die Fraktion.

Jetzt fehlte noch eine zweite Assistenz. Ich war schon wieder zurück in Königstein, als mich ein weiteres Bewerbungsschreiben erreichte. Es stammte von einer Studentin, die gerade ihr Studium abgeschlossen hatte, mit der FDP sympathisierte und sehr an einer Mitarbeit im Europaparlament interessiert war. Ich rief sie an, und da sie in Köln wohnte, vereinbarte ich ein Interview am ICE-Bahnhof in Limburg, für jeden von uns etwa eine Stunde entfernt. Nach einem Gespräch von etwas mehr als einer Stunde hatte ich die zweite Mitarbeiterin gefunden. Larissa Fiedler – inzwischen verheiratete Schoenfeldt – entpuppte sich als Volltreffer. Jetzt konnten die Sommerferien beginnen.

Obmann der liberalen Fraktion im ECON

Inzwischen war ich als Vollmitglied im Wirtschafts- und Währungsausschuss ECON und als stellvertretendes Mitglied im Ausschuss für Industrie, Forschung und Energie ITRE bestätigt worden. Ich hatte mir diese Ausschüsse ausgewählt, weil ich glaubte, viel von meiner Berufserfahrung einbringen zu können, da Finanzfragen für den Standort Frankfurt und Forschungsthemen für die Bereiche Chemie und Pharma für Hessen von besonderer Bedeutung waren.

Im ECON war die liberale Fraktion mit sieben Voll- und vier stellvertretenden Mitgliedern präsent. Der wirtschaftspolitische Sprecher der Fraktion und Obmann im Ausschuss war Christopher Huhne. Der Oxford-Absolvent mit Interesse für und Spezialisierung in Finanz- und Währungsfragen war in Großbritannien zweimal zum *Financial Journalist of the Year* gewählt worden. Ich wurde zu seinem Stellvertreter gewählt und hatte, als er als Kandidat der Liberal Democrats ins britische Unterhaus gewählt wurde, die Chance, im ersten Halbjahr 2005 seine Nachfolge anzutreten. Huhne hatte in Vorbereitung auf seine Kandidatur schon relativ viel Zeit in Großbritannien verbracht, was mir half, sehr schnell die Führung der Liberalen im ECON zu übernehmen und von den Obleuten der anderen Fraktionen als ihr natürlicher Gesprächs- und Verhandlungspartner akzeptiert zu werden.

Die Leitung des ECON lag bei der französischen Sozialistin Pervenche Berès, deren Laufbahn stark vom früheren französischen Premierminister Laurent Fabius gefördert worden war. Sehr ehrgeizig, enorm fleißig und sachkundig, führte sie den Ausschuss straff und achtete sehr darauf, dass die Abgeordneten ihre Wortmeldungen präzise und *to the point* vorbrachten und nicht in allgemeines Gerede abglitten. Politisch war sie linker als mancher Sozialdemokrat. Darüber hinaus wusste sie trotz ihrer europafreundlichen Grundeinstellung sehr wohl, was im Interesse Frankreichs lag.

Die Bandbreite der im ECON behandelten Themen reicht von der Wirtschafts- und Währungspolitik der Europäischen Union über den freien Kapital- und Zahlungsverkehr, Wettbewerbsregeln, staatliche oder öffentliche Beihilfen bis hin zur Regelung von Finanzdienstleistungen. Vor allem im Bereich der Finanzdienstleistungen hat der Ausschuss in den letzten Jahren verstärkt sein politisches Initiativrecht wahrgenommen und im Rahmen zahlreicher Mitentscheidungsverfahren für die Gesetzgebung eine immer wichtigere Rolle gegenüber dem Ministerrat und der EU-Kommission einnehmen können. Neben dem Binnenmarkt- und Verbraucherausschuss IMCO sowie dem Haushaltsausschuss gehört der ECON zu den Ausschüssen mit den weitreichendsten gesetzgeberischen Kompetenzen.

Ein wichtiger Vorgang im Ausschuss ist die Verteilung der Zuständigkeiten für anstehende Berichte unter den Abgeordneten. In den Berichten werden unter Leitung eines gewählten Berichterstatters Vorschläge für einen Gesetzgebungsakt oder Kompromissanträge für einen bereits vorliegenden Entwurf erarbeitet, um sie im Ausschuss und schließlich im Plenum zur Abstimmung zu stellen. Die Verteilung der Berichte erfolgt auf der Basis eines Punktsystems. Jede Fraktion erhält entsprechend ihrer Größe eine Anzahl von Punkten. Dieses Punktekonto wird eingesetzt, wenn eine Fraktion die Zuständigkeit für einen Bericht erwerben und einen leitenden Berichterstatter aus ihren Reihen ernennen will. Allerdings sind die Berichte unterschiedlich teuer: Die meisten Punkte muss man für einen Legislatur-Bericht von besonderer Wichtigkeit investieren, dann folgen in der Rangfolge Stellungnahmen und Initiativberichte.

Das Europäische Parlament – auch das eine Anomalie – hat keine Möglichkeit, von sich aus einen Gesetzesvorschlag auf den Weg zu bringen. Dieses Verbot kann umgangen werden, indem das Parlament zu einem Thema, das ihm am Herzen liegt, einen Initiativbericht verfasst, in dem es die Europäische Kommission auffordert, gesetzgeberisch tätig zu werden. Die Kommission muss dieser Aufforderung nachkommen, falls sie nicht sehr überzeugende Gründe für ihre Ablehnung vorbringen kann.

Als Obmann musste ich zum einen sicherstellen, dass die liberale Fraktion ihre Punkte optimal einsetzen konnte, zum anderen, dass die sieben plus vier stellvertretenden liberalen ECON-Mitglieder angemessen zum Zuge kamen. Ich konnte die gewonnenen Projekte nicht automatisch mir selber als Berichterstatter zuschanzen.

Haben Berichte den Ausschuss passiert, müssen sie in letzter Instanz im Plenum des Parlaments und im Ministerrat mit einer absoluten Mehrheit beschlossen werden. Die Bindungswirkung der legislativen Projekte ist unterschiedlich. Eine Richtlinie erlaubt den Mitgliedstaaten, nationale Spezifika bei der Transposition der EU-Richtlinie in nationales Recht zu integrieren, eine Verordnung muss ohne jede Änderung in nationales Recht überführt werden.

Meine drei Hüte als Gesetzgeber

Mir wurde sehr schnell klar, dass ich als Gesetzgeber praktisch drei Hüte aufhatte. Tatsächlich musste ich mir bei jedem Vorhaben stets drei Fragen stellen: Wie weit stimmte es mit meiner politischen Grundüberzeugung über ein? Wirkt es sich für die Bürgerinnen und Bürger Deutschlands und Hessens positiv oder negativ aus? Bringt es die europäische Integration voran oder behindert es sie? In der Praxis lautete die Antwort nur in ganz seltenen Fällen dreimal ja oder nein. Meistens fiel die Beurteilung der drei Kriterien unterschiedlich aus, sodass ich eine zum Teil schwierige Abwägung vornehmen musste.

Als eine der ersten Richtlinien durfte ich als Berichterstatter die sogenannte Abschlussprüferrichtlinie bearbeiten. Eine Flut von Bilanzskandalen um große Unternehmen wie Enron, Parmalat, Ahold, FlowTex in den USA und der Europäischen Union hatte deutlich gemacht, wie wichtig die Abschlussprüfung für die Glaubwürdigkeit und die Verlässlichkeit des Jahresabschlusses von Unternehmen ist.

Die Kommission hatte im März 2004 einen Richtlinienvorschlag zum „Jahresabschluss und konsolidierten Abschluss" vorgelegt, um das Vertrauen der Anleger in einen traditionell anerkannten Berufsstand sowie in die Märkte wiederherzustellen. Die Richtlinie sieht vor, die Pflichten, die Unabhängigkeit und die Berufsgrundsätze des Abschlussprüfers genau zu regeln. Sie soll zur externen Qualitätssicherung verpflichten, eine solide Beaufsichtigung des Prüferberufes gewährleisten und die Zusammenarbeit zwischen den Berufsaufsichten in der EU und mit Drittländern verbessern. Eine enge Kooperation mit den USA erscheint in Anbetracht der weltweiten Verflechtung der Kapitalmärkte von wesentlicher Bedeutung. Ein zentraler Punkt ist die Prüferunabhängigkeit. Diese kann durch Rotation von Prüfungsgesellschaften oder ihrer Schlüsselleute, der individuellen Partner beim Mandanten, erreicht werden sowie durch die Einrichtung eines Prüfungsausschusses.

Die Einrichtung eines solchen Ausschusses erschien mir nicht nur ratsam, sondern zwingend. Alle Fachleute, mit denen ich diese Frage diskutierte, bestärkten mich in meiner Forderung. So auch Klaus Pohle, ehemaliger Finanzvorstand und stellvertretender Vorstandsvorsitzender der Schering AG in Berlin sowie Präsident des Deutschen Standardisierungsrates, den ich noch aus meiner Zeit bei der Treuhand kannte. Als Experte für Bilanzprüfung war er in sämtlichen Aufsichtsräten, in denen er saß, unter anderem bei Sanofi-Aventis, Vorsitzender des Audit Committee oder Bilanzprüfungsausschusses. Prüfungsfremde Leistungen dürfen nicht a priori ausgeschlossen sein, häufig ergeben sich gerade bei der Abschlussprüfung Fragen zu Steuern und Bewertungen. Allerdings dürfen diese prüfungsfremden Leistungen nicht zum Hauptgeschäft für den Abschlussprüfer werden.

Das Parlament verzichtete zu meinem großen Bedauern darauf, die Einrichtung eines Prüfungsausschusses verpflichtend vorzuschreiben. Die Mitgliedstaaten können selbst entscheiden, wie sie eine Prüfinstanz in den Unternehmen etablieren. Dieses Beispiel zeigt einmal mehr den Nachteil von Richtlinien, wenn es darum geht, in der ganzen EU einen nachgewiesenen Schwachpunkt zu beseitigen. Statt einer einheitlichen neuen Regelung gibt es von Mitgliedstaat zu Mitgliedstaat Unterschiede, meistens kleine, aber gelegentlich auch gravierende. Leider hat die Revision der 8. Gesellschaftsrichtlinie nicht ausgereicht, kriminelle Energie und Täuschung von Anlegern zu verhindern. Der Fall Wirecard ist ein beredtes Beispiel.

Es ist üblich, dass Berichterstatter eines legislativen Projekts von Interessenvertretern der betroffenen Industrie kontaktiert werden. Ich hatte und habe nichts gegen Lobbyisten, solange sie sich an die Spielregeln halten, die ich ihnen schon bei der telefonischen Terminabsprache übermittelte: Einhaltung der vereinbarten Zeit, prägnante Darstellung ihres Anliegens, Akzeptanz meiner Reaktion und Beurteilung und Verzicht auf ständiges Nachbohren. Kontakte mit Lobbyisten müssen transparent sein und sollten in Bezug auf Zeitpunkt und besprochenes Thema leicht nachverfolgt werden können. Außerdem ist der Abgeordnete gut beraten, das Gespräch nicht alleine zu führen, sondern einen Mitarbeiter seines Büros oder der Fraktion an seiner Seite zu haben.

Beim Projekt Prüferrichtlinie bekam ich Besuch von Hendrik Descheemaeker, Senior Partner und CEO-Benelux von Deloitte. Er kam in Begleitung von Dick Roche, einem liberalen früheren Europaminister der Republik Irland. Im Gegensatz zu Descheemaeker, der ruhig sein Anliegen vortrug, versuchte Dick Roche gleichsam mit der Brechstange auf mich einzuwirken. Ich blieb lange ruhig, aber dann kam ein Punkt, wo ich es für geboten hielt, das Gespräch abzubrechen mit den Worten: *„The lawmaker sits on this side of the table and not on yours."* Roche wollte wohl als Lobbyist bei seinem Auftraggeber Eindruck schinden. Aber das ging daneben. Meine Reaktion dagegen machte Eindruck auf Descheemaeker, sodass er mich Jahre später einlud, unentgeltlich als Diskutant an einer der internationalen Partnerkonferenzen teilzunehmen.

Ein für mich enttäuschender Vorgang war die Überarbeitung der Geschmacksmuster- oder Designschutzrichtlinie. Dabei ging es darum, die bis dato geltenden Regeln zu überprüfen: ob zum Beispiel Automobilhersteller weiterhin ein Monopol zur Fertigung und zum Einbau von Ersatzteilen, etwa Motorhaube, Kofferraumdeckel, Stoßfänger, behaupten dürfen oder anderen Marktteilnehmern den Eintritt in dieses Geschäft erlauben müssen. Da ich an offene Märkte und Wettbewerb glaube und mir das Wohlergehen des Mittelstandes ein Anliegen ist, setzte ich mich für eine Freigabe ein. Das Parlament folgte meinem Vorschlag, doch die Lobby der Automobilindustrie war stärker. Der Ministerrat, allen voran der Vertreter Deutschlands, lehnte die vorgeschlagene Marktöffnung ab. Erst 15 Jahre später fasste der Bundestag im vierten Quartal 2020 einen positiven Beschluss.

Das einzig Gute an dem Projekt war, dass ich den Mittelständler Gerhard Riehle aus Stuttgart kennenlernte. Mit dem ordoliberalen Marktwirtschaftler durfte ich damals und in den Folgejahren manch anregende Diskussion führen.

Monetary Dialogue mit dem Präsidenten der EZB

Eine weitere wichtige Aufgabe des ECON ist die Verfolgung der Politik der Europäischen Zentralbank EZB. Dazu gehört der Monetary Dialogue, der vierteljährliche währungspolitische Austausch mit dem EZB-Präsidenten. Der Euro war damals erst wenige Jahre alt und hatte sich schon erfolgreich international etabliert. Bereits im September 2004 kam der damalige EZB-Präsident Jean-Claude Trichet zum ersten Monetary Dialogue mit den Mitgliedern des neu konstituierten ECON zusammen. Dabei ging es im Wesentlichen um die Frage, ob der Stabilitäts- und Wachstumspakt in der einst beschlossenen Form noch zeitgemäß sei oder modifiziert werden müsse. Auslöser für die Diskussion war nicht zuletzt die Tatsache, dass Deutschland und Frankreich wiederholt gegen das Drei-Prozent-Ziel der Neuverschuldung verstoßen, aber eine im Vertrag vorgesehene Sanktionierung strikt abgelehnt hatten.

Manche Mitgliedstaaten der Eurozone hatten schon bei ihrem Beitritt die Maastricht-Kriterien nicht erfüllt. Die kumulierten Schulden Belgiens und Italiens waren größer als 100 Prozent und Frankreich hatte das Neuverschuldungsziel von drei Prozent nur erreicht, weil France Telecom für das Folgejahr vorgesehene Zahlungen vorgezogen hatte. In der EU mehrten sich die Forderungen, Bildungs- und Forschungsaufwendungen aus der einzelstaatlichen Defizitberechnung herauszunehmen.

In der Diskussion zeigte sich, dass die Trennungslinie nicht nur zwischen Christdemokraten und Liberalen auf der einen und Sozialisten und Grünen auf der anderen Seite verlief, sondern auch zwischen den Abgeordneten der verschiedenen Länder. So unterstützten die französischen Konservativen Sozialisten und Grüne und forderten ebenfalls eine Anpassung des Vertrags. Ich begrüßte grundsätzlich die Vorschläge von Kommissar Joaquín Almunia, der forderte, die Maastricht-Kriterien beizubehalten, die Gesamtverschuldung stärker zu beachten, die demografische Entwicklung zu berücksichtigen und in guten Zeiten Reserven zu bilden. Aber auch er sah keine Möglichkeit, Sanktionen gegen Frankreich und Deutschland zu verhängen, obwohl die Kommission als Hüterin der Verträge dazu verpflichtet war.

Der Sanktionsmechanismus hatte sich als Papiertiger entpuppt. Es war klar, dass Sanktionen nie greifen würden, solange die Sünder mitentscheiden dürfen. Durch das Versäumnis, beherzt einzugreifen, als sich die Vertragsverletzungen das erste Mal zeigten, wurde der Weg geebnet, der letztlich zur Euro-Schuldenkrise führte. Ich werde darauf eingehen, wenn ich an späterer Stelle über den Krisenausschuss berichten werde.

In der Mitte der Legislaturperiode verließ uns Ulrike Kohl. Nach insgesamt fünf Jahren im Parlament glaubte sie, es sei an der Zeit, in die Finanzindustrie zu wechseln. Heute vertritt sie als Mitglied der französischen Marktaufsicht deren Interessen bei der Europäischen Kommission. Larissa Fiedler wurde Büroleiterin und Victoria Klein kam neu an Bord. Auch sie stellte sich als großer Glücksfall heraus. Sie verband Disziplin, Einsatzfreude, harte Arbeit und Intelligenz mit Charme und einem ausgesprochen netten Wesen, was dazu führte, dass unser Büro sehr schnell zur Anlaufstelle für die Mitarbeitenden anderer Büros wurde. Victoria wusste immer Rat und konnte immer helfen.

Ich hatte mir bald im Ausschuss und im Parlament einen Namen gemacht und den Ruf erworben, schwierigen Themen nicht aus dem Weg zu gehen. So sahen das auch Fachjournalisten von der Frankfurter Allgemeinen Zeitung, Börsen-Zeitung oder Financial Times, wie folgende Auszüge belegen:

„… Klinz spielt in der Parlamentsarbeit keine unwichtige Rolle. Er ist Koordinator der Liberalen-Fraktion im Wirt-

schafts- und Währungsausschuss und zugleich wirtschafts-
politischer Sprecher seiner Partei. Meist hat er es im Aus-
schuss mit sperrigen Themen zu tun. Doch das EU-Grünbuch
zum Thema Investmentfonds (hierfür ist er kürzlich zum
Berichterstatter bestimmt worden), der Richtlinienvorschlag
zu Basel II, die Wirtschaftsprüferrichtlinie oder auch die
Designschutzrichtlinie schrecken ihn nicht ab. Klinz ist ein
versierter Ökonom und ein überzeugter Ordnungspolitiker.
Das zeigt sich nicht nur in seinen Reden, sondern auch in
der Arbeit. Ihn freut beispielsweise, dass er mit seinem De-
signschutz-Bericht auch die meisten Kollegen aus jenen
Fraktionen für seinen liberalen Standpunkt gewinnen
konnte, die sonst nicht unbedingt als Herolde der Markt-
wirtschaft gelten. Er habe sie davon überzeugen können,
dass ein weitgehender Designschutz vor allem der Groß-
industrie nütze und den Verbrauchern schade, sagt er ... "

Frankfurter Allgemeine Zeitung vom 6. September 2005

„Wolf Klinz scheut sich nicht, die politisch heiklen Themen
anzufassen. Der FDP-Mann, der sein Mandat als logische
Fortsetzung seines Lebenswegs bezeichnet, der ihn bereits
in jungen Jahren durch zahlreiche europäische Metropolen
führte, ist aktuell für die Reform der europäischen Banken-
aufsicht sowie die Regulierung der Investmentfondsindus-
trie zuständig. Dafür muss der Brüsseler Späteinsteiger, der
ordnungspolitisch auf Eigenverantwortung, privates Unter-
nehmertum und fairen Wettbewerb setzt, die schwierige Ba-
lance finden zwischen Beschleunigung der Finanzmarkt-
integration und Sicherung der Stabilität des europäischen
Finanzsystems, ohne auf die automatische Rückendeckung
einer der beiden großen Fraktionen aus Sozialisten und
Konservativen setzen zu können. "

Börsen-Zeitung vom 12. September 2006

Der Sacharow-Preis kann die Welt verändern

Das Europäische Parlament verleiht einmal im Jahr den Sacharow-Preis für geistige Freiheit an Persönlichkeiten oder Organisationen, die sich für die Verteidigung der Menschenrechte und der Meinungsfreiheit einsetzen. Der EU-Menschenrechtspreis ist nach dem sowjetischen Friedensnobelpreisträger Andrei Sacharow benannt und wird im Straßburger Sitz des Parlaments im Dezember verliehen. Die Ereignisse nach der Präsidentschaftswahl in Weißrussland im Sommer 2020 haben mir die Kandidatenwahl und Preisverleihung des Sacharow-Preises Ende 2006 in Erinnerung gerufen. Das Parlament entschied sich damals für den weißrussischen Oppositionspolitiker Alexander Milinkewitsch, einen Physiker und Hochschullehrer, der als Kandidat der Opposition bei der Präsidentschaftswahl im März 2006 antrat. Ihm war klar, dass Präsident Alexander Lukaschenko, der seit 1996 praktisch als Alleinherrscher regierte und sowohl Parlament als auch Gerichtsbarkeit gefügig gemacht hatte, die Staatsmacht nicht abgeben wollte und deshalb keine echten demokratischen Wahlen zuließ, bei denen Stimmen korrekt ausgezählt würden.

In einem Interview sagte er damals: „Uns wird nichts anderes übrig bleiben, als während der Bekanntgabe der Wahlergebnisse durch die Staatsmacht eine politische Kampagne durchzuführen und die Menschen dazu aufzufordern, auf die Straßen zu gehen und ihre Entscheidung zu verteidigen. Diktaturen lassen sich von Wahlen nie überzeugen und sie versuchen, bis zuletzt durchzuhalten. Deshalb müssen wir friedlich auf die Straßen gehen und auch bis zuletzt durchhalten." Diese Situationsbeschreibung gilt leider auch noch heute.

Die Diskussionen in unserer liberalen Fraktion, welchen Kandidaten wir vorschlagen sollten und mit welcher Begründung, waren mit die eindrücklichsten, an die ich mich erinnern kann. Die Fraktion war geschlossen wie nie in ihrer Forderung nach Freiheit, Menschenrechten und Demokratie in Belarus.

Die Gedanken sind frei – 175 Jahre Hambacher Fest

Als im Mai 2007 an das Hambacher Fest von 1832 erinnert wurde, durfte ich als Europa-Abgeordneter der Feier beiwohnen. Das Fest ist Teil der Geschichte der deutschen Freiheitsbewegung. Schwache Bürger machten sich auf, um die Überwindung der Kleinstaaterei, sprich die deutsche Einheit, und vor allem die Freiheit zu fordern – Freiheit von staatlicher Pressezensur, Versammlungsverbot und Willkür. Hambach liegt westlich des Rheins in einer Region, die bis zur Niederlage Napoleons unter französischer Verwaltung stand. Die Bevölkerung war vertraut mit den Ideen der Revolution: *Liberté, Egalité, Fraternité* – Freiheit, Gleichheit und Brüderlichkeit. Nach dem Ende Napoleons und dem Wiener Kongress kam das Gebiet als Rheinpfalz zu Bayern. Aber die mit der Besatzung aus der Französischen Revolution übernommenen und in Napoleons *Code civil* kodifizierten Freiheitsrechte blieben in Teilen erhalten. Die politische Umsetzung führte jedoch immer wieder zu Konflikten zwischen rheinpfälzischen Bürgern und der bayerischen Zentralgewalt. In Frankreich kam es 1830 zum Umbruch, der revolutionäre Funke sprang auch auf die Niederlande und Belgien über, das mit einer liberalen Verfassung ein selbstständiges Königreich wurde.

Im Novemberaufstand 1830/31 drängte es die Polen zu nationaler Einheit und Unabhängigkeit vom russischen Zarenreich. Gegen das militärische Eingreifen des Zaren Nikolaus I. hatten die Aufständischen jedoch keine Chance. Sie emigrierten ins Ausland, vor allem nach Frankreich, wo sie Asyl erhielten. Der Großteil der deutschen Bevölkerung war am Schicksal der polnischen Flüchtlinge nur wenig interessiert. Die liberalen Bürger jedoch verbrüderten sich mit ihnen, da sie ihren „Freiheitskampf" bewunderten, und unterstützten sie mit Geld- und Sachspenden.

Aufgrund dieser Geschehnisse formierte sich auch in Deutschland eine Opposition aus frühliberalen Kräften. Diese wurden durch die Revolution im Ausland zur Auflehnung gegen die auf Restauration bedachten Machtverhältnisse ermutigt.

Am 27. Mai 1832 formierte sich ein Zug aus geschätzt bis zu 30 000 Teilnehmern, die vom Marktplatz in Neustadt zum Schloss hinaufmarschierten. Sie kamen aus allen Bevölkerungsschichten und aus zahlreichen Nationen, vom Studenten bis zum Abgeordneten, von Franzosen über Polen bis zu Engländern und Bürgern aus über einem Dutzend deutscher Kleinstaaten. Ein Fähnrich trug die polnische Fahne und eine Bürgergarde die schwarz-rot-goldene mit der Inschrift „Deutsche Wiedergeburt". Als sie bei der Schlossruine angekommen waren, wurde die polnische Fahne auf einem erhöhten Punkt und die deutsche auf den höchsten Zinnen gehisst.

Anlässlich der 175. Wiederkehr des Hambacher Festes hielt Altbundespräsident Friedrich von Weizsäcker die Festrede. Ich erinnere mich nicht mehr im Einzelnen an seine Worte, weiß aber noch, dass er das Hambacher Fest in den historischen Kontext stellte. So sei die Revolution von 1848 ohne Hambach nicht vorstellbar, konnten die Forderungen nach Freiheit und Demokratie nachhaltig erst Jahre nach dem Hambacher Fest in Westeuropa eingelöst werden und die nach Freiheit und Einheit in Europa erst nach rund 150 Jahren. Das Erbe des Hambacher Festes müssen wir ernst nehmen. Viele Freiheiten, die damals eingefordert wurden, sind selbst im freien Teil Europas wieder bedroht. Presse-, Meinungs- und Versammlungsfreiheit sind in Polen und Ungarn zumindest in Teilen gefährdet.

Die Feier anlässlich der 175. Wiederkehr des Hambacher Festes war beeindruckend. Sie stärkte den Wunsch und die

Bereitschaft aller Teilnehmenden, aktiv für die Verteidigung und Durchsetzung von Freiheitsrechten einzutreten und – wie damals schon gefordert – für ein konföderiertes Europa aus gleichberechtigten Staaten, die sich gegenseitig respektieren.

Die Feier endete mit der deutschen Nationalhymne, der Europahymne und dem Lied „Die Gedanken sind frei".

1. Die Gedanken sind frei,
*   wer kann sie erraten,*
*   sie fliehen vorbei,*
*   wie nächtliche Schatten.*
*   Kein Mensch kann sie wissen,*
*   kein Jäger erschießen.*
*   Es bleibet dabei,*
*   die Gedanken sind frei.*

3. Und sperrt man mich ein
*   im finsteren Kerker,*
*   das alles sind rein*
*   vergebliche Werke;*
*   denn meine Gedanken*
*   zerreißen die Schranken*
*   und Mauern entzwei,*
*   die Gedanken sind frei.*

2. Ich denke, was ich will
*   und was mich beglücket,*
*   doch alles in der Still*
*   und wie es sich schicket.*
*   Mein Wunsch und Begehren*
*   kann niemand verwehren,*
*   es bleibet dabei,*
*   die Gedanken sind frei.*

4. Drum will ich auf immer
*   den Sorgen entsagen,*
*   und will mich auch nimmer*
*   mit Grillen mehr plagen.*
*   Man kann ja im Herzen*
*   stets lachen und scherzen*
*   und denken dabei:*
*   Die Gedanken sind frei.*

Wir wollen freie Menschen sein – 55 Jahre Volksaufstand in der DDR

2008 jährte sich zum 55. Mal der Aufstand vom 17. Juni 1953. Des Aufstandes der Bauarbeiter und schließlich Tausender Bürgerinnen und Bürger in der DDR wurde in der Bundesrepublik jahrzehntelang mit dem Nationalfeiertag am

17. Juni gedacht. Doch nach der Wende 1989 und der Wiedervereinigung am 3. Oktober 1990 war er praktisch in Vergessenheit geraten. Ich empfand das als undankbar und ungerecht, standen doch damals zum ersten Mal Menschen gegen das Unrechtsregime im kommunistischen Machtbereich auf und brachten ihre Forderung nach Freiheit und Demokratie klar zum Ausdruck.

Unter dem Motto „Wir wollen freie Menschen sein – Der DDR-Volksaufstand vom 17. Juni 1953" organisierte ich eine Ausstellung mit Bild- und Texttafeln im Europäischen Parlament. Ausländische Schülergruppen besuchten sie, auch viele Abgeordnete aus verschiedenen Ländern. Deutsche Abgeordnete fehlten so gut wie ganz. Von der FDP war keiner dabei. Für mich eine große Enttäuschung!

Im Frühjahr 1953 war ich elf Jahre alt. Politik und Geschichte waren für mich in diesem Alter noch keine Themen von herausragender Bedeutung. Ich wusste, dass Deutschland einen Krieg angezettelt und verloren hatte, unser Land geteilt war und im Westen Amerikaner, Briten und Franzosen das Sagen hatten, im Osten die Russen. Auch meine Familie hatte in den Kriegswirren alles verloren und wir lebten in bescheidenen Verhältnissen.

Mein Vater hatte mir von seinem Einsatz im Zweiten Weltkrieg so gut wie nichts erzählt. Auch kann ich mich nicht erinnern, dass er die politischen Verhältnisse in West- und Ostdeutschland näher kommentiert hätte. Allerdings machte er keinen Hehl daraus, dass er die DDR, den „ersten sozialistischen Staat auf deutschem Boden", und ihre Schutzmacht, die Sowjetunion, für Unrechtsstaaten hielt, die von Demokratie und Menschenrechten redeten, praktisch aber Diktatur und Zwangsherrschaft ausübten. Mein Vater lehnte es daher auch ab, alleine oder gar mit der ganzen Familie seine Heimatstadt Halle an der Saale und die noch dort lebenden Verwandten zu besuchen. Der Kontakt zu seiner Mutter, meiner Großmutter, beschränkte sich auf den Austausch von Briefen und das Schicken von Päckchen.

Mein geringes Interesse an der Situation in der DDR änderte sich schlagartig im Laufe des 16. und 17. Juni 1953. In den Mittagsnachrichten wurde plötzlich gemeldet, dass die Bauarbeiter an der Berliner Stalinallee die von der DDR-Regierung beschlossene Erhöhung der Arbeitsnormen strikt ablehnten. Es bildeten sich kleine Gruppen, die lautstark eine Rücknahme der Normenerhöhung forderten. Die Gruppen wurden größer, plötzlich waren Hunderte, dann sogar Tausende vereint in ihrem Protest. Auch die Forderungen wuchsen. Die Rücknahme der Normsteigerung reichte nicht mehr. Rufe nach Verbesserung der Lebensqualität, Demokratie, Rücktritt der Regierung und sogar Wiedervereinigung wurden laut. Die Menschen marschierten zum Haus der Ministerien, um ihre Forderungen in Sprechchören am Regierungssitz vorzubringen.

Mein Vater und ich verfolgten die Nachrichten jede Stunde am Radio. Es war deutlich spürbar, dass sich etwas Besonderes abspielte. Zwar waren die Aufständischen nicht bewaffnet – und noch war es nicht zu handgreiflichen Auseinandersetzungen mit Polizei und Militär gekommen –, aber es war deutlich zu spüren, dass die Bevölkerung aufbegehrte und der Wunsch nach Freiheit sich Bahn brach. Im Laufe des 16. Juni 1953 meldeten die Nachrichten, dass sich auch außerhalb Berlins Menschenansammlungen bildeten. Für ein paar Stunden hatten wir den Eindruck, dass es in der ganzen DDR zu einem Volksaufstand kam und ein revolutionärer Umsturz nicht mehr auszuschließen war.

Ich wusste nichts von den Spannungen innerhalb des Zentralkomitees der SED und auch nichts von den Kämpfen um die Nachfolge des Anfang März verstorbenen Führers der

Sowjetunion, Josef Stalin. Aus der Rückschau ist klar, dass der Volksaufstand am 16. und 17. Juni 1953 in der DDR von Anfang an keinerlei Aussicht auf Erfolg haben konnte. Die Sowjetunion war überhaupt nicht bereit, ihren Satelliten DDR preiszugeben. Die westlichen Alliierten hatten auch kein Interesse, den Status quo infrage zu stellen. Deshalb war es nicht verwunderlich, dass sich die Sowjetunion am 17. Juni 1953 entschied, Panzer einzusetzen, und die Westmächte es beim verbalen Protest beließen.

Die Verfolgung der Nachrichten an beiden Tagen glich einem Kriminalfilm. Von Stunde zu Stunde nahm die Spannung zu und die Hoffnung stieg, dass die Aufständischen siegen würden. Als die Nachrichten meldeten, dass sowjetische Panzer durch die Straßen rollten, war die Enttäuschung groß. Steine gegen Panzer hatten keine Chance. Der Aufstand war gescheitert. Die Westdeutschen werteten den Aufstand als Wunsch und berechtigte Forderung aller Deutschen nach Demokratie und Selbstbestimmung und erklärten den 17. Juni 1953 zum nationalen Feiertag. Er wurde erst nach der Wiedervereinigung 1990 durch den 3. Oktober ersetzt.

Der 17. Juni 1953 blieb nicht ohne Auswirkungen auf die Völker der anderen Satellitenstaaten der Sowjetunion. Sie waren in gleicher Weise mit den Verhältnissen unzufrieden. Der Volksaufstand in der DDR zeigte, dass der Ruf nach Freiheit nicht ungehört blieb. Es dauerte nicht lange, bis das ungarische Volk 1956 aufstand. 1968 folgte die Tschechoslowakei und in den 1980er-Jahren sorgte die Solidarność-Bewegung in Polen für eine Erschütterung des Sowjetsystems. 1989 schließlich schafften die Bürger in der DDR erfolgreich den Umsturz, ohne Waffen, nur im Vertrauen auf ihre Rechte und die Kraft der Freiheit. Was am 16. und 17. Juni 1953 erfolglos begonnen hatte, fand im Herbst 1989 mit dem Einsturz der Berliner Mauer seinen erfolgreichen Abschluss. „Wir wollen freie Menschen sein!", hatten die Bürgerinnen und Bürger am 17. Juni 1953 gerufen. Sie mussten 36 Jahre warten, bis der Wunsch in Erfüllung ging.

Das Engagement im ECON trägt Früchte

In der Legislaturperiode 2004 bis 2009 war ich im ECON für neun Berichte und Stellungnahmen verantwortlich und für insgesamt 28 Berichte als Schattenberichterstatter. Der Schattenberichterstatter ist am Prozess der Berichterstellung beteiligt, um die von seiner Fraktion vertretenen Positionen in die Diskussion mit dem leitenden Berichterstatter einzubringen. Für die FDP im Europaparlament brachte ich Änderungsanträge zu zahlreichen weiteren Berichten und Stellungnahmen ein, darunter zu den Maßnahmen zum Roaming, der Chemikalienverordnung REACH, dem Weiß- und Grünbuch Finanzdienstleistungen, zur Transparenz institutioneller Investoren, zum Umgang mit Hedgefonds und Private Equity, zu den Beziehungen der EU und China, der Reform des Internationalen Währungsfonds, den Lamfalussy-Folgemaßnahmen, der künftigen Aufsichtsstruktur, zu Hypothekarkrediten und der risikoorientierten Richtlinie Solvency II für die Versicherungswirtschaft.

Neben der Arbeit im ECON und ITRE (Ausschuss für Industrie, Forschung und Energie), später im Binnenmarkt-Ausschuss IMCO sowie zusätzlich im Ausschuss für Beschäftigung und soziale Angelegenheiten EMPL nahm ich am Ad-hoc-Ausschuss Equitable Life teil. Der Sonderausschuss wurde zwischen Januar 2006 und Juli 2007 infolge des Beinahe-Zusammenbruchs des britischen Versicherungskonzerns Equitable Life Assurance Society eingerichtet, um den Hintergrund der Schwierigkeiten der Gesellschaft zu untersuchen und zu prüfen, ob die EU-Lebensversicherungsrichtlinie ausreichend umgesetzt worden war. Der Fall hatte zu einem wesentlichen Wertverlust der Policen der Versicherungsnehmenden in Großbritannien, Deutschland und Irland geführt. Es waren nur unzureichend Rücklagen gebildet worden.

Nach einer Vielzahl von Studien und Zeugenbefragungen kam der Ausschuss zu dem Ergebnis, dass sowohl die Umsetzung der EU-Lebensversicherungsrichtlinie als auch die Zusammenarbeit der beteiligten Aufsichtsratsbehörden mangelhaft gewesen waren. Darüber hinaus wurde festgestellt, dass die Mechanismen für Beschwerden und Schadensersatzansprüche vor allem grenzüberschreitender Natur völlig unzureichend waren.

Für die ALDE-Fraktion war ich Mitglied in der Parlamentarischen Versammlung Europa-Lateinamerika. Die EuroLat-Versammlung setzt sich paritätisch aus den lateinamerikanischen Integrationsparlamenten, den gemischten Parlamentarischen Ausschüssen EU/Mexiko und EU/Chile und dem Europäischen Parlament zusammen. Sie verfolgt das Ziel, eine biregionale Partnerschaft zwischen der Europäischen Union und Lateinamerika voranzutreiben und eine Annäherung an die Interessen und Erwartungen der Bürgerinnen und Bürger zu ermöglichen. Ich saß im Ausschuss für Wirtschaft, Finanzen und Handel, der am Abschluss und der Umsetzung eines Assoziierungsabkommens zwischen der EU und Lateinamerika arbeitet. Ein solches Abkommen soll die regionale Integration, den Handel und die Vernetzung von Investitionen, Infrastruktur und Informationen im Einklang mit multilateralen Normen ermöglichen. Des Weiteren war ich ordentliches Mitglied in der Delegation für die Beziehungen der EU zu Mexiko, stellvertretendes Mitglied in der Delegation für die Beziehungen der EU zur Schweiz, zu Island und Norwegen sowie in der Delegation für die Beziehungen der EU zu Australien und Neuseeland.

Darüber hinaus setzte ich mich als Vizepräsident der KMU-Intergroup für kleine und mittlere Unternehmen ein. Intergroups stehen allen Abgeordneten aller Fraktionen des EU-Parlaments offen und ihre Mitglieder verfolgen das gemeinsame Ziel, für spezifische Problemfelder zu sensibilisieren und erkannte Probleme effizient zu lösen. In der KMU-Intergroup wollte ich die Aufmerksamkeit meiner Parlamentskolleginnen und -kollegen auf die spezifischen Belange kleiner und mittlerer Unternehmen bei anstehenden Gesetzesvorhaben richten und auf diese Weise ein für sie geschäftsfreundliches Umfeld schaffen. Für den anstehenden Small Business Act zur gezielten Mittelstandspolitik war ich Gesprächspartner der Kommission und hatte Gelegenheit, schon vorab meine und die Ideen der Fraktion einzubringen.

In Deutschland vertrat ich die FDP im Europaparlament in meinem Wahlkreis Hessen. Ich war Mitglied im Landesvorstand der FDP Hessen, im Landesfachausschuss für internationale Politik der hessischen FDP und engagierte mich ab 2008 auch im Bundesfachausschuss Steuern und Finanzen. Außerdem trat ich regelmäßig als Gastredner auf den Kongressen der JuLis Hessen auf. Für die FDP-Delegation im Europäischen Parlament fungierte ich die gesamte letzte Legislaturperiode als Schatzmeister.

In meinem Wahlkreis Hessen suchte ich im Rahmen der zeitlichen Möglichkeiten den Kontakt mit Wählerinnen und Wählern und europainteressierten Bürgerinnen und Bürgern durch Besuche vor Ort und Redeveranstaltungen. Mit mehr als 50 Besuchergruppen und über 200 Veranstaltungen in meinem Wahlkreis habe ich mich bemüht, den Menschen die Arbeit und Bedeutung der Europäischen Union, insbesondere des Europäischen Parlaments, nahezubringen und gleichzeitig Vorbehalte und Einwände bezüglich der Europäischen Union zu beantworten.

Als Vertreter Hessens in Europa verstand ich diese Ortstermine auch als Anregung für meine politischen Positionen im Europäischen Parlament. Häufig ergaben sich aus meinen Gesprächen in Hessen konkrete Initiativen, um unser Land stärker in den Mittelpunkt des europäischen Geschehens zu rücken. Ein besonderes Anliegen war es mir, das Interesse an der EU bei Jugendlichen zu wecken und zu fördern. Deshalb unternahm ich viele Besuche in Schulen und Berufsschulen, um für die EU zu werben und den Jugendlichen vor Ort Rede und Antwort zu stehen.

Neben meinen politischen Aktivitäten nahm ich regelmäßig an Sitzungen der IHKs, des Landesfachausschusses Internationale Politik, verschiedener Kreis- und Ortsverbände der Partei und einer Reihe von beruflichen Fachverbänden teil. In meiner Eigenschaft als Koordinator für die europäischen Liberalen im Wirtschafts- und Währungsausschuss erhielt ich außerdem eine Vielzahl von Einladungen als Gastredner oder Teilnehmer an Podiumsdiskussionen bei unterschiedlichsten Veranstaltungen in verschiedenen Mitgliedstaaten.

13

Krisenjahre von 2009 bis 2014

In den Jahrzehnten vor der Finanzkrise hatten die USA ihre Finanzmärkte dereguliert. Der Schattenbankensektor entwickelte sich und Finanzinstitute konnten Schlupflöcher mit nicht regulierten Instituten und Zweckgesellschaften, sogenannten SIV (Special Investment Vehicles) oder SPV (Special Purpose Vehicles) ausnutzen, um im Ausland, wo sie keinen harten Eigenkapitalregeln unterlagen, höhere Risiken einzugehen und überdurchschnittliche Gewinne zu erzielen.

Das Platzen der Dotcom-Blase, das heißt die stark fallenden Aktienkurse der neuen Internetfirmen, und die Terroranschläge auf das World Trade Center in New York am 11. September 2001 drohten die USA in eine gewaltige Wirtschaftskrise zu stürzen. Die US-Notenbank Fed reagierte, indem sie die Zinsen senkte und Unmengen an frischem Geld in die Märkte pumpte. Plötzlich konnten sich Bürger mit kleinem Einkommen, häufig waren dies Afroamerikaner und Hispanics, Immobilien kaufen, obwohl die Häuserpreise im Gegensatz zum Aktienmarkt kontinuierlich stiegen und obwohl die Käufer keine belastbaren Sicherheiten außer dem gekauften Haus selbst vorweisen konnten.

Diese Entwicklung gefiel Politikerinnen und Politikern beider großer US-Parteien, weil sie bewies, dass der amerikanische Traum vom Eigenheim für alle Staatsangehörigen wahr werden konnte. Die Banken bündelten die Immobilienkredite mit anderen, etwas sichereren Produkten zu sogenannten synthetischen Wertpapieren, die weltweit weiterverkauft wurden. In der Mehrzahl der Fälle wurden diese synthetischen Papiere von anderen Finanzinstituten in ihr Portfolio übernommen. Dabei verließen sich die Käufer auf die Bewertung der Papiere durch sogenannte Credit Rating Agencies, Bewertungsagenturen, die ziemlich großzügig gute Noten vergaben. Auf diese Weise kamen viele faule Wertpapiere in Umlauf. Die Immobilienblase bildete sich.

Als die Hypothekenzinsen wieder stiegen – in den USA sind die Zinsen nicht für einen langen Zeitraum festgeschrieben wie in Deutschland – und die Kreditraten für manche Hauskäufer nicht mehr finanzierbar waren, konnten diese anfänglich ihre Eigenheime wegen des boomenden Immobilienmarktes immer noch ohne Verlust veräußern. Doch durch die stark steigende Zahl der Hausverkäufe fielen die Immobilienpreise mehr und mehr und die Banken mussten zunehmend Kredite abschreiben. Eine Bank nach der anderen kollabierte. Die Krise erreichte ihren Höhepunkt, als im September 2008 die stark im Immobiliensektor engagierte Investmentbank Lehmann Brothers Insolvenz anmelden musste.

Droht eine neue Weltwirtschaftskrise?

Was zunächst als US-Krise begonnen hatte, entwickelte sich aufgrund der starken internationalen Vernetzung der Finanzmärkte schnell zu einer globalen Finanzkrise. In vielen Ländern drohte ein *bank run*, weil die Einleger Angst vor einer Insolvenz ihrer Bank hatten. Bundeskanzlerin Angela Merkel und Finanzminister Peer Steinbrück sagten allen Sparern staatlichen Schutz und Garantien zu. Ohne Absprache mit der Kommission und den anderen EU-Parteien war dies eigentlich gar nicht zulässig.

Der Interbankenmarkt war völlig zusammengebrochen. Kein Institut wollte seine Gelder einem anderen Institut anvertrauen aus Angst, davon nichts oder nicht viel wiederzusehen. Die USA ließen Tausende kleinere Banken untergehen und zwangskapitalisierten die großen, die sich in den Folgejahren relativ schnell wieder erholten. In Deutschland rettete der Staat mehrere Banken, zum Beispiel die Commerzbank, durch Finanzspritzen oder direkte Beteiligung vor der Insolvenz. Die Beteiligung an der Commerzbank besteht heute noch, ist aber nur noch einen Bruchteil vom Kaufpreis wert.

Ich organisierte 2008 im Namen der ALDE zwei Symposien zur Krise:

1. The International Financial Crisis: its causes and what to do about it?

2. Reforming the Financial Markets

An beiden Workshops nahmen hochrangige Personen aus Politik, Finanzwirtschaft und Wissenschaft mit Reden und in Diskussionsrunden teil. Insgesamt kamen wir zu folgenden Ergebnissen:

- Verantwortlichkeiten müssen klargestellt werden. Die Banken waren sehr zögerlich, zu ihrer Verantwortung zu stehen. Die Verbriefung synthetischer Finanzprodukte darf nur unter Befolgung klarer Regeln für die Verbriefung erfolgen.

  Tatsächlich hat die Kommission später neue Regeln für die Verbriefung vorgegeben.

- Die Nutzung von Zweckgesellschaften, SIV/SPV, muss eingeschränkt werden. Bei Geschäften, die im Finanzdienstleistungsbereich reguliert sind, müssen sich die Schattenbanken diesen Regeln unterwerfen.

- Die Credit Rating Agencies haben Fehler zugegeben. Das US-amerikanische Oligopol in diesem Bereich muss überwunden werden.

  Praktisch beherrschten damals drei Ratingagenturen den Markt. Der Vorschlag, eine europäische Agentur auf privatwirtschaftlicher Basis aufzubauen, war wegen des hohen Kapitalbedarfs von ca. 100 Millionen Euro zunächst nicht erfolgreich. Heute hat sich das 2002 gegründete, in Berlin ansässige Rating-Unternehmen Scope Group so weit entwickelt, dass es international tätig ist und mehrere DAX-Unternehmen betreut.

- Das Vergütungssystem der Finanzdienstleister ist viel zu kurzfristig angelegt. Die Boni müssen über einen längeren Zeitraum gestreckt werden. Die Höhe der Boni vor allem der Investment-Banker ist nicht mehr nachvollziehbar. Hier müssen Hauptversammlungen und Aufsichtsräte für Veränderungen sorgen.

- Die Banken müssen ihre Transparenz in Sachen Ziele, Aktivitäten, Risikomanagement und Modelle erhöhen. Der einseitige Verlass auf interne Modelle und das Außerachtlassen von Erfahrung und gesundem Menschenverstand muss aufgegeben werden zugunsten einer Kombination all dieser Faktoren.

- Die Aufsicht muss verbessert werden, das heißt, Aufseher müssen international eng zusammenarbeiten. Auch Bankgeschäfte, die sich nicht in der Bilanz der Institute niederschlagen, müssen transparent und der Aufsicht zugänglich sein.

Kommission und Parlament haben in den Folgejahren Vorschläge zur Verbesserung der Aufsicht vorgelegt.

Von mir organisiertes Public Hearing zur globalen Finanzkrise mit EU-Kommissar Charly McCreevy im Europäischen Parlament in Brüssel im Februar 2008

Nach Ende des Zweiten Weltkriegs hatte es bis zu den Jahren 2007/08 eine Vielzahl von Finanzkrisen gegeben, die jedoch alle regional begrenzt blieben: 1994/95 die Peso-Krise in Mexiko, 1997/98 der Zusammenbruch des Finanzsystems einiger südostasiatischer Staaten, 1998/99 die Rubelkrise, 1998 bis 2002 die Argentinienkrise und andere mehr. Die Finanzkrise 2007/08 hingegen beschränkte sich nicht mehr nur auf eine Region oder Währung. Deshalb sahen die G20-Staaten – die Gruppe der 19 wichtigsten Industrie- und Schwellenländer sowie der Europäischen Union – die Notwendigkeit, in enger Abstimmung Korrekturmaßnahmen zu entwickeln.

Für die Europäische Union übernahm der französische Kommissar Michel Barnier diese Aufgabe. Er fühlte sich persönlich verantwortlich, einen anspruchsvollen Financial Service Action Plan in enger Abstimmung mit dem Parlament zu entwickeln und in den Mitgliedstaaten umzusetzen. Ich hatte das Privileg, mit Michel Barnier auf einer sehr vertrauensvollen freundschaftlichen Basis zusammenarbeiten zu dürfen. Er lud mich mehrfach ein, Dossiers mit ihm und seinem Stab zu besprechen, bevor sie dem Parlament zur weiteren Behandlung zugeleitet wurden.

Die G20-Staaten haben entscheidend zur Ausgestaltung des neuen globalen Regulierungsrahmens für das Finanzsystem beigetragen, der die Widerstandsfähigkeit des Systems erhöhen wird. Dieser Rahmen umfasst Reformen, die die Stabilität des Bankensystems durch strengere Aufsichtsvorschriften und einen Rahmen für das Krisenmanagement erhöhen sollen, sowie Maßnahmen zur verstärkten Regulierung der Finanzmärkte und -infrastrukturen. Insbesondere sehen diese Maßnahmen vor, dass Derivate auf gut regulierten und transparenten Plattformen gehandelt und verrechnet werden müssen.

Die wesentlichen Rechtsnormen, die sich aus ihren G20-Zusagen ergaben, hat die Kommission entwickelt, so vornehmlich ein Paket zur Regulierung der Kapitalmärkte. Der größte Teil dieser Vorschläge war bis Ende des Jahres 2014 verabschiedet. Weitere Empfehlungen der G20, die den Risiken von Schattenbanken und bankfremden Finanzinstituten entgegenwirken sollen, sind in Vorbereitung.

Auch die Stabilität und Effizienz des Finanzdienstleistungsbinnenmarkts wurde erhöht, denn nur so kann gewährleistet werden, dass der Finanzsektor auch wirklich im Dienst der Realwirtschaft steht. Hier muss insbesondere sichergestellt werden, dass das Finanzsystem angemessen beaufsichtigt, stabiler, verantwortungsvoller sowie verbraucher- und wachstumsfreundlicher wird. Um die grenzübergreifende Zusammenarbeit zu verbessern und eine kohärente Rechtsdurchsetzung und Systemaufsicht zu gewährleisten, wurden 2011 drei neue Europäische Aufsichtsbehörden und der Europäische Ausschuss für Systemrisiken errichtet. Die Kommission hat außerdem Rechtsvorschriften vorgeschlagen, mit denen für alle Finanzinstitute und -märkte ein einheitliches Regelwerk geschaffen und dadurch die Anwendung angemessener Regulierungsstandards und gleiche Wettbewerbsbedingungen im gesamten Binnenmarkt gewährleistet werden sollen.

Die gemeinsamen Zuständigkeiten und grenzübergreifenden Verbindungen im Euroraum erfordern über den EU-weit geltenden Regulierungs- und Aufsichtsrahmen hinaus spezifische Maßnahmen, die das Vertrauen in die gemeinsame Währung erhalten helfen. Um den unheilvollen Zusammenhang zwischen Staatsanleihemärkten und Banken aufzulösen, bedarf es insbesondere einer Bankenunion. Diese tiefer gehende Integration, die für die Mitglieder des Euroraums zwingend ist, aber auch allen anderen Mitgliedstaaten offensteht, stützt sich auf das für alle EU-Banken geltende gemeinsame Regelwerk, das Aufsichtsvorschriften, Krisenprävention, Krisenmanagement und -beilegung sowie Einlagensicherungssysteme umfasst.

Die Schaffung einer Bankenunion ist wesentlicher Bestandteil der von der Kommission angestrebten vertieften Wirtschafts- und Währungsunion. Neben integrierten Vorschriften für den Finanzdienstleistersektor sind die anderen Bausteine ein integrierter haushalts- und wirtschaftspolitischer Rahmen und eine weitere Verstärkung der demokratischen Rechenschaftspflicht der EU.

Europäische Staatsschuldenkrise – Der Euro wackelt

Die Folgen der globalen Finanzkrise zeigten sich sehr deutlich im Jahr 2009, als die Wirtschaftsleistung in praktisch allen Ländern stark zurückging. Schon vorher war deutlich geworden, dass die Rettung der Banken in allen EU-Staaten die Haushalte stark belastete. Gleichzeitig waren die Risiken der Finanzinstitute über die Risiken, die aus der globalen

Krise stammten, noch weit hinausgegangen. So hatten sich vor allem französische und deutsche Banken stark in Griechenland engagiert, weil dort die Margen besser als im Heimatmarkt waren.

Größte Delegation der FDP mit zwölf Abgeordneten im Europäischen Parlament seit Beginn der Direktwahlen des Parlaments 1979, Brüssel 2009

Griechenland hatte schon beim Beitritt zur Eurozone die Maastricht-Kriterien – maximal drei Prozent als Defizitgrenze und maximal 60 Prozent kumulierte Schulden als Prozentsatz vom Bruttoinlandsprodukt – klar verfehlt und falsche Angaben über seine wahre Finanzsituation gemacht. Ende 2009, Anfang 2010 war das Land kaum noch imstande, neue Kredite im Markt zu erschwinglichen Zinsen aufzunehmen. Es war eigentlich bankrott.

Frankreichs Staatspräsident Nicolas Sarkozy und Bundeskanzlerin Angela Merkel sprachen bei ihrem Treffen am 7. Mai 2010 über die Notwendigkeit, das ausweglos überschuldete Griechenland zu retten. Beiden war klar, dass es dabei nicht nur um Griechenland, sondern vor allem darum ging, die drohende Bankenkrise in den eigenen Ländern zu verhindern, weil sich französische und deutsche Banken so stark als Aufkäufer griechischer Staatsanleihen engagiert hatten. Ein Zusammenbruch Griechenlands musste unbedingt verhindert werden.

Es gab kein Insolvenzverfahren für Mitglieder der Eurozone, nach dem sich Griechenland hätte entschulden können. Und es war völlig unklar, wie die Märkte reagieren würden, wenn man Griechenland fallenließe. Massive Spekulationen gegen den Euro waren nicht auszuschließen, mit denen letztendlich sogar versucht werden könnte, die Gemeinschaftswährung in den Abgrund zu stürzen. So wuchs die Bereitschaft, Griechenland finanziell beizustehen.

Deshalb spannte die Gemeinschaft ab 2010 zunächst den befristeten Euro-Schutzschirm auf, der sich aus der Europäischen Finanzstabilisierungsfazilität EFSF und dem Europäischen Finanzstabilisierungsmechanismus EFSM zusammensetzte. Dieser Schutzschirm wurde auf der Basis intergouvernementaler Abstimmung beschlossen, das heißt ohne Beteiligung des Europäischen Parlaments. Das Ausleihvolumen der EFSF betrug 440 Milliarden Euro bei einem Garantierahmen von insgesamt 780 Milliarden Euro. Für diesen Garantierahmen standen die Euro-Mitgliedstaaten ein. Deren Garantie sorgte dafür, dass sich die EFSF zinsgünstig auf dem Kapitalmarkt refinanzieren konnte. Dieser erste Schutzschirm wurde im Oktober 2012 durch den Europäischen Stabilitätsmechanismus ESM mit einem Stammkapital von 700 Milliarden Euro abgelöst, der als europäische Institution in Luxemburg etabliert wurde. Nach Griechenland stützte der ESM auch Spanien, Portugal und Irland, als sie in finanzielle Turbulenzen gerieten.

Neben den Eurozonenmitgliedern versuchte auch die EZB, durch ihre Geldpolitik die Gemeinschaftswährung zu stützen. Der Euro war bei seiner Einführung auf drei Säulen aufgebaut:

1. Dem Stabilitäts- und Wachstumspakt mit Defizit- und Schuldengrenzen

2. Der Nichtbeistands- oder No-Bailout-Klausel. Durch sie ist die Haftung der EU und EU-Mitgliedstaaten für Verbindlichkeiten einzelner Mitgliedstaaten ausgeschlossen.

3. Dem Ausschluss einer Staatsfinanzierung durch die Europäische Zentralbank EZB

Die Maastricht-Kriterien wurden von Ländern wie Belgien, Italien und Griechenland schon bei ihrem Eintritt in die Eurozone nicht eingehalten. Frankreich hielt das maximale Drei-Prozent-Defizit nur ein, weil France Telecom für das folgende Jahr zugesagte Zahlungen vorzog. 2003 und in den Folgejahren verfehlten Frankreich und Deutschland das Defizitziel, lehnten aber eine vertraglich vorgesehene Sanktionierung strikt ab.

Die No-Bailout-Klausel wurde in den Märkten praktisch von Anfang an als wirklichkeitsfremd empfunden. Anders ist es nicht zu verstehen, dass die Zinsunterschiede zwischen den Krediten der einzelnen Länder relativ schnell verschwanden. Hatte Griechenland zuvor noch zinsbezogene Spreads, eine Zinsdifferenz, von mehr als 500 Basispunkten im Vergleich zu Deutschland zahlen müssen, so war diese Differenz schon in den ersten Jahren der Zugehörigkeit zur Eurozone auf wenige Basispunkte geschmolzen. Das heißt, dass sich Griechenland deutlich höher verschulden konnte, ohne die jährlichen Zinszahlungen in die Höhe zu treiben. Eine Halbierung des Zinssatzes erlaubte eine Verdopplung der Schulden bei gleicher Zinsbelastung im Budget. Griechenland konnte dieser Versuchung nicht widerstehen und erhöhte tatsächlich spürbar sein Kreditvolumen. Leider flossen die Gelder im Wesentlichen in konsumtive und nicht in investive Projekte.

Hearing mit dem ehemaligen EU-Kommissar und späteren italienischen Ministerpräsidenten Mario Monti 2010 im Europäischen Parlament in Brüssel

Die EZB senkte in der globalen Finanzkrise die Zinsen deutlich von 4,25 auf 1 Prozent, weil sie keine Gefahr einer inflationären Entwicklung sah. Im Jahr 2011 erhöhte sie den Leitzins sogar wieder auf 1,5 Prozent, um ihn in den Folgejahren kontinuierlich bis in den Minusbereich zu senken. Das heißt: Auch wenn die EZB vorgibt, ausschließlich ihrem Stabilitätsauftrag verpflichtet zu sein, unternimmt sie inzwischen alles, um alle Mitglieder der Eurozone darin zu halten. So wird sie den Bankrott eines Mitglieds trotz enorm hoher Schulden vermeiden, indem sie dessen Schuldtitel in Milliardenhöhe aufkauft, offiziell nur auf dem Sekundärmarkt, wobei die Verweildauer auf diesem oft ganz kurz ist.

Die EZB will mit ihren diversen Kaufprogrammen sicherstellen, dass der Euro nicht zum Spekulationsobjekt wird und die Bank letztlich als *lender of last resort*, als Kreditgeber letzter Instanz, agieren kann. Das Bundesverfassungsgericht hat dieses Vorgehen als klaren Verstoß gegen das Verbot der Staatsfinanzierung in § 123 des Vertrags über die Arbeitsweise der Europäischen Union VAEU gewertet, der Europäische Gerichtshof nicht.

In der Eurozone finanzieren sich die Unternehmen zu 70 Prozent über Bankkredite. Im Gegensatz dazu erfolgt in den USA die Unternehmensfinanzierung zu 80 Prozent über den Kapitalmarkt. Die EZB will daher die Kreditfinanzierung mit Standardmaßnahmen wie Zinssatzänderungen und Nicht-Standardmaßnahmen wie verstärkten Kreditstützungsmaßnahmen (Enhanced Credit Support) sicherstellen. Diese haben sich wie folgt entwickelt und im Lauf der Zeit eine Größenordnung mehrerer Billionen Euro erreicht:

- Ab 2008: Aufgabe der proportionalen Zuteilung und Komplettzusage an die antragstellenden Banken (Full Allotment of Refinancing Credits) und Verlängerung der LTRO (Longer-Term Refinancing Operation) von drei Monaten auf drei Jahre

- Ab Juli 2009: Programm zum Ankauf verdeckter Schuldverschreibungen (Covered Bond Purchase Programme CBPP, in den Folgejahren verlängert um CBPP2 und CBPP3)

- Mai 2010 bis September 2012: Programm für die Wertpapiermärkte (Securities Markets Programme SMP), Ankauf von Staats- und Unternehmensanleihen auf den Sekundärmärkten

- Ab 2012: Geldpolitische Outright-Geschäfte (Outright Monetory Transaction Programme OMT), Ankauf von kurzfristigen Staatsanleihen von Staaten im Euroraum in nicht begrenzter Höhe zur Sicherstellung einer einheitlichen Geldpolitik in der Eurozone

- Ab Oktober 2014: Aufkauf einfacher und transparenter forderungsbesicherter Wertpapiere (Asset-Backed Securities Purchase Programme ABSPP) von privaten Emittenten auf dem Primär- und Sekundärmarkt

- Ab Herbst 2014: Erweitertes Vermögenswerte-Programm (Expanded Asset Purchase Programme, EAPP)

Diese Politik der Europäischen Zentralbank hat zu einer gewaltigen Aufblähung ihrer Bilanz geführt. Die EZB hat inzwischen mehr Schuldtitel in ihrer Bilanz als die Bank of Japan oder die US-Zentralbank Fed. Niemand vermag heute abzuschätzen, wie groß das Risiko dieser Politik ist, die auch von der derzeitigen EZB-Präsidentin Christine Lagarde fortgesetzt wird. Nur William White, der frühere Chefökonom der Bank für Internationalen Zahlungsausgleich BIZ in Basel, schreibt, dass die EZB „den Brand mit Benzin bekämpft".

Zwischenzeitlich war es zu weiteren personellen Veränderungen in meinem Büro gekommen. Larissa Fiedler war zur EFAMA, dem europäischen Dachverband der Investmentfonds-Anbieter, gewechselt, und Victoria Klein fungierte nun als Bürochefin. Andreas Illenseer wurde von Union Investment abgeworben, wo er mittlerweile das Brüsseler Büro leitet. Ihn ersetzten Jakub Michalik und Tilman Angerer, die sich beide perfekt in unser Team einfügten. Jakub kam aus Polen, hatte in Wien Jura studiert und war besonders an den juristischen Fragen der Regulatorik interessiert. Tilman deckte hingegen mehr die wirtschaftlichen Aspekte der Dossiers ab, an denen ich als Berichterstatter oder Schattenberichterstatter arbeitete.

Der Krisenausschuss weist die Richtung

Vor dem Hintergrund der Krise auf den globalen Finanz-
märkten, konjunktureller Einbrüche und stark steigender
Arbeitslosigkeit beschloss das Europäische Parlament am
7. Oktober 2009, einen Sonderausschuss zur Finanz-, Wirt-
schafts- und Sozialkrise einzusetzen. Das Committee on the
Financial, Economic and Social Crisis, kurz CRIS, hatte das
Mandat, die Ursachen der Krise zu erforschen und Vorschläge
zu entwickeln, wie gesunde und stabile Finanzmärkte wie-
derhergestellt werden können. Darüber hinaus sollte er überprüfen, wie weit für diese Bereiche relevante EU-Gesetz-
gebung zielgerecht umgesetzt worden ist. Bei seiner Arbeit
sollte das CRIS eng mit den anderen EU-Institutionen und
den nationalen Parlamenten der Union zusammenarbeiten.

Die Zahl der ordentlichen Ausschussmitglieder wurde auf 45
festgelegt. Ich wurde als ALDE-Vertreter zum Chairman gewählt. Die europäische Volkspartei EVP, die Sozialisten S&D,
die Grünen Greens/EFA und die Linke GUE/NGL stellten jeweils einen Vice-Chairman bzw. eine Vice-Chairwoman. Alle
Parteien benannten einen Koordinator, der die Meinungsbil-
dung in der eigenen Gruppe sicherstellen sollte. Pervenche
Berès, die frühere Vorsitzende des Wirtschafts- und Wäh-
rungsausschusses, wurde als Berichterstatterin gewählt.

Mir war von Anfang an klar, dass es nicht leicht sein würde,
einen Abschlussbericht zu erstellen, der konkrete Schluss-
folgerungen und Vorschläge enthält und von einer klaren
Mehrheit der Abgeordneten im Parlament unterstützt wird.
Zu groß erschien mir der Unterschied der Positionen der
politischen Gruppierungen und der Länder, die die Abgeordneten vertraten. Die einen wollten die bedingungslose
Rückkehr zu fiskalischer Disziplin, die anderen massive Fi-
nanzinjektionen ins Wirtschaftssystem, um Wachstum und
Beschäftigung anzukurbeln, und wieder andere wollten die

Aktivitäten mancher Marktteilnehmer wie zum Beispiel Goldman Sachs für die Zukunft zumindest in Europa ganz verbieten.

Treffen mit dem griechischen Ministerpräsidenten Georgios Papandreou im Rahmen der Arbeiten des Krisenausschusses im Europäischen Parlament in Brüssel, März 2010

In meiner ersten Besprechung mit der Berichterstatterin und den Koordinatoren machte ich deutlich, wie wichtig es sei, trotz aller Unterschiede eine aussagefähige, belastbare gemeinsame Basis zu finden, um nach außen dokumentieren zu können, dass das Europäische Parlament handlungsfähig ist. Viele der Mitglieder des Krisenausschusses waren auch Mitglieder im ECON. Wir kannten uns, teilten unsere Ansichten oder respektierten uns wegen unserer Erfahrungen und unseres Engagements.

Die damals zur Economist-Gruppe gehörende englischsprachige Wochenzeitung EUROPEAN VOICE beschrieb die Situation am 1. Juni 2010 folgendermaßen:

"His hands-on experience is without doubt the strongest asset that Klinz brings to his current brief as chairman of the Parliament's special committee on the crisis. His expertise is universally praised by colleagues and industry representatives alike. 'He never fails to illustrate his position with a specific example', says Burkhard Balz, a German conservative MEP. 'He intuitively understands what you are talking about', says a Brussels based representative of the financial services industry.

Klinz also comes across as a lot more relaxed than some of his colleagues. He clearly feels less need to impress. His previous life as an executive has given him a greater degree of independence, which, in his case, has been translated into a certain freedom of thought. Members of the crisis committee praise his unobtrusive style as chairman. 'He acts like an elder statesman', says Sven Giegold, a German Green MEP who was formerly an activist with Attac, an NGO critical of globalization. 'He does not abuse his position to impose his views', Giegold says."[1]

Mit Walter Götz hatte ich einen hervorragenden Leiter des Ausschusssekretariats an meiner Seite und mit Jan Eger einen sehr interessierten und einsatzfreudigen Assistenten.

---

[1] „Seine praktische Erfahrung ist zweifellos das größte Plus, das Klinz in seine derzeitige Aufgabe als Vorsitzender des Sonderausschusses des Parlaments zur Krise einbringt. Seine Expertise wird von Kollegen und Branchenvertretern gleichermaßen gelobt. ‚Er schafft es immer, seine Position mit einem konkreten Beispiel zu illustrieren', sagt der deutsche konservative Abgeordnete Burkhard Balz. ‚Er versteht intuitiv, wovon man spricht', sagt ein Brüsseler Vertreter der Finanzdienstleistungsbranche.
Klinz wirkt auch viel entspannter als manche seiner Kollegen. Er hat offensichtlich weniger das Bedürfnis zu beeindrucken. Sein früheres Leben als Führungskraft hat ihm ein größeres Maß an Unabhängigkeit beschert, was sich in seinem Fall in einer gewissen Freiheit des Denkens niederschlägt. Mitglieder des Krisenstabs loben seinen unaufdringlichen Stil als Vorsitzender. ‚Er agiert wie ein Elder Statesman', sagt Sven Giegold, ein deutscher Europa-Abgeordneter der Grünen, der früher bei der globalisierungskritischen NGO Attac aktiv war. ‚Er missbraucht seine Position nicht, um seine Ansichten durchzusetzen', sagt Giegold."

Beide waren eine große Stütze. Sie garantierten trotz der unzähligen Termine, zahlreichen Veranstaltungen, Reisen und
Interviews einen strukturierten Projektablauf.

Delegation des Krisenausschusses in New York City, Juni 2010

Das Arbeitsprogramm umfasste öffentliche Anhörungen,
Analysen und Studien, Seminare und Workshops, Besuche
bei der EZB, der Welthandelsorganisation WTO und der UN-
Arbeitsorganisation ILO, Diskussion von Abhandlungen zu
ausgewählten Themenschwerpunkten und Delegationsrei-
sen nach Lettland, Peking und Shanghai sowie Washington
und New York. Aufschlussreich waren besonders die Reisen
in die USA und nach China, wo 2010, im Jahr unseres Besuches, die Weltausstellung stattfand. In New York City trafen
wir Vorstandsmitglieder der Großbanken ING, Goldman
Sachs und Deutsche Bank, Professoren der Columbia University sowie den Chef der New York Stock Exchange und den
ehemaligen Chairman der Fed, Paul Volcker. Der Chef der

New York Stock Exchange erwartete uns persönlich vor dem Haupteingang. Er hatte anlässlich unseres Besuches extra eine Riesenflagge der Europäischen Union hissen lassen. Die Board-Mitglieder von ING kamen uns am Fuße ihres Büroturms entgegen, der Chairman von Goldman Sachs begrüßte uns sogar persönlich am Eingang seines Firmensitzes.

Treffen mit dem ehemaligen Präsidenten der Fed, Paul Volcker, im Rahmen einer USA-Reise des Krisenausschusses in New York City, Juni 2010

Unsere Gesprächspartner gaben sich in der sehr offen geführten Diskussion nicht kleinlaut ob der von der US-Finanzindustrie ausgelösten globalen Finanzkrise, aber durchaus bescheiden und einsichtig. Nicht so die Vertreter der Deutschen Bank. Keines der Vorstandsmitglieder hielt es für nötig, uns am Haupteingang zu empfangen, um die schikanöse Körperkontrolle und Überprüfung unserer Aktenkoffer zu vereinfachen und zu beschleunigen. Auf unsere telefonische

Bitte, doch herunterzukommen und zu helfen, wurde uns zugesagt, eine Sekretärin zu schicken. Das alles dauerte jedoch so lange, dass wir die Geduld verloren, das Meeting absagten und uns in ein Gasthaus zurückzogen, das nach Büroschluss ein stark frequentierter Treffpunkt von Wall-Street-Mitarbeitenden zu sein schien.

Ich war über die Entwicklung sehr enttäuscht, da ich als deutscher Vorsitzender des EU-Krisenausschusses CRIS mit einer besonders freundlichen Aufnahme durch die Deutsche Bank gerechnet hatte. Der EU-Abgeordnete Burkhard Balz hatte mittlerweile seinen Kontaktmann im Vorstand der Bank in Frankfurt per Mail über die Situation informiert. Und siehe da, plötzlich erschienen mehrere Board-Mitglieder in unserem Lokal und wollten unbedingt das Gespräch mit uns führen. Sie gaben sich keineswegs kleinlaut und ich hatte den Eindruck, dass sie davon ausgingen, dass bei Finanzgeschäften alles erlaubt sei, was nicht ausdrücklich untersagt ist. Der Unterschied zwischen legal und legitim schien für sie nicht zu existieren. Ich gewann den Eindruck, dass in der Deutschen Bank eine Kultur des *profit at all cost* herrschte. Es verwundert mich nicht, dass sie praktisch bei allen Finanzskandalen in der Welt beteiligt war und einen zweistelligen Milliardenbetrag zahlen musste, um verhängte Strafen zu begleichen oder drohende Prozesse durch außergerichtliche Vergleichszahlungen abzuwehren. Als Aktionär der Bank begrüße ich, dass unter der neuen Führung auch eine neue Kultur einzieht.

Der Besuch in China brachte keine großen Überraschungen. China sah sich auch auf dem Feld der Finanzdienstleistungen in einer immer stärker werdenden Position. Shanghai sei gut gerüstet, um im Kreis der Großen wie London, New York, Tokio oder Singapur mitzuhalten. Der Renminbi werde in absehbarer Zeit konvertibel und China bei der Entwicklung globaler regulatorischer Vorgaben eine entscheidende Rolle spielen.

Treffen mit Lian Shian, Vorstandsmitglied der Börse Shanghai, im Rahmen einer China-Reise des Krisenausschusses im Mai 2010

Schon im Sommer 2010 war klar, dass ein Ende des Krisenausschusses CRIS im Oktober des gleichen Jahres wenig Sinn ergab, da mittlerweile der globalen Finanzkrise die Euro- oder Staatsschuldenkrise gefolgt war und Antworten darauf aus europäischer Sicht fast noch wichtiger waren. Mein Antrag an die Konferenz der Präsidenten um Verlängerung der Ausschussarbeiten bis Juli 2011 wurde genehmigt. Insofern verabschiedete das Parlament im Oktober 2010 einen Zwischenbericht und im Juli 2011 den Abschlussbericht des Ausschusses. In unseren Berichten führten wir als wichtigste Punkte auf:

- Die Europäische Union und damit auch die Eurozone stehen an einer Wegkreuzung. Entweder es gelingt, die politische und wirtschaftliche Einigung weiterzuentwickeln, oder die schon spürbaren Zentrifugalkräfte gefährden mittel- bis langfristig die Existenz der Union.

- Eine Vertiefung der Integration kann die Stabilität der Eurozone deutlich stärken, vielleicht sogar garantieren, wenn die Mitgliedstaaten zu einer disziplinierten Fiskalpolitik zurückfinden.

- In diesem Fall kann die gemeinsame Ausgabe öffentlicher Schuldtitel erwogen werden, zunächst nur bis zur im Maastricht-Vertrag festgelegten Höhe von 60 Prozent des BIP oder wie ich in meinem Artikel „Mehr Eurobonds für solide Haushälter" vom 31. Januar 2011 in der Financial Times Deutschland vorgeschlagen habe, in dem Ausmaß, in dem sich die überschuldeten Staaten dem 60-Prozent-Ziel wieder von oben annähern. Auf diese Weise könnte ein großer Kapitalmarkt für Euro-Titel geschaffen werden, der sich in Größe und Bedeutung schnell dem US-Dollar-Markt annähern würde.

- Ernennung eines Kommissars, der gleichzeitig der Eurozone vorsteht und als eine Art „Finanzminister" des Euroraumes fungiert. Er würde für eine transparente Überprüfung der öffentlichen Schulden der Euro-Mitglieder sorgen und Korrekturmaßnahmen ihrer Fiskalpolitik mit ihnen besprechen und abstimmen.

- Verabschiedung eines Reformpakets, das die Wettbewerbsfähigkeit und die Konvergenz stärkt. Dreh- und Angelpunkt eines solchen Reformpakets sind Entbürokratisierung, Vereinfachung und Verkürzung der Genehmigungsfristen sowie stärkere Anpassung aller Vorschriften an die Bedürfnisse der KMUs, der kleinen und mittleren Unternehmen.

- Auch wenn die Steuerpolitik die Kompetenz der Mitgliedstaaten ist, sind Veränderungen angesagt. Die Zusammenarbeit der nationalen Steuerbehörden muss spürbar intensiviert und der Austausch von Informationen darf nicht länger als Eingriff in die Souveränität verurteilt werden.

Nur so lassen sich Steuerbetrug – bei der Mehrwertsteuer entsteht daraus immer noch ein Verlust von einem hohen zweistelligen Milliardenbetrag pro Jahr – sowie Steuervermeidung durch Ausnutzen von Schlupflöchern vermeiden. Für den KMU-Sektor gilt es, ein einfaches, EU-weites Steuersystem einzuführen. Für die Kapitalgesellschaften sollte mithilfe qualifizierter Mehrheitsentscheidung (QMV) eine einheitliche steuerliche Bemessungsgrundlage (CCTB) geschaffen werden.

- Die Interessen der EU sollten bei internationalen Institutionen wie IWF, Weltbank und G20 durch einen einzigen gemeinsamen Repräsentanten vertreten werden.

- Die Kreditbewertungsagenturen müssen bei Zulassung und Betrieb strikter reguliert werden.

- Entscheidungen in Bereichen von grenzüberschreitender Natur wie Energie, Verkehr, Forschung und Entwicklung, IT und Telekommunikation sollten von der nationalen auf die europäische Ebene gehoben werden. Die Umsetzung könnte in Form eines New Deal erfolgen, dessen Finanzierung aus dem entsprechend erhöhten EU-Budget erfolgt. Schaffung einer europäischen Energiegemeinschaft durch Anpassung des gesetzlichen Rahmens.

- Vollendung des Binnenmarktes durch Öffnung für alle Dienstleistungen, Schaffung eines gemeinsamen Arbeitsmarktes, der es den Bürgerinnen und Bürgern erlaubt, außerhalb des eigenen Landes zu arbeiten, ohne finanzielle Einbußen bei Versicherungen, Krankenkasse, Renten etc. zu erleiden. Entwicklung einer gemeinsamen EU-Einwanderungspolitik.

- Die EU muss bei wichtigen Entscheidungen stärker zur Nutzung der Gemeinschaftsmethode und damit der Einbindung des Europäischen Parlaments zurückkehren. Die in den letzten Jahren zunehmend praktizierte intergouvernementale Zusammenarbeit schwächt die Gemeinschaft.

Als sein Vorsitzender wurde ich vielfach eingeladen, Arbeit und Ergebnisse des EU-Krisenausschusses CRIS vorzustellen. Der Leiter der Vertretung des Europäischen Parlaments in Berlin lud mich zu einem Vortrag mit Diskussion in seinem Haus ein. Altbundeskanzler Helmut Schmidt, damals Herausgeber der Wochenzeitung Die Zeit, bat mich zu sich nach Hamburg. Wolfgang Clement, der frühere Bundesminister für Wirtschaft und Arbeit, lud mich ein, mit den Mitgliedern eines von ihm geleiteten Beirats über die Arbeit des Ausschusses zu diskutieren. Jean-Claude Trichet, der Präsident der EZB, und José Manuel Barroso, der Präsident der Europäischen Kommission, waren ebenfalls an einem Gedankenaustausch interessiert. Zu lebhaften Diskussionen kam es mit den Abgeordneten der Parlamente in Griechenland, Spanien und Portugal. Die Berichterstattung sowohl in den Printmedien als auch im Fernsehen war enorm. Der spanische EU-Wettbewerbskommissar Joaquín Almunia meinte scherzhaft, ich hätte ihm bei seinen Landsleuten als Stimme aus Brüssel den Rang abgelaufen.

Gefreut habe ich mich auch über die Reaktion des ehemaligen EU-Kommissars Mario Monti, der mir seine Ausarbeitung „Eine neue Strategie für den Binnenmarkt" mit dem Zusatz überreichte: *„With deep respect and gratitude for the important contribution of the Crisis Committee to my work."*

Überrascht war ich darüber, dass mich Financial Centres International auf seiner 2011 erstellten Liste FCI 500 der 500 wichtigsten Akteure in der Finanzwelt auf Platz 80 setzte, kurz hinter EU-Kommissar Olli Rehn und noch vor Dominic Barton, den Chef von McKinsey weltweit. Enttäuscht war ich von der fehlenden Reaktion meiner Partei in Hessen. Ich hatte sowohl dem hessischen Justiz- und Europaminister

Jörg-Uwe Hahn als auch seiner Staatssekretärin Nicola Beer den Bericht zukommen lassen und meinen Wunsch zu einem Gespräch geäußert. Dazu kam es leider nicht. Ich war mir nicht sicher, ob der Minister wirklich an Europafragen interessiert war, solange europäische Vorhaben nicht direkte Auswirkungen auf das Land Hessen hatten. Bei Nicola Beer galten diese Einschränkungen nicht. Als Europa-Staatssekretärin war sie in Brüssel sehr präsent und organisierte in der hessischen Landesvertretung sehr interessante, immer gut besuchte Veranstaltungen. Bei vielen Diskussionsrunden, die oft von Detlef Fechtner, dem stellvertretenden Chefredakteur der Börsen-Zeitung moderiert wurden, war ich als Panelist beteiligt.

Die Arbeit als Vorsitzender des Krisenausschusses habe ich als Chance gesehen, an einer der großen Herausforderungen der Zeit mitzuwirken. Ich habe stets versucht, auf die Dinge fernab jeglicher Partei- oder Fraktionszwänge zu schauen. Vielmehr ließ ich mich von Vernunft und Verantwortung leiten, den beiden entscheidenden Elementen in der Politik, wie Helmut Schmidt 1993 in seinem Buch „Handeln für Deutschland" schrieb: „Gewiss müssen in der Politik auch Emotionen, Leidenschaften, Ängste und Hoffnungen vorkommen. Aber wenn sie die Vernunft und das Verantwortungsbewusstsein verdrängen, dann geht es mit der Politik bergab."

14

Jahre der Stabilisierung – Die EU errichtet die Bankenunion

Anfang 2013, ein knappes Jahr vor der Wahl des hessischen Spitzenkandidaten, kontaktierte mich Lasse Becker, der Vorsitzende der hessischen und eine Zeit lang auch deutschen JuLis, um mir sein Interesse an einer Kandidatur bei den Europawahlen 2014 zu signalisieren. Ich sagte ihm meine Unterstützung zu. Nach zehn Jahren im Parlament und in Anbetracht meines Alters erschien es mir sinnvoll, den Weg für einen Kandidaten der nachrückenden Generation freizumachen.

Wenige Wochen vor dem Landesparteitag der FDP in Gießen im November 2013, auf dem die Kandidatinnen und Kandidaten für die Europawahl gewählt werden sollten, erklärte Lasse Becker ohne Angabe von Gründen seinen Verzicht. Mich erreichten daraufhin diverse Briefe und Anrufe mit der Aufforderung, noch einmal zu kandidieren. Ich war unsicher. Die Partei war im September bei der Bundestagswahl gescheitert. Da unsere Ergebnisse bei Europawahlen traditionell immer etwa zwei Prozent schlechter als im Bund ausfielen, war abzusehen, dass wir 2014 die Fünf-Prozent-Hürde nicht überspringen würden.

Kurz vor dem Landesparteitag stellte der Landesvorsitzende der FDP, Jörg-Uwe Hahn, den hessischen Landtagsabgeordneten Alexander Noll als seinen Spitzenkandidaten der Presse vor. Mit mir hatte er kein Gespräch gesucht. Auf dem Parteitag selber schlug mich Hermann Otto Solms, ehemaliger Bundestagsabgeordneter und Bundesschatzmeister, als Gegenkandidaten vor. Er hatte das wenige Minuten vorher mit mir abgestimmt. Ich nahm die Kandidatur an und es kam zur Stichwahl, die sich sogar noch auf einen dritten Kandidaten ausweitete, weil auch Walter Leisler Kiep junior seinen Hut in den Ring warf.

Die Abstimmung brachte bereits im ersten Wahlgang Klarheit. Ich wurde Spitzenkandidat, Walter Leisler Kiep zweiter und Alexander Noll nur dritter. Die Delegierten waren dem Landesvorsitzenden nicht gefolgt. Auf dem Europaparteitag der FDP im Januar 2014 reichte es nur mehr für den fünften Platz, weil auf die Plätze drei und vier zwei Kandidatinnen gewählt wurden. Trotz des starken Gegenwinds, dem die FDP 2014 ausgesetzt war, machte ich einen engagierten Wahlkampf. Ich wurde dabei von André Glasmacher unterstützt, einem im Marketing sehr erfahrenen Referenten. Mittlerweile hatte Deutschland für Europawahlen die Sperrklausel auf drei Prozent gesenkt. Als das Bundesverfassungsgericht Ende Februar 2014 auch diese Hürde kassierte, war klar, dass die FDP auf jeden Fall wieder ins Europäische Parlament einziehen würde.

Trotz des Spitzenkandidaten Alexander Graf Lambsdorff, des über alle Parteigrenzen hinweg bekannten und geschätzten Außen- und Sicherheitspolitikers, erzielte die FDP eines ihrer schlechtesten Ergebnisse bei Europawahlen. Immerhin konnte sie drei Abgeordnete nach Straßburg schicken. Für mich bestand die Chance nachzurücken, wenn zwei von ihnen drei Jahre später bei der nächsten Bundestagswahl erfolgreich nach Berlin wechseln würden. Mir war bekannt, dass sowohl Lambsdorff als auch Michael Theurer mit einem Wechsel in die Hauptstadt liebäugelten.

Zunächst schied ich aus dem Parlament aus. Michel Barnier, der für Finanzdienstleistungen zuständige Kommissar, zu dem ich ein enges freundschaftliches Verhältnis aufgebaut hatte – wir waren mittlerweile per Du –, machte mich darauf aufmerksam, dass die Kommission demnächst die Stelle eines Board President der European Financial Reporting Advisory Group EFRAG ausschreiben würde. In seinen Augen sei ich der ideale Kandidat für diese Position. Er ermunterte mich, meinen Hut in den Ring zu werfen. Es sei eine internationale Ausschreibung, ich müsse mich also auf Wettbewerb einstellen, bräuchte diesen aber nicht zu fürchten.

Die EFRAG ist ein nicht gewinnorientierter Verein belgischen Rechts mit Sitz in Brüssel, der die Europäische Kommission bei dem Prozess der Übernahme der internationalen Rechnungslegungsstandards unterstützt. Diese International Financial Reporting Standards IFRS werden vom Internationalen Gremium für Rechnungslegungsstandards IASB in London erarbeitet. Alle kapitalmarktorientierten, vor allem börsennotierten Unternehmen in der EU sind verpflichtet, ihre Bücher nach den IFRS zu führen und ihren Abschluss danach aufzustellen. Dabei geht es nicht nur um technische, sondern auch um politische Fragen. Die jüngste Finanzkrise hatte gezeigt, dass die strikte Anwendung des Marktwertprinzips – *mark to market* – Krisenentwicklungen zusätzlich beschleunigen kann. Dazu kam, dass es in vielen Fällen gar keine echten Marktwerte gab.

Für mich war die Position des EFRAG Board President wie auf den Leib geschnitten: Ich hatte Betriebswirtschaft studiert, bei McKinsey Bilanzen zu lesen gelernt und konnte die politische Dimension aufgrund meiner zehnjährigen Parlamentsarbeit gut einschätzen. Die Ausschreibung zog sich hin. Neben mir bewarben sich noch etwa sechs andere Kandidaten. Es gab eine Reihe von Interviews mit hochrangigen Vertretern der Kommission sowie dem neuen britischen Kommissar. Im Frühjahr 2015 schließlich entschied sich die Kommission für mich. Jetzt musste nur noch der Wirtschafts- und Währungsausschuss des Europaparlaments meine Wahl bestätigen. Das erfolgte mit überwältigender Mehrheit.

Im Mai 2015 – ich war gerade intensiv damit beschäftigt, das Arbeitsprogramm für meine neue Aufgabe zu erstellen – erlitt ich aus heiterem Himmel einen Herzinfarkt. Dieses Ereignis kam für mich total überraschend und ohne jede Vorwarnung. Ich bildete mir ein, immer gesund gelebt zu haben, ich hatte kein oder nur ganz wenig Übergewicht und ich war Nichtraucher. Das Deutsche Herzzentrum Berlin brachte mich schnell wieder auf die Beine. Herzkatheter- und EKG-Untersuchungen bescheinigten mir wieder ein stabiles Herz. Trotzdem entschied ich mich, auf die Übernahme des Board President zu verzichten. Ich blieb bei meiner Entscheidung, obwohl die Kommission und verschiedene Board-Mitglieder versuchten, mich umzustimmen.

Seit Jahrzehnten gehe ich einmal im Jahr zum medizinischen Check-up und lasse mich auf Herz und Nieren untersuchen. Fast standardmäßig höre ich am Ende, dass alle Blutwerte in Ordnung seien, bei den Organen keine Schwäche oder Krankheit festzustellen und mein biologisches Alter mindestens zehn Jahre geringer sei als mein offiziell ausgewiesenes. In der Tat habe ich mich immer für gesund und belastbar gehalten, wenngleich ich auch gelegentlich krank gewesen war und mehrmals operiert werden musste, die lange Liste reicht von Operationen der Mandeln und des Blinddarms über mehrere kleinere chirurgische Eingriffe bis zu größeren Behandlungen zum Beispiel des grauen Stars und des Herzinfarkts. Ich habe mich aber stets erstaunlich schnell erholt und bin zügig ins Arbeitsleben zurückgekehrt.

In den Jahren 1997 und 1998 hatte mich die Betriebsärztin von Hartmann & Braun darauf hingewiesen, dass mein PSA-Wert, der ein prostataspezifisches Antigen anzeigt, absolut noch nicht besorgniserregend sei. Allerdings weise die Geschwindigkeit seiner Veränderung darauf hin, dass sich eventuell ein Karzinom bilde. Der PSA-Wert, der 4 ng/ml nicht übersteigen soll, hatte bei mir bereits damals 5 ng/ml erreicht und stieg in den Folgejahren weiter. Trotz mehrfacher Biopsien konnten die Urologen jedoch keine karzinogenen Stellen finden und versuchten mir den Anstieg mit allerlei Theorien zu erklären.

Als 2005 mein PSA-Wert 15 ng/ml erreichte, war ich überzeugt, dass sich bei mir ein Prostatakarzinom gebildet hatte. Meine Befürchtung bewahrheitete sich, als bei einer PET-CT-Untersuchung am Universitätsklinikum Ulm eindeutig zwei karzinogene Stellen nachgewiesen wurden. Alle Urologen, die ich kontaktierte, empfahlen einen sofortigen chirurgischen Eingriff. Ich zögerte, da ich von einem Freund wusste, mit welchen Einschränkungen man zu rechnen hatte. Vor allem schreckte mich das Risiko der Inkontinenz.

Stattdessen studierte ich im Internet alle verfügbaren Behandlungsmethoden. Dabei stieß ich auf das Universitätsklinikum von Loma Linda in Kalifornien, wo bereits mehr als 10 000 Patienten mit Protonenbestrahlung behandelt worden waren. Gegenüber der herkömmlichen Methode mit Photonen birgt die Bestrahlung mit Protonen den Vorteil, dass diese millimetergenau zum Tumorzentrum gesteuert werden können und erst dort ihre Energie entladen. Auf diese Weise wird das dem Tumor vor- und nachgelagerte gesunde Gewebe durch keinerlei Strahlendosis belastet und der Tumor kann in seiner ganzen Ausdehnung mit einer gleich hohen

Strahlendosis angegangen werden. Die eigentliche Bestrahlung ist völlig schmerzfrei und dauert nur knapp 90 Sekunden. Die Anzahl der täglichen Einzelbestrahlungen richtet sich nach dem Tumortyp. Für mich wurden 45 Einzelbestrahlungen veranschlagt, denen ich mich im Frühjahr 2007 unterzog.

Namhafte Urologen, mit denen ich meine Absicht besprach, mich in Loma Linda behandeln zu lassen, rieten mir ab, da es „keine belastbaren Statistiken" und „keine wissenschaftlichen Veröffentlichungen" gäbe – „Sie wären nur ein Versuchskaninchen." Bei meiner Rückkehr aus Kalifornien überreichte ich meinem Urologen, immerhin Professor seines Fachs, einen dicken DIN-A4-Ordner, der statistische Daten zur Protonenbehandlung, Patientenerklärungen, Zeitungsartikel und wissenschaftliche Veröffentlichungen in namhaften amerikanischen Magazinen enthielt. Der Arzt war sichtlich überrascht von der Fülle des Materials. Ich glaube allerdings kaum, dass er fortan die Protonenbehandlung empfohlen hat. Inzwischen hat sich diese nicht nur in den USA, sondern weltweit für die Behandlung diverser Tumore verbreitet. Ich habe die Zeit in Loma Linda in guter Erinnerung. Auch über 13 Jahre nach der Behandlung bin ich gesund, mein PSA-Wert liegt bei 0,6 ng/ml.

Was zunächst nur wie eine kleine Chance ausgesehen hatte, wurde im Herbst 2017 wahr. Alexander Graf Lambsdorff und Michael Theurer wechselten nach der Bundestagswahl beide in den Bundestag. Nadja Hirsch und ich konnten ihnen ins Europäische Parlament nachfolgen. In den knapp zwei Jahren, die ich von 2017 bis Mitte 2019 wieder dem Europäischen Parlament angehörte, war ich als Nachfolger von Graf Lambsdorff kooptiertes Mitglied im FDP-Präsidium. Im Wirtschafts- und Währungsausschuss konnte ich praktisch nahtlos an meine frühere Mitgliedschaft anknüpfen. Mit Marton

Kovacs hatte ich einen sehr erfahrenen Büroleiter, der mich bei meiner Arbeit im Wirtschafts- und Währungsausschuss ECON effizient unterstützte. Susan Schneider koordinierte meine Arbeit im Haushaltskontrollausschuss CONT, den sie bestens kannte, da sie schon für Michael Theurer als CONT-Mitglied gearbeitet hatte.

Die zum Ende der letzten Legislaturperiode etablierte Bankenunion sollte nun noch vollendet werden. Ihre Grundlage bilden drei Elemente:

1. Der Einheitliche Bankenaufsichtsmechanismus SSM (Single Supervisory Mechanism) als eigenständige Abteilung unter dem Dach der EZB und die Einführung einer zentralen Bankenaufsicht von Großbanken in der Eurozone

2. Der Einheitliche Bankenabwicklungsmechanismus SRM (Single Resolution Mechanism) und die Schaffung einer zentralen Abwicklungsbehörde zur Abwicklung illiquider Banken. Sie kann unter gewissen Bedingungen auf den gemeinschaftlichen Single Resolution Fonds SRF, zurückgreifen, um Abwicklungs- oder Restrukturierungsmaßnahmen zu finanzieren.

3. Der Aufbau eines europäischen Einlagensicherungsfonds EDIS (European Deposit Insurance Scheme) für eine starke und einheitliche Versicherung der Einlagen von Bankkunden, um das Vertrauen der Einleger nicht vom Standort des Finanzinstituts abhängig zu machen

Dieser Ordnungsplan schien notwendig und geeignet, die Schwachstellen in der Architektur der Währungsunion zu überwinden. 2017 stellte ich aber fest, dass die drei Komponenten nicht im gleichen Umfang umgesetzt waren. Die Aufsicht funktionierte. Der Bankenabwicklungsmechanismus war eingerichtet und hatte eine effiziente Führung, doch letztlich hielten sich die Mitgliedstaaten nicht daran: In Italien wurden verschiedene Institute mit Geld der Steuerzahler gerettet und in Deutschland die Norddeutsche Landesbank. Der Einlagensicherungsfonds EDIS ist noch nicht etabliert.

Aus meiner Arbeit im Krisenausschuss wusste ich, dass die Wirtschafts- und Währungsunion vertieft werden musste, um die Eurozone und die Union als Ganzes krisenfest zu machen. Daran mitzuwirken, war mir ein Anliegen. Ich tat das auf zwei Wegen: Zum einen engagierte ich mich als Schattenberichterstatter im ECON im Projekt Modernisierung der europäischen Finanzaufsicht. Zum anderen arbeitete ich im Sonderausschuss zu Finanzkriminalität, Steuerhinterziehung und Steuervermeidung.

Es war erschreckend zu sehen, dass die EU es immer noch nicht geschafft hatte, dem Mehrwertsteuerbetrug einen Riegel vorzuschieben. Oligarchen und Marktakteure in Russland und den Nachfolgestaaten der Sowjetunion nutzen zum Geldwaschen Banken im Euroraum, vorzugsweise im Baltikum, weil dort noch weithin Russisch gesprochen wird. Ein Riesenfall betraf 2018 die dänische Großbank Danske Bank, in deren baltischer Tochter rund 200 Milliarden Euro gewaschen wurden. Ein Großteil dieser Gelder wird im Liegenschaftssektor investiert oder nach Anlage in höherwertigen Vermögenswerten wie Kunst, Schmuck etc. in sogenannten Freeports geparkt, um der Besteuerung zu entgehen. Aufsehen erregten die zunächst in Deutschland, dann aber auch in den Nachbarstaaten praktizierten Cum-Ex-Geschäfte, bei denen sich Banken und deren Kunden nicht gezahlte Kapitalertragssteuern vom Fiskus erstatten ließen. Es bleibt abzuwarten, ob es der EU wirklich gelingt, Machenschaften dieser Art endgültig auszurotten. Das Beispiel der Mehrwertsteuer stimmt nicht sehr hoffnungsfroh.

Nachdem ich in meinen früheren Jahren als Abgeordneter Mitglied in den Delegationen Mexiko, Australien, Südostasien-ASEAN und Kanada gewesen war, wählte ich dieses

Mal die Delegation der zentralasiatischen Staaten, die im Wesentlichen aus Nachfolgestaaten der Sowjetunion, wie Kasachstan, Kirgistan, Usbekistan, Tadschikistan und Turkmenistan, sowie der Mongolei besteht. Für mich waren die Reisen in diese Länder wie der Besuch einer völlig fremden Welt. Die Leiterin und ein Mitglied unserer Delegation waren russischsprachige Letten, die sich mit unseren Gesprächspartnern mühelos auf Russisch unterhalten konnten. Russisch ist nach wie vor die Lingua franca in diesem Teil der Welt. Auch die Wirtschaftsbeziehungen zu Russland sind noch groß, trotz vielfacher Bemühungen, den Wirtschaftsaustausch mit dem Westen – namentlich der EU – auszubauen. Auf meine Frage, warum Usbekistan trotz der nach wie vor großen Affinität zu Russland nicht Teil Russlands geblieben sei, antwortete mir ein Minister: „Es war Jelzin, der gesagt hat: Ihr seid zu teuer, wir können euch nicht mehr finanzieren, wir entlassen euch in die Selbstständigkeit."

Im Mai 2019 lud ich meine ehemaligen Mitstudierenden von der Hochschule für Welthandel nach Straßburg ein, um die verschiedenen europäischen Institutionen zu besuchen und einer Plenarsitzung des Europäischen Parlaments beizuwohnen. Es war meine letzte Plenarsitzung als Abgeordneter. Zwei meiner Berichte wurden abgestimmt. Das gab mir Gelegenheit, das Wort zu ergreifen. Nach Ausführungen zu den Berichten appellierte ich an alle Kolleginnen und Kollegen, die im Gegensatz zu mir bei der anstehenden Europawahl wieder kandidierten, in ihrem Kampf für ein vereinigtes Europa nicht nachzulassen. Unter großem Applaus schloss ich meine Rede mit den Worten Hans-Dietrich Genschers: „Europa ist unsere Zukunft. Wir haben keine andere."

Besuch meiner ehemaligen Mitstudierenden im Europäischen Parlament in Straßburg, April 2019

Am 7. Juli 2019 konstituierte sich um 10 Uhr das neu gewählte Europäische Parlament. Damit endete offiziell meine Zeit als europäischer Abgeordneter und entfiel auch der Grund für meine Kooption im Präsidium der FDP. In einer Mail an alle Präsidiumsmitglieder erklärte ich meinen Austritt und bedankte mich für die Unterstützung während der Zeit, in der ich die Wählerinnen und Wähler der Freien Demokraten in Brüssel und Straßburg vertrat. Ich durfte mich über viele sehr anerkennende Antwortmails freuen.

15

Wie ich mir die Europäische Union wünsche

Die Europäische Union steht für Frieden, Freiheit, Demokratie und die Herrschaft des Rechts. Die Entwicklung der Europäischen Union von einer ursprünglichen reinen Handels- und Wirtschaftsgemeinschaft zu einer zunehmend politischen Union wird allgemein als das erfolgreichste Friedensprojekt der Neuzeit bezeichnet. In der Tat hat es auf dem Gebiet der EU-Mitgliedstaaten seit ihrer Gründung keine militärischen Auseinandersetzungen gegeben und auch nur die Gefahr kriegerischer Scharmützel innerhalb der Union gilt als abwegig.

Trotzdem ist die Begeisterung für Europa heute vielfach einer zunehmend kritischen Haltung gewichen. In manchen Mitgliedstaaten wird sogar offen mit einem eventuellen Austritt geliebäugelt. Das gilt insbesondere nach dem Austritt des Vereinigten Königreichs. Ein endgültiges Urteil über den Sinn eines solchen Schrittes kann erst dann gefällt werden, wenn die Konsequenzen zumindest in Umrissen erkennbar werden.

Die EU 27 sollte sich intensiv mit dem Brexit und seinen Ursachen auseinandersetzen. Wenn sich die Bevölkerung eines solch zutiefst demokratischen Landes dafür entscheidet, die

Union nach fast 50 Jahren trotz der damit verbundenen wirtschaftlichen Nachteile zu verlassen, dann ist das ein Entschluss höchster Tragweite, der genau verstanden werden muss. War es wirklich nur der negative Einfluss des Medienzars Rupert Murdoch? Oder haben die Briten das Zutrauen in die demokratische Funktionsweise der Union verloren? Nur wenn die Union die wahren Gründe kennt, kann sie erfolgreich dafür sorgen, dass sich in keinem der 27 Mitgliedstaaten ein ähnlicher Vorgang wiederholt.

Allerdings waren schon vor dem Brexit Kritik an und Unmut über die EU gewachsen. Ein deutliches Zeichen war 2005 die Ablehnung des EU-Verfassungsvertrages in den Niederlanden und ausgerechnet in Frankreich, dessen ehemaliger Präsident Valéry Giscard d'Estaing das Verfassungsprojekt geleitet hatte. Die Erweiterung der EU um die mittel- und osteuropäischen Staaten 2004, 2007 und 2013 hat die bis dahin erreichte Homogenität stark vermindert und zu erheblichen Spannungen zwischen West- und Osteuropa geführt. Die Finanz- und Schuldenkrise 2009 und danach führte schließlich zur Entfremdung der Mittelmeerstaaten.

Über die wünschenswerte zukünftige Entwicklung der Europäischen Union gehen die Meinungen stark auseinander. Der ehemalige tschechische Staatspräsident Václav Klaus sieht die Gefahr einer Union der europäischen postdemokratischen Republiken (UdEPDR) und verteidigt starke Nationalstaaten, die EU-Abgeordneten Daniel Cohn-Bendit von den Grünen und Guy Verhofstadt von den Liberalen plädieren für ein wirklich vereinigtes föderales Europa und die Professorin für Politikwissenschaft Ulrike Guérot wünscht sich eine echte europäische Republik.

Es war nicht nur die Friedensliebe, die zur Gründung der Europäischen Gemeinschaft aus sechs Ländern geführt hat, die inzwischen auf eine Europäische Union mit 27 Mitgliedsstaaten angewachsen ist. Handfeste nationale Interessen haben von Anfang an die Entwicklung gelenkt. Das gilt insbesondere für Frankreich und Deutschland.

Am Anfang der europäischen Idee stand der Wunsch von Deutschlands Nachbarn – vor allem Frankreichs –, Deutschland einzuhegen, um seine „Dämonen" ein für alle Mal zu bändigen. Umgekehrt hatte Deutschland ein vitales Interesse an einer zunehmend stärkeren Einbindung in den Westen Europas, um langsam wieder als Mitglied in der Völkergemeinschaft akzeptiert zu werden und um Zugang zu einem größeren Markt zu erhalten in einer Zeit, in der die deutsche Exportmaschine im Zuge des Wirtschaftswunders wieder an Fahrt gewann. Die unterschiedlichen Interessen Deutschlands und Frankreichs widersprachen sich nicht grundsätzlich, sodass die Weiterentwicklung der Gemeinschaft in der Regel in konstruktiver Abstimmung zwischen beiden Ländern geschah.

In der Auseinandersetzung um den Beitritt des Vereinigten Königreichs in die damalige Europäische Wirtschaftsgemeinschaft EWG kam es in den 1960er-Jahren allerdings zum Eklat. Frankreich fürchtete um seine politische Vormachtstellung in Europa, da das Land wie Frankreich ständiges Mitglied im UN-Sicherheitsrat und Atommacht war. Deutschland war dagegen sehr an einer Aufnahme interessiert, da es Zugang zum britischen Markt suchte und davon ausging, dass ein britischer Beitritt ein starkes Signal für die skandinavischen Länder wäre, sich ebenfalls der Gemeinschaft anzuschließen.

Entgegen seiner Befürchtung blieb Frankreich nach dem Beitritt des Vereinigten Königreichs im Jahr 1973 – nach zweimaligem Veto durch Frankreich in den 1960er-Jahren – die politische Führungsmacht in Europa. Deutschland war hingegen der berühmte wirtschaftliche Riese und politische

Zwerg. Mit dieser Rollenverteilung konnten sich beide Länder arrangieren. Allerdings hatte Frankreich zunehmend Schwierigkeiten, die Rolle der D-Mark als faktische europäische Leitwährung zu akzeptieren. Zu häufig musste der Franc abgewertet werden bei gleichzeitiger Aufwertung der D-Mark. Die Geldpolitik wurde zunehmend für alle Staaten der Gemeinschaft in Frankfurt am Main gemacht. Die Einführung der europäischen Währungseinheit ECU als Vorläuferin einer gemeinsamen europäischen Währung unter Frankreichs Präsident Valérie Giscard d'Estaing und dem deutschen Bundeskanzler Helmut Schmidt führte nur eine Zeit lang zu einer gewissen Beruhigung.

Diametral entgegengesetzte Interessen zeigten sich nach dem Fall der Berliner Mauer, als sich die Wahrscheinlichkeit einer deutschen Wiedervereinigung von Tag zu Tag erhöhte. In Frankreich sah man eine über Jahrzehnte erfolgreiche Strategie – politische Dominanz bei Akzeptanz der wirtschaftlichen Stärke Deutschlands – gefährdet. Man fürchtete, Deutschland würde nach einer Wiedervereinigung kraft seiner wirtschaftlichen Stärke – die Wirtschaftskraft der DDR wurde damals noch außerordentlich überschätzt – auch die politische Führungsrolle in Europa beanspruchen. Der verzweifelte Versuch des französischen Staatspräsidenten François Mitterand, durch Reisen nach Kiew und Ost-Berlin das Blatt noch zu wenden oder die Entwicklung zumindest zeitlich zu verzögern, scheiterte. Jetzt ging es Frankreich darum, die Vorherrschaft der D-Mark – der „deutschen Atombombe", wie Mitterands langjähriger Berater Jacques Attali sie nannte – zu beenden. In der Folge entstand das Projekt der Wirtschafts- und Währungsunion. Deutschland wollte die Einführung einer gemeinsamen Währung als Krönung einer politischen Vertiefung der Union, Frankreich sprach sich für eine schnelle Einführung aus und glaubte, auf diesem Weg eine politische Vertiefung befördern zu können.

Heute müssen wir mehr als 20 Jahre nach Einführung des Euro feststellen, dass er die EU oder Eurozone politisch nicht stärker geeint, sondern gespalten hat. Trotzdem ist der Euro ein Erfolg. Er ist die zweitwichtigste Reservewährung nach dem US-Dollar und politisch hat er dafür gesorgt, dass die Integration Europas als irreversibel angesehen wird.

Was ist zu tun, um die EU stärker zu einen und sicherzustellen, dass sie in Zeiten globaler Auseinandersetzungen und Unsicherheiten mit und zwischen den USA, China und Russland ihr wirtschaftliches und politisches Potenzial voll ausschöpfen kann? Es herrscht allgemeiner Konsens, dass Europa dieses Ziel nur erreichen kann, wenn es geschlossen und gemeinsam auftritt. Vor diesem Hintergrund sind verschiedene Szenarien entwickelt worden, wie Europa zu dieser Geschlossenheit finden kann. Die Vorschläge reichen von der Entwicklung einer europäischen Republik bis zur Errichtung eines Bundesstaates auf der Basis von Regionen analog zur Schweiz, deren Konföderation auch auf dem Zusammenschluss überschaubarer regionaler Einheiten, der Kantone, beruht.

Meines Erachtens liegt der Schlüssel für die Beantwortung der Frage, wie es mit der EU weitergehen kann oder soll, beim zukünftigen Verhältnis zwischen Deutschland und Frankreich. Das deutsch-französische Tandem hat Europa über Jahrzehnte erfolgreich geführt. Der Motor ist allerdings in letzter Zeit ins Stocken geraten. Die globale Finanzkrise 2008/09 und die Migrations-/Flüchtlingskrise 2015 haben nicht die EU-Orientierung der Mitgliedstaaten gestärkt, sondern ihre jeweiligen nationalen Interessen. Dem Tandem ist es nicht gelungen, diese Entwicklung zu stoppen. Auf die Vorschläge des französischen Präsidenten Emmanuel Macron nach seiner Wahl 2017, wie die Souveränität Europas zu stärken sei, hat Deutschland nie geantwortet.

Die sogenannte europäische Werteunion, von der hochrangige europäische Politiker und Staatschefs gerne reden, ist in Wirklichkeit mehr als brüchig. Die nach wie vor unhaltbaren Zustände der Flüchtlingslager auf Lesbos sind ein beredtes Beispiel. Die Europäische Kommission hat Vertragsverletzungsverfahren gegen Polen und Ungarn eingeleitet, weil sie europäische Rechtsnormen in beiden Ländern verletzt sieht. Schwierigkeiten gibt es auch mit der Tschechischen Republik und Ländern wie Rumänien und Bulgarien, die die Korruption nicht in den Griff bekommen. Die EU wird heute weniger durch ihre Werte- und Rechtsordnung zusammengehalten als vielmehr durch den Binnenmarkt und die finanziellen Zuwendungen, die vor allem für Länder wie Polen und Ungarn erheblich sind. Die Corona-Krise hat die Zentrifugalkräfte in der EU weiter gestärkt. Vor allem die südeuropäischen Mitgliedstaaten beklagen sich über mangelnde Solidarität und wünschen finanzielle Unterstützung. Die nördlichen Staaten verweisen auf den individuellen Reichtum zum Beispiel Italiens und die fehlende Steuermoral und verweigern daher die Ausgabe gemeinschaftlich garantierter Euro- oder Corona-Bonds.

Vor diesem Hintergrund ist der gemeinsame Vorstoß Frankreichs und Deutschlands bemerkenswert, über von der Kommission ausgegebene Anleihen den Südstaaten finanzielle Entlastung zukommen zu lassen. Diese Anleihen werden von den einzelnen Mitgliedstaaten garantiert. Es gibt keine gesamtschuldnerische Haftung. Trotzdem kommt auf Deutschland mit seinem Anteil von ca. 27 Prozent am EU-Haushalt eine Beitragserhöhung von 135 Milliarden Euro zu, der praktisch keine Gegenleistung entgegensteht. Nach vielen Monaten des Stillstands gemeinsamer europolitischer Initiativen haben Frankreich und Deutschland mit diesem Vorschlag deutlich gemacht, wie wichtig für sie die weitere Entwicklung der Europäischen Union ist.

Die politische Vertiefung der EU hin zu einer Staatengemeinschaft, die letztlich zu einer echten Union führt, halte ich bei der jetzigen Zerrissenheit für ausgeschlossen. Das gilt auch für die Etablierung eines integrierten Europas der Regionen. Nationalstaaten wie Frankreich, Italien oder Spanien werden jede Aufspaltung ihres nationalen Territoriums entschlossen verhindern. Beispiele dafür sind Korsika, die Lombardei, das Baskenland und Katalonien. Allein schon das Einstimmigkeitsprinzip bei Entscheidungen im Rat ist ein Haupthindernis.

Deshalb plädiere ich für einen anderen Ansatz. Er erfordert Vision, Mut, Geduld und einen langen Atem. Und er wird nur erfolgreich sein, wenn Bürgerinnen und Bürger ihn aktiv unterstützen. Zum Glück ist die große Mehrheit der Jugend in praktisch allen EU-Mitgliedstaaten sehr proeuropäisch und will die Europäische Union, wie sie sie heute kennt, nicht mehr missen. Offene Grenzen im Schengen-Raum, eine gemeinsame Währung von Portugal bis Finnland in der Eurozone, Studienaufenthalte im Ausland mithilfe des Erasmus-Programms – dies alles sind für die jungen Menschen in Europa konkrete Errungenschaften, auf die sie stolz sind. Die europäische Jugend entwickelt zunehmend einen gesunden Patriotismus für ihr jeweiliges Land und für Europa, doch blinder Nationalismus durch Überhöhung des eigenen Landes auf Kosten anderer Mitgliedstaaten findet bei ihr kaum noch Mehrheiten. Um nicht nur von den jungen, sondern von möglichst vielen Bürgerinnen und Bürgern unterstützt zu werden, muss die EU in einem – zugegebenermaßen schwierigen – Transformationsprozess die Schwächen überwinden, die sie im Laufe der letzten Jahrzehnte entwickelt hat. Das heißt:

- Die EU muss verständlich und weniger komplex sein. Die meisten Bürgerinnen und Bürger sind komplett verwirrt, wenn sie vom Europäischen Rat (im Gegensatz zum Europarat) und Ministerrat hören, von der Präsidentin der Europäischen Kommission und dem Präsidenten des Europäischen Parlaments die Rede ist, manche Gesetzesvorhaben als Verordnung auf den Weg gebracht werden und andere als Richtlinie, die den Mitgliedstaaten viel Spielraum für nationale Ergänzungen lässt. Sie wüssten gerne wie seinerzeit der US-Außenminister Henry Kissinger, unter welcher Telefonnummer man mit der Europäischen Union Kontakt aufnehmen kann.

■ Die EU muss transparent sein. Die Bürgerinnen und Bürger verstehen nicht, warum die Vorsitzende der Europäischen Kommission nicht wie eine Bundeskanzlerin aus dem Parlament gewählt wird, dem sie angehört. Dass die Wahl ohne aktive Mitwirkung des Europäischen Parlaments, ja sogar gegen den Mehrheitswillen des Europäischen Parlaments durch die Regierungschefs der Mitgliedsländer in Hinterzimmern bestimmt wird – wie bei der Wahl Ursula von der Leyens –, ist absolut intransparent und schürt den Verdacht, dass nach dem Prinzip des *Do ut des* – „Ich gebe, damit du gebest" – verfahren wird. Die Wahl Ursula von der Leyens zur Kommissionspräsidentin bei gleichzeitiger Wahl von Christine Lagarde zur Präsidentin der Europäischen Zentralbank lässt diese Vermutung zu.

■ Die EU muss demokratisch sein. Wichtige Entscheidungen müssen demokratisch legitimiert sein, das heißt vom Europäischen Parlament und als zweiter Kammer von den Vertretern der Mitgliedstaaten, Regierungschefs oder Fachministern, beschlossen werden. Tatsächlich sind in den letzten Jahren Entscheidungen von fundamentaler Bedeutung ohne jede Beteiligung des Parlaments getroffen worden, zum Beispiel die Etablierung des Europäischen Stabilitätsmechanismus ESM nach Ausbruch der europäischen Schuldenkrise oder die Absegnung des zwischen der Kommission und dem Vereinigten Königreich ausgehandelten Vertrags über die zukünftigen Beziehungen nach dem Brexit, bei dem das Parlament nur die Wahl hatte, zuzustimmen – ohne ausführliche Diskussion im Plenum und die eventuelle Einbringung von Änderungsanträgen. Mit dem sogenannten intergouvernementalen Vorgehen unterstreichen die Regierungschefs der Mitgliedstaaten, dass sie tatsächlich das Sagen haben wollen und die Gleichberechtigung des Europäischen Parlaments nur auf dem Papier steht.

- Die EU muss von den Bürgerinnen und Bürgern als fair, gerecht und solidarisch empfunden werden. Sie verstehen zu einem großen Teil nicht, warum Griechenland – nicht zuletzt unter dem Druck Deutschlands – nur bei Akzeptanz drakonischer Sparmaßnahmen finanziell geholfen wurde, statt ihm einen Großteil der Schulden zu erlassen, während pauschal Hunderttausende als Flüchtlinge und Asylsuchende, unter ihnen viele Wirtschaftsflüchtlinge, in die EU gelassen wurden, die pro Jahr Mehrkosten in zweistelliger Milliardengröße verursachen.

- Die Bürgerinnen und Bürger müssen das Gefühl haben, dass die EU ihnen konkrete Vorteile verschafft, wie zum Beispiel die Abschaffung der Roaming-Gebühren oder die Studienmöglichkeit im Ausland im Rahmen des Erasmus-Programms.

Um diese Ziele zu erreichen, muss die EU vielfache Änderungen einführen:

1. Deutliche Verkleinerung der Europäischen Kommission und Konzentration auf Kernaufgaben, die effizient im Interesse Europas zentral erfüllt werden müssen. Dazu gehören:

- Finanzen

- Binnenmarkt einschließlich grenzüberschreitendem Verkehr, Energie, Digitalisierung

- Internationaler Handel

- Verteidigung

- Außen- und Sicherheitspolitik

- Migration und Asylwesen

- Klimapolitik, Umwelt- und Verbraucherschutz

- Jugendförderung einschließlich Erasmus-Programm

2. Abschaffung des Einstimmigkeitsprinzips und Übergang zur qualifizierten Mehrheitsabstimmung

3. Aufgabe intergouvernementaler Beschlüsse und systematische Entscheidungsfindung auf der Basis der Gemeinschaftsmethode unter Einbeziehung des Europäischen Parlaments

4. Aufwertung des Europaparlaments zu einem echten Parlament mit Gesetzesinitiativrecht und Budgethoheit. Seine Wahl muss in allen Mitgliedstaaten nach denselben Regeln erfolgen, das heißt zum Beispiel ohne oder mit identischen Sperrklauseln.

5. Abbau der beiden Parlamentssitze Brüssel und Straßburg auf einen einzigen Standort

Ich hatte dem französischen Präsidenten Sarkozy und seinem Außenminister in einem Brief vorgeschlagen, die Verlegung des Europäischen Parlaments von Straßburg nach Brüssel nicht zu blockieren, wenn Straßburg einen adäquaten Ersatz bekäme. Mein Vorschlag war (und ist), in Straßburg am heutigen Sitz des Parlaments eine europäische Diplomatenakademie zu etablieren, in der die Nachwuchsdiplomatinnen und -diplomaten der Mitgliedsstaaten der Europäischen Union zwischen sechs und zwölf Monate ausgebildet würden, vor allem in Fragen, die für die Union von herausragender Bedeutung sind. Das Ergebnis wäre eine weitgehende *unité de doctrine* bei allen Fragen der Außen- und Sicherheitspolitik und ein intensiver menschlicher Kontakt zwischen jungen Diplomatinnen und Diplomaten, die sich in ihrer beruflichen Laufbahn immer wieder begegnen würden. Französisch als ehemalige Diplomatensprache könnte eine Renaissance erleben, und die Zusammenlegung diplomatischer Vertretungen in manchen Ländern würde erleichtert. Die mir von Sarkozy in Aussicht gestellte Reaktion auf meinen Vorschlag habe ich nie erhalten. Wenn es beim bedingungslosen Nein der französischen Regierung bleibt, sollte ernsthaft die Möglichkeit erwogen werden, den einzigen Parlamentssitz in Straßburg festzuschreiben. Die Kommissionsbeamten müssten mehr reisen und die Lobbyisten hätten es schwerer, mit den Abgeordneten in Kontakt zu treten. Das muss aber kein Nachteil sein.

Die oben aufgelisteten Kernaufgaben der Kommission würden von je einem Kommissar geführt, der auch Europäischer Minister genannt werden kann. Er würde während der gesamten Legislaturperiode den Ministerrat leiten, das heißt den Rat der Fachminister der einzelnen Mitgliedstaaten. Die nicht zentral zu erfüllenden Aufgaben würden systematisch an die Mitgliedstaaten zurückübertragen. Sollten die Staaten der EU auf mindestens 18 Mitgliedern der Kommission bestehen, das wären zwei Drittel der Anzahl der Mitglieder, wie im Vertrag von Lissabon festgeschrieben, so könnten die hier aufgelisteten Bereiche neben einem Hauptkommissar (Minister) zumindest für eine gewisse Übergangszeit zusätzlich einen stellvertretenden Kommissar (Staatssekretär) an ihrer Spitze haben.

Die Aufgaben dieser Kommissare wären etwa folgende:

1. Finanzen

- Leitung der Eurogruppe

- Vollendung der drei Säulen der Bankenunion

- Erweiterung der Eurozone um die EU-Mitglieder, die die Voraussetzungen für einen Beitritt erfüllen, aber ihre – völkerrechtlich bindende – Zusage aus innenpolitischen Gründen bisher nicht eingelöst haben, zum Beispiel Schweden

- Finanzierung der zentralen Dienste durch EU-Budget und/oder EU-Steuer oder EU-Anleihen, die von den Mitgliedstaaten garantiert werden

- Verbesserung der europäischen Aufsicht der Finanzdienstleistungen

- Einführung einer einheitlichen Körperschaftssteuerbemessungsgrundlage und einer einheitlichen EU-weiten Einkommensteuer für den Sektor der Klein- und Mittelbetriebe

- Erhöhung der Kompetenzen der europäischen Aufsichtsbehörden für den Finanzbereich

- Bessere Zusammenarbeit der Steuerbehörden, gezielte Bekämpfung von Steuerbetrug und -vermeidung

- Vertretung der EU in internationalen Gremien wie Weltbank, Internationaler Währungsfonds IWF, G20

2. Binnenmarkt

- Vollendung des Binnenmarktes auch für Dienstleistungen einschließlich Finanzdienstleistungen

- Überführung des europäischen Kapitalmarktes aus dem Prozess- in ein Projektstadium mit klarer Definition von Zeitplan, Verantwortlichkeit und Meilensteinen

- Durchführung grenzüberschreitender Projekte in den Bereichen Verkehr, IT/ Telekom, Digitalisierung, künstliche Intelligenz, CO_2-Handel auf europäischer Ebene mit speziellen EU-Budgetposten

- Entwicklung einer EU-Internetplattform

3. Internationaler Handel

- Abschluss internationaler Handelsabkommen auf der Basis klarer Regeln und der Einhaltung von Menschenrechten und des Rechts an intellektuellem Eigentum

4. Verteidigung

- Entwicklung einer europäischen Rüstungsindustrie

- Aufbau eines europäischen Hauptquartiers für Verteidigung

- Schrittweiser Aufbau einer europäischen Armee

- Etablierung der EU als bevorzugte Ansprechpartnerin für NATO-Angelegenheiten

5. Außen- und Sicherheitspolitik

- Entwicklung einer einheitlichen europäischen Außen- und Sicherheitspolitik

- Stärkung des Europäischen Auswärtigen Dienstes, Zusammenlegung ausgewählter Botschaften der Mitgliedstaaten

- Sicherung einheitlicher europäischer Einflussnahme auf internationale Konflikte

- Ausbau von Europol zu einem EU-FBI zur gezielten Verfolgung von Kriminalität und Betrug mit Festnahmerecht

- Aufbau einer europäischen Agentur für Cyberabwehr

6. Migration

- Schutz der Grenzen durch Aufbau einer schlagkräftigen Frontex-Agentur als vollwertige Küsten- und Grenzwache mit eigenständiger Polizeihoheit

- Kontrollierte Zuwanderung durch Einführung eines einheitlichen Asyl- und Einwanderungsrechts

- Schnelle Integration Asylberechtigter in den Arbeitsmarkt und in Ausbildungsprogramme

- Sicherung der Unterbringung von Flüchtlingen und Asylsuchenden unter Wahrung der Menschenrechte

- Etablierung der EU als bevorzugte Ansprechpartnerin des UN-Flüchtlingskommissariats UNHCR

7. Klimapolitik, Umwelt- und Verbraucherschutz

- Entwicklung einer ökologischen Wachstumsstrategie für Europa

- Sicherstellung zwischen Mitgliedstaaten abgestimmter Maßnahmen zur Erfüllung der Auflagen des Pariser Klimaschutzabkommens

- Stärkung des Verbraucherschutzes. Es kann nicht sein, dass die Mehrzahl der geschädigten VW-Golf-Diesel-Fahrer in Europa leer ausgehen, während in den USA Strafen und Entschädigungen in Milliardenhöhe bezahlt werden.

8. Jugendförderung

- Sicherung der Ausbildung von Jugendlichen durch Erfahrungsaustausch und Aufstellen spezieller Programme, zum Beispiel Transfer der Erfahrungen mit dualer Ausbildung von Deutschland in andere Länder

- Sicherung und weiterer Ausbau des Erasmus-Programms

- Aufbau eines Programms, das jedem jungen Menschen zwischen 16 und 30 Jahren die Möglichkeit eines mindestens sechsmonatigen Aufenthaltes im Ausland bietet

■ Einrichtung spezieller Sprachlernprogramme

Die Verwirklichung dieser Maßnahmen erfolgt in einem Transformationsprozess, der gut und gerne zehn Jahre dauern kann. Er sollte demokratisch breit abgesichert sein, erfordert also einen Konvent zur Vorbereitung konkreter Beschlussvorschläge mit aktiver Bürgerbeteiligung über Befragungen und Abstimmungen.

Nach Abschluss der Transformation wäre die EU-Spitze schlank und fokussiert und befasste sich nur mit Themen, zu denen sie einen deutlichen Mehrwert leisten kann. Dort, wo das nicht der Fall ist, fallen die Entscheidungen nach dem Subsidiaritätsprinzip regional oder lokal. Vielfalt, die dadurch entsteht, ist keine Schwäche, sondern eine Stärke Europas. Den „Brüsseler Moloch", die übergroße Europäische Kommission mit Zehntausenden Beamtinnen und Beamten, gäbe es nicht mehr. Die verbliebenen rund acht Kommissare/Minister würden alle vom Europäischen Parlament gewählt, dem sie angehören sollten, aber nicht müssen. Diese neue Ausgangsposition könnten die Mitgliedstaaten nutzen, um sich zu einer Konföderation europäischer Staaten KES, Confederation of European States CES oder Confédération des Etats Européens CEE zusammenzuschließen. Die Teilsouveränität wäre nach wie vor groß, die Angst vor Verlust der nationalen Identität gebannt.

Axel Rückert, ein früherer Partnerkollege bei McKinsey Paris, geht noch einen Schritt weiter. In seinem Buch „Courage – ich wünsch' mir ein Europa, das begeistert" schlägt er vor, das Verwaltungszentrum Brüssel ganz abzuschaffen und die europäischen Ministerien auf die einzelnen Mitgliedstaaten zu verteilen. So könnte zum Beispiel der europäische

Finanzminister seinen Sitz in Frankfurt haben, wo auch die Europäische Zentralbank angesiedelt ist.

Eine Transformation der EU in der oben beschriebenen Weise ist nur möglich, wenn sie von Deutschland und Frankreich gemeinsam aktiv unterstützt wird. Ich vermag aus heutiger Sicht kein Urteil darüber abzugeben, wie realistisch eine derartige Entwicklung ist. Aber auch hier gilt der Spruch: „Wer in puncto Europa kein Optimist ist, ist kein Realist."

16

Mehr Freiheit wagen – Die Freien Demokraten können mehr

Die Partei der Freien Demokraten befindet sich zurzeit – im Frühjahr 2021 – in einer schwierigen Lage. Sie regieren nicht im Bund, sondern nur in drei Flächenstaaten: mit der CDU und den Grünen in einer Jamaika-Koalition in Schleswig-Holstein, mit der CDU in Nordrhein-Westfalen und mit Sozialdemokraten und Grünen in einer Ampel-Koalition in Rheinland-Pfalz. In den Umfragen liegt die FDP derzeit bei rund zehn Prozent mit seit einigen Wochen steigender Tendenz. Das dürfte für den Wiedereinzug in den Bundestag im September dieses Jahres reichen, aber es ist unsicher, ob sie für die Regierungsbildung in Berlin benötigt wird. Als kleine Oppositionspartei sind ihre Einflussmöglichkeiten bei noch so guter Parlamentsarbeit eher gering. Der Spruch des ehemaligen Vizekanzlers Franz Müntefering „Opposition ist Mist" hat noch immer seine Gültigkeit.

Ich halte diese Entwicklung für sehr bedauerlich. In zahlreichen Mitgliedstaaten der Europäischen Union sind die Liberalen nicht nur stark im Parlament vertreten, sondern stellen auch den Regierungschef. Das war im Nachkriegsdeutschland noch nie der Fall. Aber die FDP hat mit ihren Ministern Hans-Dietrich Genscher, Klaus Kinkel und Otto

Graf Lambsdorff die Entwicklung innerhalb Deutschlands und Europas maßgeblich gestaltet. Einen Gestaltungsauftrag gaben die Wählerinnen und Wähler der FDP auch 2009, als die Partei versprach, als Mitglied der Regierung ein einfaches und gerechtes Steuersystem einzuführen, mittlere und kleine Einkommen durch Eliminierung der kalten Progression zu entlasten und für die Unternehmen einen international wettbewerbsfähigen Steuersatz einzuführen. Statt das Finanzministerium zu beanspruchen, wählte Guido Westerwelle jedoch das Außenministerium, in dem nach der Wiedervereinigung Deutschlands und dem Beitritt der mittelosteuropäischen Länder zur EU und zur NATO keine aufsehenerregenden Entscheidungen von Deutschland angestoßen werden konnten.

Im Steuerbereich änderte sich praktisch nichts. Dazu kam, dass die Nichtbeistands- oder No-Bailout-Klausel des Vertrages von Maastricht praktisch ausgehebelt wurde, um das hoffnungslos überschuldete Griechenland und damit den Euro zu retten. Zwar übernahm Deutschland keine gesamtschuldnerische Haftung, sondern muss nur im Rahmen seines Anteils am EU-Budget (27 Prozent) geradestehen, aber in den Augen der Bürgerinnen und Bürger war auch das zu viel. Zu wenig wurde über die politische Rolle des Euro kommuniziert und erläutert, dass eine Rettung Griechenlands nötig war, um eine Bankenkrise in Frankreich und Deutschland mit nicht abschätzbaren Folgen zu verhindern. Die AfD nahm dieses Thema gerne auf und etablierte sich als neue politische Kraft in Deutschland.

Ein weiteres Thema, das die Gemüter bewegte, war der beschleunigte Ausstieg Deutschlands aus der Nutzung der Kernenergie, den Kanzlerin Angela Merkel nach dem Reaktorunfall in Fukushima 2010 praktisch im Alleingang entschied. Gerade viele Wählerinnen und Wähler der FDP waren mit der zuvor von der Regierung Merkel-Westerwelle mit den Energieversorgern ausgehandelten längeren Nutzungsdauer der Atommeiler sehr zufrieden. Sie verstanden nicht, warum deutsche Kernkraftwerke, die zu den sichersten der Welt gehören, relativ schnell vom Netz genommen werden sollten.

Die Griechenlandrettung und die Frage der Kernkraftnutzung hätten ausreichen können, um die Koalitionsfrage zu stellen. Das geschah nicht. Die Partei hing an ihrer Regierungsbeteiligung und folgte der Kanzlerin. Und das, obwohl die Kanzlerin den Vizekanzler mehr als einmal von oben herab behandelte: „Herr Rösler freut sich, dass er Vizekanzler ist, und das ist auch gut so." Was kaum für möglich gehalten wurde, geschah: Die FDP verlor praktisch zwei Drittel ihrer Wählerschaft und flog 2013 aus dem Bundestag. Das Totenglöckchen war ihr in der Vergangenheit schon oft geläutet worden, aber immer fälschlicherweise. Diesmal war es ernst.

In dieser schier ausweglosen Situation wagten Christian Lindner, Wolfgang Kubicki und Marco Buschmann den Versuch, den Karren aus dem Dreck zu ziehen. Ich war bei mehreren Konferenzen und Workshops dabei, in denen Lindner den Parteimitgliedern Mut machte und sie motivierte, sich aktiver bei der Gestaltung des neuen Leitbildes einzubringen. Es war eine Herkulesaufgabe ohnegleichen, aber sie war von Erfolg gekrönt. Mit 10,7 Prozent zog die Partei 2017 wieder in den Bundestag ein.

Leider hat sie seitdem ihre Wählerinnen und Wähler wieder in mehreren Punkten enttäuscht. Sie hatten der FDP einen Regierungsauftrag gegeben, den diese nicht einlöste. Die Gründe für den Abbruch der Sondierungsgespräche – es waren noch keine formellen Koalitionsverhandlungen – waren gegeben. Soweit ich es aus der Nachbehandlung der Angelegenheit im Präsidium beurteilen kann, waren Kanzlerin

Angela Merkel und ihre engsten Mitarbeitenden wie Wirtschaftsminister Peter Altmaier nicht bereit, der FDP auch nur einen Millimeter entgegenzukommen. Aber dann hätte man es auch der Kanzlerin überlassen sollen, das Ende der Sondierungen öffentlich bekannt zu geben und zu erläutern. Viele Wählerinnen und Wähler interpretierten die Entscheidung der FDP leider als angstvolle Flucht vor der Verantwortung oder als Eingeständnis, nicht genügend kompetente Leute in ihren Reihen zu haben.

Tatsache ist, dass die FDP als zweitstärkste Gruppe in eine Jamaika-Koalition eingetreten wäre. Bei den jetzigen Größenverhältnissen der Parteien wird sich eine derartige Konstellation so schnell nicht wieder ergeben. Wenn überhaupt, wird sich die FDP als kleinste Partei in einer Koalition wiederfinden. Als Partei des Muts und Aufbruchs hätte sie einen Eintritt in die Regierung Merkel im Jahr 2017 wagen können, vielleicht sogar müssen. Ich verstehe, dass Christian Lindner nach der Behandlung durch die Kanzlerin in den Sondierungsgesprächen nicht Vizekanzler unter ihr werden wollte. Aber er hätte sich mit dem Partei- und Fraktionsvorsitz zufriedengeben und die Ministerämter Kolleginnen und Kollegen wie Alexander Graf Lambsdorff, Michael Theurer, Wolfgang Kubicki, Hermann Otto Solms oder anderen überlassen können, um nur einige zu nennen. Graf Lambsdorff hätte Deutschland und damit auch die Partei international weit besser vertreten als der jetzige Außenminister Heiko Maas. Wahrscheinlich hätte die FDP in der Koalition sogar mehr durchsetzen können als zunächst erwartet. Angela Merkel hätte in ihrer letzten Legislaturperiode mit Sicherheit keinen Koalitionsbruch riskiert.

Es bleibt zu hoffen, dass die Freien Demokraten nach der nächsten Bundestagswahl im September 2021 als Koalitionspartner benötigt werden, weil es für eine schwarz-grüne oder grün-schwarze Regierung keine absolute Mehrheit gibt. Zum Glück scheinen sowohl Armin Laschet, der Kanzlerkandidat der Union, als auch Annalena Baerbock als Kandidatin der Grünen – anders als Kanzlerin Merkel – in einer Koalition mehr als ein reines Zweckbündnis zu sehen. Zwischen Laschet und Lindner gibt es seit der erfolgreichen Zusammenarbeit in Düsseldorf ein enges Vertrauensverhältnis, und auch mit den Grünen arbeiten die Freien Demokraten in Schleswig-Holstein gut zusammen. Somit könnte die FDP, auch wenn sie in einem Dreierbündnis diesmal der kleinste Partner wäre, gleichberechtigt mithelfen, die Zukunft des Landes neu zu gestalten.

Es steht außer Frage, dass die neue Regierung nach lähmenden Jahren der Verwaltung einen Wählerauftrag zu durchgreifender Gestaltung haben wird. Das Vertrauen der Bürgerinnen und Bürger in die Politik ist durch das nicht immer glückliche Corona-Management der Regierung stark erschüttert. Die FDP könnte Mut und Vertrauen neu aufbauen helfen. Wichtig ist, dass die FDP stärker als die AfD wird und damit den Nachweis erbringt, dass die politische Mitte in Deutschland deutlich stärker ist als die Extremisten von rechts oder links.

Eine Ampelkoalition aus Grünen, SPD und FDP ist meiner Meinung nach kaum vorstellbar, zumal es bei der Schwäche der SPD gar nicht sicher ist, dass ein solches Bündnis die absolute Mehrheit erreichen kann. Die Vorstellungen der SPD und der Grünen – vor allem im Steuer- und Finanzbereich – mögen zwischen den beiden Parteien noch kompatibel sein, mit denen der FDP sind sie nicht vereinbar.

Der Begriff der Freiheit hat seit der politischen Wende 1989/90 spürbar an Zugkraft verloren. Sicherheit ist an die erste Stelle gerückt. Dabei vergessen die Bürgerinnen und Bürger leicht, dass die Freiheit langsam stirbt – außer in Zeiten von Krieg und Revolution – und einmal verlorene Freiheitsrechte nicht so schnell wiedergewonnen werden können.

Vor rund zehn Jahren führte Guido Westerwelle in seiner Rede zur Freiheit aus, dass „die Freiheitsbedrohung in Deutschland nicht mit Gewalt und laut daherkommt, sondern ganz leise. Sie kommt mit allerlei Begründungen, oftmals auch mit gut gemeinten Begründungen." Das ist jetzt in der Corona-Krise der Fall. Aber gut gemeint ist nicht gut gemacht. Man hat den Eindruck, dass sich die Regierung gar nicht bemüht, Gesundheitsschutz und Freiheitsrechte, so gut es geht, in Einklang zu bringen. Die Menschen akzeptieren, wenn auch zunehmend murrend, dass ein Jahr nach Ausbruch der Corona-Krise die grundgesetzlich garantierten Freiheitsrechte weiterhin massiv eingeschränkt werden.

Dabei hat Christian Lindner schon vor Monaten aufgezeigt, wie Schutz der Gesundheit und Freiheitsrechte garantiert werden können. Und Boris Palmer, der Oberbürgermeister von Tübingen, macht praktisch vor, wie dieses Ziel erreicht werden kann. Die Gefahr ist groß, dass die Bürgerinnen und Bürger, wie Westerwelle es ausdrückte, „ihr eigenes Immunsystem vergessen, das sie wappnen soll gegen jede Freiheitsbedrohung". Es wird Zeit, dass sie begreifen, dass sie „selbstbewusste Staatsbürger sein sollen und nicht Untertanen, deren Bürgerrechte zur Disposition stehen".

Christian Lindner wurden zwei weitere Vorwürfe gemacht: So hätte er sich angeblich über die Fridays for Future lustig gemacht und Thomas Kemmerichs Anbandeln mit der AfD bei der Ministerpräsidentenwahl im Februar 2020 in Thüringen toleriert. Beides ist nachweislich falsch.

Wenn Lindner Greta Thunberg und Luisa Neubauer, eine Hauptorganisatorin von Fridays for Future in Deutschland, darauf hinweist, dass es nützlich sei, Expertenrat einzuholen, setzt er damit nicht die Begeisterung der Jugend herab, gegen den Klimawandel zu kämpfen.

Bei der Thüringer Landtagswahl 2020 hätte in Erfurt im Vorfeld geklärt werden müssen, wie sich Thomas Kemmerich bei seiner Wahl zum Ministerpräsidenten verhalten solle. Eigentlich gab es nur zwei Möglichkeiten: Entweder er nimmt die Wahl nicht an, weil er die Unterstützung der AfD ablehnt, oder er hat schon im Vorfeld eine Expertenregierung zusammengestellt und will mit ihr ohne Rücksichtnahme auf die AfD regieren. Realistisch war eigentlich nur die erste Möglichkeit. Hätte Thomas Kemmerich die Annahme der Wahl abgelehnt, wäre er als Sieger vom Platz gegangen. Mangels vorheriger Absprache mit der Parteiführung dauerte der Entscheidungsprozess jedoch zu lange, obwohl sich Christian Lindner schon am folgenden Tag nach Erfurt begab (schneller als die CDU-Vorsitzende!), um die Angelegenheit zu regeln. Dem Journalisten und Buchautor Gabor Steingart zufolge hat „Christian Lindner den Tabubruch von Thüringen nicht gewollt. Aber richtig ist auch: Er hat ihn nicht verhindert. Er hat zugelassen, dass sein Versprechen ans liberale Bürgertum gebrochen wurde, dass jede demokratische Partei ihre Seele verliert, wenn sie mit der AfD in irgendeiner Form kooperiert."

Wenn es um das Erscheinungsbild der FDP in der Öffentlichkeit geht, darf die Rolle der Medien nicht übersehen werden. Medien berichten nicht nur über Ereignisse und kommentieren sie. Gelegentlich machen sie die Nachrichten, indem sie Ereignissen überhöhten Wert und Einfluss zubilligen.

Meinungsfreiheit und Meinungsvielfalt sind ein hohes Gut. Die Liberalen haben sich immer für beides eingesetzt. Wir brauchen beides als Basis einer lebendigen Debattenkultur in der Demokratie. Meinungsfreiheit zu fordern heißt, die Meinung des anderen zu akzeptieren, auch wenn sie einem nicht passt. Manche gewählten Volksvertreterinnen und Volksvertreter haben Schwierigkeiten damit. Wenn der ehemalige US-Präsident Donald Trump jedem Medium, dessen Ansicht er nicht teilt, Fake News unterstellt, zeigt das nur, dass er das Wesen der Demokratie nicht verstanden hat.

Allerdings braucht die Presse eine Selbstverpflichtung zu professionellem Verhalten, deren Einhaltung durch einen Presserat ständig überprüft werden muss. Sachliche Berichte und persönliche Meinung müssen klar als solche erkennbar sein und auseinandergehalten werden. Das Verhalten von Rupert Murdoch und seine Einflussnahme auf wichtige politische Entscheidungen in einem demokratischen Land wie dem Vereinigten Königreich sind nicht hinnehmbar. Dass er auch vor dem telefonischen Abhören von Politikerinnen und Politikern, Bürgerinnen und Bürgern nicht zurückschreckte, wie der News-International-Skandal 2011 zeigte, ist besonders schlimm. Seine Nähe zu den ehemaligen britischen Premierministern Tony Blair und David Cameron, zu dem britischen Politiker und Brexit-Aktivisten Nigel Farage und dem ehemaligen US-Präsidenten Donald Trump kann nur als skandalös bezeichnet werden. Wenn sich Regierungschefs mit Rupert Murdoch abstimmen und nicht mit ihren Partnern im In- und Ausland, verletzen sie die demokratischen Spielregeln. Entscheidungen wie der britische Eintritt in den Irakkrieg 2003 oder der 2016 beschlossene Brexit wären ohne Murdochs Einfluss möglicherweise nicht getroffen worden. In beiden Fällen wurde mit falschen Argumenten Politik gemacht. Und beide Male hat Murdoch ohne jede demokratische Legitimation gehandelt.

Was kann oder sollte die FDP tun, um die jetzigen Umfragewerte bis zur Bundestagswahl weiter zu verbessern? Zunächst einmal sollte sie analysieren und prüfen, warum liberale Parteien in anderen Mitgliedsländern der EU so erfolgreich sind. Die Kernsätze der liberalen Ausrichtung sind mit Sicherheit die gleichen: Freiheit ist eine Geisteshaltung, die aufbaut auf Zuversicht, auf gleichen Chancen durch Bildung und Ausbildung, aber nicht auf Gleichmacherei, auf Mut zum eigenverantwortlichen Leben statt auf Abhängigkeit vom Staat, auf Wettbewerb und Leistungsorientierung in der Wirtschaft, auf Freiheit und Verantwortung als zwei Seiten einer Medaille, auf „treuhänderischer" Verwaltung der Steuergelder durch einen verantwortungsbewussten Staat, auf Patriotismus, aber nicht auf Nationalismus. Aus einer derartigen vergleichenden Analyse lassen sich vielleicht Ansatzpunkte für eine Modifizierung des Auftritts der FDP in Deutschland gewinnen.

Die Freien Demokraten haben kein Programmdefizit. Ihre politischen Leitlinien decken praktisch alle Bereiche der Gesellschaft ab. Trotzdem hört man immer wieder die Frage: „Wofür steht die FDP eigentlich?" Offensichtlich gelingt es ihr noch nicht, die eigenen Ziele und die Vorstellungen zu deren Erreichung überzeugend zu vermitteln. Um das zu erreichen, braucht es kein Programm im Umfang von mehreren Dutzend Seiten – so wichtig das auch für einen Parteitag vor einer entscheidenden Wahl sein mag –, sondern eine zusammenfassende Darstellung der zehn wichtigsten Botschaften, die jedem Parteimitglied zugestellt wird. So wird garantiert, dass die Kernbotschaften einheitlich „unters Volk gebracht werden können".

Der FDP wird vielfach vorgeworfen, eine One-Man-Partei zu sein. In der Zeit der außerparlamentarischen Opposition mag diese Aussage gestimmt haben. Da haben allerdings wenige die Hand gehoben, um mitzumachen. Seit der Rückkehr der Partei in den Bundestag gibt es neben Christian Lindner viele Parteimitglieder und gewählte Abgeordnete, die durch ihre Arbeit an legislativen Vorhaben, in Ausschüssen, im Plenum und durch Anfragen die Wirkung der Partei in der Breite zeigen. Diskussionen im Präsidium, denen ich als kooptiertes Mitglied beiwohnen konnte, waren stets Austausch von Meinungen, nicht Monologe des Vorsitzenden. Allerdings trennen mit Ausnahme der FDP alle politischen Gruppierungen in Deutschland den Partei- und Fraktionsvorsitz, häufig gekoppelt mit Besetzung durch Mann und Frau. Möglicherweise sollte auch die FDP diese personelle Trennung vornehmen.

Deutschland und Europa haben in der Vergangenheit stark von der Weitsicht, Kompetenz und internationalen Reputation der Außenpolitiker der FDP profitiert. Daran sollten die Freien Demokraten wieder anknüpfen, egal ob als Regierungs- oder Oppositionspartei. Besonders vordringlich ist meines Erachtens die Entkrampfung des Verhältnisses von Deutschland und der EU zu Russland. Das heißt nicht, den Völkerrechtsbruch auf der Krim und den Verstoß gegen die Regeln des Europarats in der Ostukraine stillschweigend zu akzeptieren. Aber es muss gelingen, mit Geduld und Hartnäckigkeit ein Minimum von Vertrauen aufzubauen, um Russland wieder in einen konstruktiven Dialog mit Deutschland und der EU zu führen. Russland gänzlich zu vernachlässigen hieße, es auf Dauer in die Arme eines immer stärker werdenden China zu treiben. Ein Wirtschaftsraum von Lissabon bis Wladiwostok liegt mehr in unserem Interesse als von St. Petersburg bis Shanghai. Die FDP hat mit Alexander Graf Lambsdorff und Michael Link zwei Außenpolitiker, die eine Langfriststrategie gegenüber Russland entwickeln könnten.

Die Partei besaß unter Hans-Dietrich Genscher eine klare Europaausrichtung: „Europa ist unsere Zukunft, wir haben keine andere." – So dachte Hans-Dietrich Genscher, und so handelte er. Ich habe den Eindruck, dass bei seinen Nachfolgerinnen und Nachfolgern die Begeisterung für Europa weitaus geringer ausfällt. Dabei gilt seine Aussage unverändert auch heute noch. Die FDP sollte sich auf Genscher besinnen und aktiv Europa zu einem zentralen Element der eigenen politischen Aussage und Positionierung machen. Ich weiß, dass ein solcher Kurs nicht von der ganzen Partei unterstützt würde, der noch etwa 20 bis 25 Prozent sogenannte Nationalliberale angehören. Bei der Jugend könnte sie damit aber punkten. Die FDP hat auf einem Parteitag beschlossen, dass die „Schaffung der Vereinigten Staaten von Europa" ihr Ziel sei. Dieser Beschluss ist nie revidiert worden. Die Partei sollte sich seiner erinnern und an die Aussage von Guido Westerwelle: „Europa hat nicht nur einen Preis, sondern auch einen Wert".

17

Privates Glück – privates Leid

Im Laufe der 1990er-Jahre war unser Wunsch gewachsen, ein Landhaus im Süden zu erwerben. Rotraut plädierte zunächst für Mallorca, es gelang mir aber, sie umzustimmen und für Südfrankreich zu erwärmen. Mehrere Gründe sprachen für die Côte d'Azur: Unsere Freunde Christina und Franz Scherer sowie Birgit und Jörg Cramer besaßen schon seit Urzeiten ein Haus an der Côte, die einen in La Turbie oberhalb von Monaco, die anderen in Vence, wir sprechen beide Französisch, an der Côte liegen unzählige sehr schöne Golfplätze, Nizza bietet auch ein reiches Kulturprogramm und schließlich ist die Côte über Nizza gut mit dem Flugzeug, zur Not auch durchgehend auf Autobahnen mit dem Auto zu erreichen. So machten wir uns Ostern 2001 auf die Suche und fanden nach etwa 60 Besichtigungen am Rand des alten Dorfes Mougins auf einer Anhöhe das für uns geeignete Objekt: ein Anwesen aus zwei benachbarten, um 1820 erbauten Mas – Bauernhöfen – mit einem großen Garten. Das Haus war nicht im besten Zustand, der Garten ziemlich verwildert und der Pool trotz seiner Größe nicht allzu einladend. Aber das ganze Anwesen hatte Potenzial und wir kauften.

Rotraut war über ein Jahr damit beschäftigt, das Haus von Grund auf sanieren zu lassen, den Garten komplett neu zu gestalten und alle Räume mit alten Möbeln aus der Provence auszustatten, die sie bei Trödelhändlern oder spezialisierten Antiquitätenhändlern erwarb. Das Resultat war ein voller Erfolg. Viele Jahre kamen unsere Freunde aus Berlin zu Besuch: Klaus von der Heyde, langjähriger Präsident des Vereins Berliner Kaufleute und Industrieller VBKI, mit seiner Frau Ingrid sowie Michael und Barbara Stein. Wir spielten Golf, debattierten über Gott und die Welt auf der Terrasse und ließen uns jedes Mal von Barbara Stein einen Vortrag über ein von ihr gewähltes literarisches Thema halten. Was Essen und Trinken angeht, lebten wir ohnehin wie Gott in Frankreich. Zusammen unternahmen wir viele schöne Reisen nach Italien, Istanbul, Israel, Namibia und Botswana sowie nach Peru in die alte Inkastadt Machu Picchu.

Unser Haus in Mougins an der Côte d'Azur

Blick auf die Bucht von Nizza

Der Erwerb des Hauses in Mougins hat sich für unsere ganze Familie gelohnt. Der Sommer an der Côte ist jetzt das Highlight des Jahres. Alle drei Kinder verbringen ihren Sommerurlaub mit ihren eigenen Kindern und Freunden sehr gerne in Mougins. Das Haus ist zu einem wahren Treffpunkt der Großfamilie geworden. Weihnachten und Silvester feiern wir hingegen schon seit vielen Jahren mit Kindern und Enkelkindern im Schnee in Gerlos in Tirol – die Berghütte am Wilden Kaiser haben wir verkauft, als wir in der Schweiz wohnten und die Berge praktisch vor der Haustüre hatten.

Leider waren wir nicht immer auf der Glücksseite des Lebens. Die Ehen unserer beiden Töchter sind in die Brüche gegangen, was auch uns als Eltern sehr mitnahm. Zum Glück trennten sie sich jeweils friedlich ohne Rosenkrieg. Die Trennung war für beide auch Anlass für eine berufliche Neuorientierung. Dagi, die viele Jahre in Zürich, New York und London gearbeitet hatte – die letzten Jahre bei der Boston Consulting Group –, hat sich in Hamburg als Beraterin für Change Management und Post Merger Integration selbstständig gemacht. Kerstin, die vor ihrer Ehe eine Ausbildung zur Schauspielerin absolvierte, mit den angebotenen Rollen aber sehr unzufrieden war, hat an der Charité Medizin studiert und arbeitet zurzeit in einer Berliner Klinik als angehende Psychiaterin für Kinder und Jugendliche. Leider lässt die Arbeit in der Klinik mit Nachtdienst während der Woche und Bereitschaftsdienst am Wochenende Kerstin nur sehr wenig Zeit für ihr Privatleben.

Mit ihren Kindern können beide Töchter mehr als zufrieden sein. Valentin, unser ältester Enkel, hat schon mit 17 Jahren am humanistischen Evangelischen Gymnasium zum Grauen Kloster in Berlin Abitur gemacht und studiert an der Universität St. Gallen. Seine Schwester Carlotta besucht ebenfalls das Graue Kloster. Ihr Hobby ist die Schauspielerei. Sie hat neben der Schule schon in zig in- und ausländischen Fernseh- und Filmproduktionen mitgewirkt. Dagmars Kinder Anna und Oliver sind nicht minder begabt und haben ein Schuljahr in einer englischen Public School absolviert. Oliver gefällt das englische Schulsystem besser als das deutsche, sodass er wahrscheinlich in England seinen Schulabschluss machen wird.

Fabian ist erst seit wenigen Jahren verheiratet. Er und seine Frau Johanna scheinen sehr gut zusammenzupassen. Sie haben in kurzer Zeit drei prächtige Kinder bekommen: Gustaf,

Ylva und Casimir. Sie leben auch in Hamburg, wo Fabian als
Managing Director bei der Boston Consulting Group tätig ist.

Familientreffen bei Fabian und Johanna in Hamburg anlässlich der
Taufe und des ersten Geburtstages ihres Sohnes Gustaf am
14. Oktober 2018 (von links hinten: Valentin, Kerstin, Fabian mit
Gustaf, Anna, Dagmar; vorne: Carlotta, Oliver)

18

Rückschau und Ausblick

„Dass ich lebe, ist nicht notwendig, wohl aber, dass ich thätig bin. Dabei habe ich mich immer wohl befunden, indes schreibe ich diese Methode niemandem vor, und begnüge mich damit, sie für mich zu befolgen", schrieb Friedrich II. in seinem berühmten Briefwechsel mit Voltaire. Diese Einstellung habe auch ich mein ganzes Leben beherzigt, nicht zuletzt, weil meine Eltern mich schon als Kind zu Fleiß und Arbeit erzogen.

Als ich bei meinem letzten medizinischen Check-up den Arzt fragte, warum ich plötzlich Knieprobleme habe, verwies er mich nur auf mein Geburtsdatum. In der Tat vergesse ich meistens mein fortgeschrittenes Alter. Es ist wirklich eine große Errungenschaft, dass wir heute dank guter Ernährung, vorzüglicher medizinischer Versorgung und lang andauernder Friedenszeit so viel älter werden als noch vor zwei oder drei Generationen. Ich spüre mein Alter praktisch nicht oder nur gelegentlich. Ich gehe nicht mehr ganz so schnell wie früher und nicht mehr so weite Strecken. Auf dem Golfplatz reichen mir neun Löcher. Eine volle Runde mit dem Golfcart, das ich ziehen muss, ist mir in der Regel zu viel. Aber im Kopf fühle ich mich noch topfit, wenn ich einmal von dem nachlassenden Namensgedächtnis absehe.

Ich bin neugierig auf alles, was in der Welt passiert, neben Ereignissen aus Wirtschaft, Politik und Kultur inzwischen auch auf vieles andere. So verfolge ich diverse sportliche Wettkämpfe viel öfter als früher, sehe mir in Berlin städtebauliche Entwicklungen vor Ort an, indem ich die Bezirke zu Fuß erkunde, und interessiere mich für TV-Dokumentationen über geschichtliche Ereignisse, den Weltraum oder neue Technologien, für die mir früher die Zeit fehlte. Auch finde ich jetzt Zeit und Muße, mit Freunden Bridge zu spielen.

Wenn ich die Bilanz meines Lebens ziehe, fällt sie überwiegend positiv aus. Drei Mal wollte ich ein ganz bestimmtes Ziel erreichen: Ich wollte zu McKinsey, ich wollte bei der Treuhandanstalt an der Transformation der Staatswirtschaft der ehemaligen DDR mitarbeiten und ich wollte mich in der europäischen Politik engagieren. All diese Vorhaben konnte ich verwirklichen – aus eigener Kraft, ohne die Unterstützung von Freunden oder mithilfe spezieller Verbindungen. Gleichzeitig hatte ich aber auch viel Glück, zum Beispiel, als mich ein Aufsichtsrat von Lurgi bei Hartmann & Braun und der stellvertretende Aufsichtsratschef der Metallgesellschaft bei AGIV ins Spiel brachten, aber auch, als ein ehemaliges Mitglied des Verwaltungsrates der Treuhand in mir den Wunschkandidaten für die Präsidentschaft der IHK Frankfurt sah.

Ich habe in meinem Beruf, aber auch in meinem Privatleben zusammen mit Rotraut und guten Freunden sehr viel von der Welt gesehen, unter anderem aus nächster Nähe die Big Five – Elefant, Nashorn, Büffel, Löwe und Leopard – in Namibia, Botswana und im Kruger-Nationalpark in Südafrika. Zweimal habe unter fachlicher Führung in Ägypten das Tal der Könige besucht und im Westen des Landes im Jeep die Lybische Wüste durchquert. Nicht weniger beeindruckend waren die Reisen durch den Süden Brasiliens und zu den Iguazú-Wasserfällen, quer durch Argentinien und über die

Kordilleren nach Chile, die Bootsfahrt auf dem Titicacasee, in Peru die Zugfahrt von Cusco nach Aguas Calientes, dem Tor zu Machu Picchu. Lateinamerika lernte ich zudem auf mehreren Reisen in Yucatán und an den Küsten Mexikos weiter kennen.

Die Vereinigten Staaten und Kanada waren das Ziel unzähliger Geschäfts- und Ausschussreisen, die ich oftmals auch nutzen konnte, um mich vom pulsierenden Leben der nordamerikanischen Metropolen und von der atemberaubenden Schönheit der Natur faszinieren zu lassen. Schließlich hatte ich mehrmals Gelegenheit, in die für mich nur schwer zugängliche Kultur asiatischer Länder einzutauchen. Unvergesslich ist mir die private Teestunde im Haus der Friedensnobelpreisträgerin Aung San Suu Kyi in Myanmar. Damals waren wir optimistisch, dass sich die eingeleitete Demokratisierung des Landes fortsetzen und es nicht mehr zu einem Militärputsch kommen würde. Ich würde noch gerne die Fjorde Neuseelands und die Weite Sibiriens erleben.

Treffen mit der Friedensnobelpreisträgerin Aung San Suu Kyi 2013 in ihrem Privathaus in Rangun anlässlich einer Delegationsreise in die ASEAN-Staaten

Mein Leben war erstaunlich vielfältig und bunt. Es ist ein Musterbeispiel für lebenslanges Lernen, aber auch für Versuch und Irrtum. Die liberalen Grundprinzipien haben mir stets Kraft und Mut gegeben: Verteidige die Freiheit des Wortes und der Gedanken aller, sei offen für Veränderungen, setze dich ein für die gleichen Rechte aller, aber nicht für Gleichmacherei, vertraue den eigenen Stärken, betrachte den Erfolg anderer als Ansporn, nicht als Grund für Neid und Missgunst, vertraue deinem inneren Kompass, gib nie auf und stehe auf, wenn du gefallen bist oder von anderen zu Boden geworfen wurdest. Führe ein selbstbestimmtes Leben, sieh dich nicht als Untertan eines obrigkeitlichen Staates, sondern als freier Bürger eines Staates, der sich als Dienstleister verstehen soll.

Ich bekenne, dass Auszeichnungen auch mir gefallen haben. Genauso wie jede Gehaltserhöhung und jeder Bonus willkommen waren. Aber wahre Befriedigung und echte Glücksgefühle bezog ich aus anderen Erfahrungen. Ich hatte das große Glück, sowohl bei McKinsey als auch bei der Treuhand und im Parlament in Brüssel mit vielen jungen Menschen eng zusammenarbeiten zu können. Sie zu interessieren und zu begeistern, ihnen Arbeitsmethoden zeigen zu können, ihnen zu helfen, sich als Persönlichkeit weiterzuentwickeln, gleichzeitig von ihnen viel zu lernen und ihre Ansichten als Ausdruck der jungen Generation ernst zu nehmen, war spannend und in höchstem Maße befriedigend.

Große Freude hat es mir auch gemacht, im September 2020 kurz nach meiner Ernennung zum Honorarprofessor an der Ukrainisch-Amerikanischen Concordia Universität in Kiew die *freshmen* des neuen Studienjahres in Anwesenheit ihrer Familien als Hauptredner begrüßen zu dürfen. Ich freue mich über die Gelegenheit, mit Studierenden des Touro College in Berlin über Fragen der internationalen Finanzmärkte und der Geldpolitik der großen Notenbanken diskutieren und bei der Abschlussfeier zu den Graduierten sprechen zu können.

Ich war mein ganzes Leben offen für neue Kulturen. Wahre Kosmopoliten haben mich immer beeindruckt und internationale Metropolen wie London, Paris und New York faszinieren mich immer wieder. Deshalb haben wir uns auch aus vollem Herzen in Berlin niedergelassen, der einzigen Stadt in Deutschland, die ein wenig an internationale Metropolen erinnert.

Die Arbeit in internationalen Teams habe ich immer als Bereicherung empfunden, selbst wenn bisweilen Kommunikationsprobleme auftraten. Die Erfahrung fremder Mentalitäten verhalf mir zudem zu einem besseren Selbstverständnis.

Auch wenn es keine Kollektivschuld gibt, empfand ich als heranwachsender Jugendlicher doch so etwas wie ein Schuldgefühl wegen der Gräueltaten gegen Juden und andere Minderheiten unter dem Nationalsozialismus. Nicht zuletzt deswegen lernte ich in der Schule Hebräisch. Das half mir, unverkrampft auf jüdische Mitmenschen in Deutschland und im Ausland, namentlich in Großbritannien und in Frankreich, zuzugehen.

Meine Arbeit in der Treuhandanstalt und im Europäischen Parlament empfand ich als Dienst für die deutsche und europäische Wirtschaft und Gesellschaft. Ich bin nach wie vor überzeugt, dass es zu der Transformation der DDR-Wirtschaft in einem anspruchsvollen, für viele sehr schmerzhaften Prozess keine Alternative gab. Ich bin froh, dass der von der Treuhand gewählte Weg der Privatisierung die Bildung starker Oligarchen verhindern konnte. Am weiteren Aufbau Europas geht kein Weg vorbei, wenn wir unsere Zukunft sichern wollen. Die Zukunft wird hoffentlich zeigen, dass dieses Ziel auch ohne überbordende Bürokratie erreichbar ist. So sollte es auch möglich sein, die Kritik der Menschen an der Europäischen Union zu verringen und ihre Zustimmung zur EU zu steigern.

Die Treuhand und die europäische Integration sind zwei Vorhaben von historischer Dimension. Dass ich daran mitwirken konnte, stimmt mich demütig und dankbar. Intrigen, Lügen und Tricksereien waren mir immer verhasst und ich wollte nicht wahrhaben, wie oft sie praktiziert werden und von wem. So bin ich oft gutgläubig, um nicht zu sagen naiv, auf andere Menschen zugegangen und habe mich täuschen und missbrauchen lassen. Rotraut hat das früh durchschaut und versucht, mich zu warnen. Ich konnte nicht anders. Ich hätte mich nicht wohlgefühlt, wenn ich ständig misstrauisch meinem Umfeld begegnet wäre. Ich bin auch so glücklich geworden.

Besonderen Dank schulde ich Rotraut und unseren drei Kindern, die mich auf meinen Wegen einschließlich der Irr- und Umwege klaglos begleiteten, mich unterstützten und mir Mut machten, wo ich ihn brauchte. Ich weiß nicht, ob und wieweit sie meinetwegen eigene Träume und Wünsche zurückstellen mussten. Ich weiß nur, dass sie trotz allem ans Ziel gekommen sind.

Im September 2021 feiere ich meinen 80. Geburtstag. Ich weiß nicht, was die Zukunft noch bringt. Viele Klassenkameraden, Kommilitonen, Kolleginnen und Kollegen sind schon verstorben. In meinem Freundes- und Bekanntenkreis haben viele körperlich abgebaut, manche leiden an der Parkinson-Krankheit oder an Demenz. Natürlich hoffe ich, davon verschont zu bleiben. Es ist nicht entscheidend, wie alt man wird, sondern wie man altert. Das sehe ich auch bei meiner Mutter, die wir nur Großmutti nennen, seit wir selber Kinder haben, weil sie die Bezeichnung Oma partout nicht mag. Sie wollte uns Kindern im Alter nicht zur Last fallen, und als sich in ihren Achtzigerjahren der Zustand ihrer Beine verschlechterte, verkaufte sie ihr Haus, über viele Jahre ihr ganzer Stolz, und zog in ein Wohnstift. Außerdem ließ sie sich zwei Knieprothesen einsetzen. Auf diese Weise entging sie dem Rollstuhl und hatte noch mehr als zehn Jahre volle körperliche Bewegungsfreiheit.

Ende April 2021 ist sie 101 Jahre alt geworden. Sie ist geistig noch relativ fit, auch wenn sie das eine oder andere durcheinanderbringt. Ihre physischen Kräfte lassen aber kontinuierlich nach, sodass sie sich immer häufiger wünscht, eines Tages friedlich einzuschlafen.

Wir stehen in den nächsten Jahren vor großen Herausforderungen. Der Klimawandel verschärft sich, die Corona-Epidemie hat uns gezeigt, dass sich quasi über Nacht eine neue Situation ergeben kann, auf die wir überhaupt nicht vorbereitet sind. China verfolgt konsequent seinen Kurs, in der Welt die USA als stärkste Macht ablösen zu wollen, und Russland arbeitet unter Präsident Wladimir Putin daran, die einstige Rolle der Sowjetunion zumindest teilweise wiederzuerlangen. Auch wenn diese Großmächte ihre Ziele egoistisch verfolgen, so scheinen sie doch vor dem Einsatz militärischer Mittel im großen Stil zurückzuschrecken. Der Fall Taiwan wird zeigen, ob es dabei bleibt.

Die Vorstellung, dass sich mit der kontinuierlichen Verbesserung der wirtschaftlichen Verhältnisse in Ländern mit diktatorischer Führung auch die demokratischen Kräfte verstärken und Menschen- und Freiheitsrechte zunehmend geachtet werden, hat sich bis heute nicht bewahrheitet. Es gibt keinerlei Anzeichen, dass sich das in absehbarer Zeit ändert.

Die wirtschaftliche Verflechtung hat mittlerweile ein derart großes Ausmaß erreicht, dass die westlichen Staaten und damit auch die Europäische Union aus Protest gegen permanente Verletzungen der Menschenrechte in einem Land wie China ihre wirtschaftlichen Beziehungen nicht einfach abbrechen können. Sie würden durch einen solchen Schritt ihren wirtschaftlichen Wohlstand ernsthaft gefährden. Insofern gilt es, Partner und Rivale gleichzeitig zu sein.

Ich bin von der Natur mit guten Nerven und einer optimistischen Grundeinstellung gesegnet worden. Insofern glaube ich, dass die Herausforderungen bewältigt werden können. Forschung und Entwicklung neuer Technologien werden helfen, den Raubbau am Planeten Erde zu begrenzen und wirtschaftlich vertretbare Lösungen für die Bewältigung des Klimawandels zu finden. Ich halte die heutige Jugend für neugierig und interessiert, engagiert und solidarisch, fleißig und empathisch. Sie will etwas erreichen und ist bereit, einen eigenen Beitrag zu leisten. Wir sollten sie darin mit allen Kräften unterstützen.

Danksagung

Beim Niederschreiben der Erfahrungen meines Lebens ist mir sehr schnell klar geworden, dass ich mich auf wichtige Wegmarken beschränken muss, um nicht auszuufern. Bei der Auswahl der für meine Entwicklung wichtigen Meilensteine war mir meine Frau eine große Hilfe. Ich danke ihr herzlich dafür.

Eine Reihe von Personen hat mich aktiv unterstützt, um mein Manuskript in eine druckreife Form zu bringen. Kerstin Hacker hat es geschafft, meine handschriftliche Vorlage in eine elektronisch verwertbare Form zu verwandeln. Elisabeth Heueisen vom Hanser Verlag hat mit ihrer großen Erfahrung engagiert und umsichtig die Abstimmung des Textes mit der Lektorin und die Auswahl und Bearbeitung des Bildmaterials mit den Lithografen koordiniert. Allen sei an dieser Stelle herzlich gedankt dafür!

Register

Bildnachweis

Bildnachweis: S. 33: Hainke Bolz; S. 121: picture alliance/
ZB; S. 137: h.p. beyer, Halle/Saale; S. 150: Lurgi AG (Wonge
Bermann, Frankfurt/Main); S. 169, 178: IHK Frankfurt;
S. 179: IHK Frankfurt (Martin Joppen, Frankfurt/Main);
S. 191: Martin Joppen, Frankfurt/Main; S. 194: Alberto Novi;
S. 223, 229, 233: ALDE-Fraktion; S. 226: Raum 2, Leipzig;
S. 235, 236, 238: Walter Götz; S. 252: Edla von Buol;
S. 285: Fabian Klinz; S. 289: Europäisches Parlament; alle
weiteren Fotos: Wolf Rüdiger Klinz (privat)